MONOGRAFIAS VOL. V

VILÉM/FLUSSER/
O ÚLTIMO JUÍZO: GERAÇÕES I

CULPA & MALDIÇÃO

BIBLIOTECA/VILÉM/FLUSSER/

Monografias Vol. V

O Último Juízo: Gerações I – Culpa & Maldição

Título original: *Até a Terceira e Quarta Geração*

Copyright © 1966 by Vilém Flusser.
Todos os direitos reservados.
Copyright da edição brasileira
© 2017 É Realizações Editora

Editor
Edson Manoel de Oliveira Filho

Idealização e revisão técnica
Rodrigo Maltez Novaes

Organização
Rodrigo Maltez Novaes
Rodrigo Petronio

Produção editorial
É Realizações Editora

Preparação de texto
Huendel Viana

Revisão
Jane Pessoa

Capa
Chagrin

Diagramação
Nine Design Gráfico | Mauricio Nisi

Reservados todos os direitos desta obra. Proibida toda e qualquer reprodução desta edição por qualquer meio ou forma, seja ela eletrônica ou mecânica, fotocópia, gravação ou qualquer outro meio de reprodução, sem permissão expressa do editor.

CIP-Brasil. Catalogação na Publicação
Sindicato Nacional dos Editores de Livros, RJ

F668u
v. I

Flusser, Vilém, 1920-1991
O último juízo : gerações I : culpa & maldição / Vilém Flusser ; organização Rodrigo Maltez Novaes , Rodrigo Petronio. - I. ed. - São Paulo : É Realizações, 2017.
416 p. ; 21 cm. (Biblioteca Vilém Flusser)

ISBN 978-85-8033-312-I

I. Filosofia. I. Novaes, Rodrigo Maltez. II. Petronio, Rodrigo. III. Título. IV. Série.

17-45238   CDD: 100
                                        CDU: I

05/10/2017   11/10/2017

É Realizações Editora, Livraria e Distribuidora Ltda.
Rua França Pinto, 498 São Paulo SP
04016-002
Caixa Postal: 45321 04010-970
Telefax: (5511) 5572 5363
atendimento@erealizacoes.com.br ·
www.erealizacoes.com.br

Este livro foi impresso pela Pancrom Indústria Gráfica em outubro de 2017. Os tipos são da família Code Pro e Jenson Recut. O papel do miolo é o Lux Cream 70 g, e o da capa, Cartão Supremo 250 g.

A GÊNESE DAS GERAÇÕES DE FLUSSER
RODRIGO MALTEZ NOVAES /9

INTRODUÇÃO /25

1. CULPA /33
 1.1. PRAÇA DA SÉ /35
  1.1.1. ESCOLA /46
  1.1.2. ALQUIMIA /61
  1.1.3. ACOLADA /77
  1.1.4. CATEDRAL /93
 1.2. *EX ORIENTE LUX* /99
  1.2.1. MESQUITA /101
  1.2.2. TAMBOR /113
  1.2.3. PINCEL /124
  1.2.4. ALVORADA /136
 1.3. ZARPAR /139
  1.3.1. EGRESSO /145
  1.3.2. CARAVELA /159
  1.3.3. BÚSSOLA /175
  1.3.4. NAVIO FANTASMA /194

2. MALDIÇÃO /195
 2.1. RELÓGIO /197
  2.1.1. MECANISMO /205
  2.1.2. PONTEIROS /222
  2.1.3. MOSTRADOR /236
  2.1.4. TIQUE-TAQUE /256
 2.2. EVOLUÇÃO /259
  2.2.1. EVOLUÇÕES /267
  2.2.2. REVOLUÇÕES /285

2.2.3. **VOLTAS** /300
2.2.4. **REVIRAVOLTAS** /315

2.3. **VITÓRIAS** /327
   2.3.1. **LUTA** /331
   2.3.2. **GUERRA CIVIL** /345
   2.3.3. **TRIUNFO** /362
   2.3.4. **EXÉRCITO GLORIOSO** /378

POSFÁCIO
FLUSSER E A INEVITÁVEL TEOLOGIA
MÁRIO DIRIENZO /383

Eppur si muove.

Galileu Galilei, 1663

A GÊNESE DAS GERAÇÕES DE FLUSSER

RODRIGO MALTEZ NOVAES

Ironia é método retórico, é uma maneira de falar sobre coisas. (Em grego significa: "falar disfarçado".) Existe a ironia "barata". É quando disfarço sem necessidade, ou para enganar os que me ouvem. A ironia "barata" é método caro à demagogia. Mas existe também ironia tão cara que pode custar os olhos da cara. Não é fácil a distinção entre os dois tipos. Exige ouvido atento.[1]

Vilém Flusser iniciou o projeto de *Até a Terceira e Quarta Geração* em 1965, logo após ter traduzido, reescrito e publicado seu livro *A História do Diabo*, escrito originalmente em alemão em 1958. Flusser, que escrevia suas obras em alemão e em português, sempre se autotraduzindo, escreveu *Até a Terceira e Quarta Geração* somente em português e traduziu apenas alguns capítulos para o alemão. E esta, sua maior monografia, com 336 páginas datilografadas, permaneceu inédita como livro por cinquenta e dois anos. Dois de seus capítulos foram publicados parcialmente na revista *Cavalo Azul* em 1965, sob edição de Dora Ferreira da Silva, grande amiga e interlocutora de Flusser durante muitos anos. Este livro é, portanto, a primeira edição integral desta obra-prima do autor.

O título original *Até a Terceira e Quarta Geração* foi inspirado em um versículo da Bíblia e tem também

---

[1] Flusser, V. "Ironia". *Posto Zero*, *Folha de São Paulo*, 26 fev. 1972.

um subtítulo: *Visitarei as transgressões até a terceira e quarta geração daqueles que me aborrecem.* O versículo que inspirou este título é do livro Êxodo do Velho Testamento:

Não te encurvarás diante delas [imagens falsas]*, nem as servirás; porque eu, o Senhor teu Deus, sou Deus zeloso, que visito a iniquidade dos pais nos filhos até a terceira e quarta geração daqueles que me odeiam.* (Êxodo 20,5)

Essa frase se repete ainda três vezes no Velho Testamento, nas passagens Êxodo 34,7, Números 14,18 e Deuteronômio 5,9. Uma exegese rápida e superficial do versículo sugere a imagem de uma maldição hereditária, que persegue aqueles que veneram imagens falsas, ou ideias falsas, por gerações. Não é coincidência, portanto, que o título da segunda parte do livro de Flusser seja "maldição". Com seu subtítulo irônico Flusser inverte essa imagem, sugerindo uma viagem ao passado em visita àqueles que nos aborrecem até os dias de hoje através de ideais e valores herdados.

Na introdução da obra Flusser apresenta as duas hipóteses centrais do livro: 1. A investigação do passado pode nos ensinar algo sobre nossa situação atual. 2. A nossa situação atual é uma situação de transição, de fim dos tempos e de renovação. Em suma, hoje atravessaríamos um período de transvaloração, assim como Nietzsche havia previsto, e somente ao analisar o passado poderemos chegar a um melhor entendimento dessa situação de transição e, com isso, enxergar melhor o possível caminho à frente.

Os primeiros capítulos publicados na revista *Cavalo Azul* n. 1, em março de 1965, foram I.I Santa Sé, I.1.1 Escola e I.1.2 Alquimia. Em nota de rodapé, Flusser informa que o título escolhido para o livro é provisório e, como o livro nunca foi publicado, é impossível especular se Flusser teria realmente escolhido outro título para a obra. Vários de seus livros foram publicados com títulos diferentes dos títulos originais. Por exemplo, *A Filosofia da Caixa Preta* teve como título original *Para uma Filosofia da Fotografia*, título mantido nas versões estrangeiras do livro, em alemão e em inglês. A alteração do título para a versão brasileira foi feita em 1985 pela organizadora da publicação, Maria Lilia Leão, com a aprovação de Flusser. Outras obras, como sua autobiografia *Bodenlos*, tiveram seus títulos originais alterados quando de sua publicação após a morte do autor. Levando em consideração as dúvidas do próprio Flusser em relação ao título original desta obra e o fato de ela não ter sido publicada enquanto estava vivo, achamos que a alteração do título original seria não só possível, mas, também, aconselhável.

Durante a leitura do livro fica claro que a segunda hipótese central de Flusser é a mais frequente. Para Flusser, a visão do presente como um período de transição e a necessidade de obter uma visão mais clara deste são mais intensas do que a análise e a crítica objetiva do passado. O passado, no sentido empregado nesta obra, se apresenta como uma série de alegorias e não como um objeto de estudo.

[2] Foucault esteve no Brasil cinco vezes, sendo a primeira em 1965, na Universidade de São Paulo, a convite de Gérard Lebrun. Depois voltou em quatro anos seguidos: de 1973 a 1976. Nessas suas estadas, excetuando a primeira, em que apresentou uma prévia do que viria a ser seu livro As Palavras e as Coisas, discutiu e apresentou conferências que versavam sobre a psiquiatria e as instituições psiquiátricas, a antipsiquiatria, a psicanálise, o poder médico e a história da medicina social. Cf.: Sander, J. (2010). "A caixa de ferramentas de Michel Foucault, a reforma psiquiátrica e os desafios contemporâneos". Psicologia & Sociedade, 22 (2), 382-387.

Em outras palavras, Flusser não faz um estudo objetivo, ou uma "arqueologia", da história da ciência Ocidental. Sua análise é subjetiva e, como tal, recorre a uma série de alegorias dos temas sobre os quais trata. E a alegoria mais frequente na obra é a do fim dos tempos, do julgamento final, do último juízo. O reforço desse tema durante toda a obra se fez necessário por uma simples razão: gerar e sustentar o tom irônico-profético do livro.

Suspeitamos que a insatisfação de Flusser com o título inicial se deva ao fato de este não transmitir o tom irônico-profético, tão caro para o autor, em relação ao fim da Idade Moderna. Apesar de conter uma boa dose de ironia, Até a Terceira e Quarta Geração, como título principal da obra e seu subtítulo, não se adéqua à imagem irônica almejada pelo autor, ao mesmo tempo sugestiva do fim de uma era. Por esse motivo decidimos alterar o título, com a preocupação de manter a essência do original, para O Último Juízo: Gerações.

Flusser escreveu O Último Juízo: Gerações entre 1965 e 1966, finalizando-o em maio de 1966. Em outubro de 1965, o filósofo francês Michel Foucault fez sua primeira visita ao Brasil[2] para apresentar o conteúdo de seu projeto em curso que seria publicado em 1966 na França sob o título As Palavras e as Coisas (Les Mots et les Choses). Amigos de Flusser da época, inclusive alguns de seus alunos, relatam ter participado das aulas de Foucault. É possível, portanto, imaginar que Flusser também tenha assistido às aulas, ou que pelo menos tenha tido acesso ao material das aulas, apesar de não haver documentos que o comprovem. Em um ensaio autobiográfico escrito em 1969, intitulado *Em Busca de Significado*, Flusser afirma claramente que escreveu *O Último Juízo: Gerações* influenciado por Foucault, mas sem detalhar em que sentido. Apesar de Flusser ter iniciado o projeto antes da chegada de Foucault ao Brasil, *O Último Juízo: Gerações* apresenta alguns paralelos surpreendentes com o livro do filósofo francês. Há, por exemplo, uma enorme semelhança entre o que Flusser chama de *geração* e o que Foucault chama de *épistèmè*, inclusive o fato de ambos descreverem quatro *gerações/épistèmès*, o que tentadoramente sugere alguma conexão entre as duas obras. Outra semelhança que não pode ser ignorada é o fato de os dois livros abordarem o mesmo período histórico ocidental, a chamada Idade Moderna, a partir da Renascença até o século XX.

Em uma carta escrita para Celso Lafer em dezembro de 1965, Flusser nos dá uma breve descrição da obra em curso e como ele divide a Idade Moderna em *Gerações*:

Estou imerso nas "Gerações", que, como você se lembrará, é um ensaio sobre o desenvolvimento do sentido da realidade no curso da Idade Moderna. As quatro gerações são Renascimento (1350-1600), Barroco e Romantismo (1600-1850), Era Vitoriana (1850-1940) e Atualidade. Estou em 1889 (loucura de Nietzsche e construção da torre Eiffel) e não consigo pensar em outra coisa.

Em março de 1966, em outra carta para Celso Lafer, Flusser anuncia a proximidade do fim da produção do livro: "*Ultrapassei, mas não superei, todas as gerações e estou mergulhado na 'atualidade' (nebbich)*". E finalmente em maio de 1966, também em uma carta para Celso Lafer, Flusser simplesmente declara: "*As* Gerações *já foram entregues*".

Durante alguns anos, após ter finalizado o livro, Flusser lista o título em seus currículos como estando "no prelo", a ser publicado pela editora Martins. Após um tempo, porém, deixa de mencionar o título em suas listas de obras e correspondência. É difícil especular por que o livro não foi publicado, sendo que não há qualquer indicação de que tenha realmente chegado ao prelo — não existem cópias do prelo, ao contrário do que acontece com seus outros títulos da época.

Durante o processo de escrita, Flusser foi convidado pelo Itamaraty a fazer uma viagem pela Europa e pelos Estados Unidos para dar palestras sobre a filosofia contemporânea no Brasil. Essa viagem seria seu primeiro retorno à Europa depois de chegar ao Brasil em 1940 como refugiado da Segunda Guerra e da perseguição nazista. Embarcou para a Europa junto com sua esposa Edith no segundo semestre de 1966 e durante a viagem enviou diversas cartas a seus amigos e alunos, relatando suas impressões do velho continente e seus encontros com pensadores e acadêmicos, dentre eles Max Brod, Max Bense, Theodor Adorno e Hannah Arendt. Um dos propósitos da viagem era angariar interesse junto a editoras europeias e americanas para a publicação de obras de autores brasileiros, dentre eles o próprio Flusser.

Em várias das cartas enviadas ao Brasil durante essa viagem, Flusser menciona diversos projetos de publicação de seus títulos, que nunca se materializaram. Flusser retornou a São Paulo no primeiro semestre de 1967 e logo iniciou um novo livro de reflexões sobre o tema da tradução. Em dezembro do mesmo ano ele escreve uma carta para o professor Leônidas Hegenberg:

Tenho muita coisa a contar-lhe, especialmente sobre meu trabalho atual: "Reflexões sobre a Traduzibilidade". Meu livro "Até a Terceira e Quarta Geração" (história subjetiva da ontologia moderna) será editado pela Grijalbo no âmbito da editora universitária.

O livro sobre tradução se tornou um ensaio estendido de 25 páginas datilografadas e com um novo título: *Problemas em Tradução*. E a editora Grijalbo não publicou o *Gerações*. Então, com esses dois títulos guardados, Flusser subconscientemente concluiu sua primeira fase de produção iniciada em 1957, quando escreveu sua primeira monografia completa: *O Século Vinte*, que também permanece inédita até os dias de hoje. Todas as obras desta primeira fase de produção, que inclui *Língua e Realidade, A História do Diabo, Da Dúvida, Da Religiosidade*, os cursos no Instituto Brasileiro de Filosofia (IBF) e os ensaios para a revista do IBF, se entrelaçam tematicamente em torno da fenomenologia existencial focada na filosofia da língua e na questão da construção do real, formando assim uma grande constelação de textos interligados.

Ao concluir essa primeira fase, Flusser logo deu início à sua segunda fase de produção, focado agora no desenvolvimento de sua teoria da comunicação, pela qual é mais conhecido até hoje. De 1967 a 1970 Flusser continuou produzindo artigos e ensaios para diversos periódicos nacionais e internacionais, mas não escreveu uma nova monografia. Durante esse período Flusser estava focado principalmente em sua participação no processo de criação e implementação da Faculdade de Comunicação e Artes da Fundação Armando Álvares Penteado (FAAP) e no curso de Filosofia da Ciência na Escola Politécnica da Universidade de São Paulo (USP).

Retomou sua produção de monografias somente no final de 1970, quando escreveu *Fenomenologia do Brasileiro: Em Busca de um Novo Homem*, finalizada em 1971, um ano antes de emigrar de volta para a Europa devido, em parte, ao endurecimento da ditadura militar no Brasil.

CURIOSIDADES E OBSERVAÇÕES

Como não existe uma cópia do suposto prelo no Arquivo Vilém Flusser, para editar o livro foi necessário digitar suas 166 mil palavras a partir do datiloscrito original. Todos os datiloscritos de

Flusser foram fotocopiados durante o processo de criação e organização do arquivo de sua obra por sua viúva, Edith Flusser. Entre os anos de 1992 e 1998, todo o material produzido por Flusser foi coletado no Brasil e na Europa por Edith e pelo filho Miguel, com a ajuda de diversos pesquisadores. As fotocópias do material foram eventualmente doadas à Escola de Arte e Meios de Colônia, e os originais, para o Arquivo Histórico da Cidade de Colônia. A doação do material foi motivada, em parte, pela mudança de Edith em 1998 para Barbados, onde sua filha Dinah assumira o posto de Embaixadora do Brasil, ocasião em que achou melhor que uma instituição acadêmica assumisse responsabilidade pela conservação da obra, garantindo seu futuro. Edith manteve consigo uma cópia quase completa do conjunto de fotocópias para continuar seu trabalho pessoal de edição e tradução da obra do marido.

Em 2013, o material do Arquivo Vilém Flusser (agora abrigado na Universidade de Arte em Berlim, para onde foi transferido em 2007) foi digitalizado em sua totalidade, em colaboração com a PUC-SP e a Fapesp. Durante o processo de digitalização, constatou-se a falta de alguns datiloscritos (documentos inteiros e também páginas de alguns documentos) devido a perdas, extravio ou roubo. Por sorte, como Edith manteve um conjunto de cópias, é possível hoje restaurar a maior parte dos documentos e páginas desaparecidas. Como no caso do datiloscrito de *O Último Juízo: Gerações*. Na cópia

PÁG. 18 digital do datiloscrito de Berlim faltavam seis páginas e antes de iniciar o processo de extração do texto foi necessário restaurar essas páginas, usando a cópia em papel da coleção pessoal de Edith, hoje guardada por Miguel Flusser, filho do casal. No processo de restauração do documento completo, foi também necessário redigitalizar algumas páginas antes ilegíveis devido à qualidade das fotocópias antigas, hoje bastante desgastadas. O processo de edição da obra só pôde proceder após esse processo de restauro.

A decisão de iniciar a Biblioteca Vilém Flusser com *O Último Juízo: Gerações* aconteceu naturalmente. Esta obra é o maior livro que Flusser escreveu e, apesar de ter sido escrito em meados da década de 1960, continua atual em sua visão sobre o presente. Na introdução da obra Flusser clara e objetivamente nos apresenta o argumento central do livro – a necessidade de superar a tecnologia através de um processo de transformação da mesma e de nós:

Instrumentos são coisas já manipuladas. Por serem manipulados, parecem pedir de nós atitudes de consumo ou de recusa. Parecem exigir o seu próprio aniquilamento. É esta, a meu ver, a razão ontológica da expectativa de fim do mundo que reina. [...] A atitude que estou descrevendo reside no aceitar dos instrumentos como problemas. Essa atitude é consequência de um momento de escolha. É a escolha existencial do não aceitar os instrumentos passivamente. Reside na abertura vivencial em face do mundo da tecnologia. É a decisão existencial de superar o mundo da tecnologia. Não pelo consumo sempre crescente, nem pela recusa enojada e entediada, mas pela manipulação e transformação da tecnologia. A tecnologia, para ser superada, precisa ser transformada em outra coisa.

A questão da tecnologia continua sendo central. A discussão atual sobre o chamado Antropoceno tem como tema central justamente o efeito da tecnologia humana e seus derivados sobre a Terra. Como Flusser adverte, no entanto, o que importa são as escolhas que faremos para conseguir superar nossa tecnologia através da manipulação e da transformação. Em outras palavras, devemos recusar tanto a tecnofilia como a tecnofobia. Atitudes extremistas não nos servirão nesse momento de transição. É somente através de um mergulho existencial na dimensão programática dos aparelhos que poderemos nos salvar. Daí surge o elemento profético do livro de Flusser, a alegoria do aparelho como o *Übermensch* de Nietzsche, ou como o Messias que veio para nos proporcionar um paraíso técnico. Esse paraíso técnico é o que Flusser chama de pós-história. Porém, a pós-história de Flusser difere do pós-modernismo de Foucault.

No livro *As Palavras e as Coisas*, Foucault apresenta seu conceito de *épistèmè* e J. G. Merquior descreve essa estrutura, de forma sucinta, em seu livro *Foucault, ou o Niilismo de Cátedra*:

A história que Foucault narra sobre as épistèmès *— e que não deve ser confundida, adverte ele, com a história da ciência ou mesmo com uma história mais geral das ideias — sublinha constantemente as* descontinuidades *entre seus blocos históricos. [...] Tudo que obtemos são "descontinuidades* enigmáticas" (*cap. VII, 1*) *entre quatro* épistèmès: *a pré-clássica, até meados do século XVII; a "clássica", até o fim do século XVIII; a "moderna"; e uma época verdadeiramente contemporânea, que só tomou forma por volta de 1950.*

A última *épistèmè* de Foucault seria justamente a pós-moderna. Mas a diferença fundamental entre o que Flusser chama de *geração* e o que Foucault chama de *épistèmè* está na maneira como se dão as passagens entre os blocos históricos. Como Merquior descreve, para Foucault há descontinuidades epistemológicas enigmáticas entre os blocos. Para Flusser, não há descontinuidade epistemológica de geração para geração, pois, como descreve José Ortega y Gasset em seu livro *O que É a Filosofia?*, somos todos contemporâneos, mas não somos coevos. Somente aqueles da mesma geração são coevos e a todo momento histórico há sempre três gerações distintas coexistindo contemporaneamente. É devido a este anacronismo histórico que as rodas da história giram. As tensões entre os modelos epistemológicos de cada uma das gerações coexistentes impulsionam o movimento das rodas da história. Por esta razão, não há descontinuidades nos blocos históricos dentro do modelo geracional de Flusser inspirado em Ortega y Gasset.

O filósofo espanhol José Ortega y Gasset foi uma das grandes influências no pensamento e estilo de Flusser. O conceito de *aparelhos técnicos*, por exemplo, do livro *A Rebelião das Massas* (1930) de Ortega y Gasset, é central para toda a obra de Flusser. Em

O Último Juízo: Gerações, Flusser declara já na epígrafe a importância de Galileu Galilei para a obra, sem dúvida influenciado pelo livro *En Torno a Galileu* (1933), de Ortega y Gasset, cujos títulos dos capítulos são indicações sugestivas de como Flusser pode ter sido influenciado, ao menos parcialmente, por essa obra: 1. Galileu e seu efeito na história, 2. A estrutura da vida, a substância da história, 3. A ideia de geração, 4. O método das gerações na história, 5. Novamente o conceito de geração, 6. Mudança e crise, 7. A verdade como o homem em harmonia consigo, 8. Na transição da Cristandade para o Racionalismo, 9. Do extremismo como uma forma de vida, 10. Marcos do pensamento cristão, 11. O homem do séc. XV, 12. Renascença e retorno.

Outra possível influência para *O Último Juízo: Gerações* é o pensamento de David Flusser, primo irmão, três anos mais velho, de Vilém. David Flusser é considerado um dos grandes especialistas na história do início do cristianismo e do período do segundo templo de Israel. Foi professor da Universidade Hebraica de Jerusalém e escreveu vários livros sobre a seita dos essênios do Mar Morto. Vilém e David trocaram cartas a partir da década de 1950, quando restabeleceram contato após terem emigrado da Europa. Dois temas frequentes nos livros de David sobre os essênios — o fenômeno do apocalipse e a crença no messias — ecoam frequentemente na obra e no pensamento de Vilém Flusser. Apesar de não ser possível afirmar com certeza a extensão da influência do pensamento de David Flusser sobre a obra e

PÁG. 22 o pensamento de Vilém Flusser, os paralelos são tentadores. E é inegável que a religiosidade humana e o tema da influência e origem parcial do pensamento ocidental, a partir das religiões do Oriente Médio, são elementos fundamentais e constantes no pensamento e na obra de Vilém Flusser.

Por último, uma curiosidade. Se o leitor ou leitora observar cuidadosamente o sumário dos capítulos de *O Último Juízo: Gerações*, notará rapidamente sua estrutura geométrica e simétrica dividida em 48 subcapítulos, 12 capítulos e 4 partes, sendo essas 4 partes divididas em 2 "livros" (no final da segunda parte, intitulada "maldição", Flusser faz uma clara divisão e por essa razão o livro foi dividido em dois tomos para publicação). Essa simetria geométrica, além de remeter diretamente ao *more geometrico* barroco de Descartes ou Spinoza, sugere também uma geometria escondida, possivelmente ligada à cabala. Não sugiro que Flusser tenha sido diretamente influenciado pelo pensamento cabalístico, mas o elemento lúdico da obra de Flusser nunca deve ser ignorado. Por exemplo, 48 + 12 + 4 = 64, e 64 / 2 = 32. O número 32 representa os caminhos da sabedoria, e estes se manifestam através dos 4 mundos. Portanto, 4 x 32 = 128. O número 128 é 2 à 7ª potência e os números 2 e 7 são números importantes na cabala. Enfim, como já disse Flusser, não é fácil distinguir as diferentes faces da ironia, depende de ouvidos atentos.

2017

O ÚLTIMO JUÍZO: GERAÇÕES I

INTRODUÇÃO

Os mensageiros do Senhor adoram a suavidade do Seu dia. Nós, os da terceira e da quarta geração, tememos o trovão da Sua ira. O seu surdo ressoar vibra nos ares e nos nossos ouvidos. Pressagia o *dies irae*. O mundo será dissolvido em cinzas. Que faremos, miseráveis? O presente livro não procurará formular respostas a esta pergunta. Procurará articular a pergunta. Tentará tornar dizível o terror indizível. Porque o articulado deixa de nos amedrontar. O discurso racional afugenta o medo. O medo do medo é o motivo de todo esforço racionalizador, e também do presente esforço. Será o esforço de construir um tripé (mais ou menos racional), a servir de ponto de vista e de apoio. Desse tripé procuraremos observar as fumaças e os vapores que a garganta do passado exala. Permitiremos que nos envolvam esses perfumes venenosos, mas não que nos entorpeçam. Procuraremos manter a cabeça erguida acima das exalações do abismo. Assim não será, esperamos, a nossa articulação um mero balbuciar sem nexo. Com um pouco de boa vontade poderá ser descoberto algum significado nela. E esse significado dirá respeito à pergunta: "Como chegamos até aqui, e de quem é a culpa?". São, com efeito, duas perguntas. A primeira indaga pelo "onde?", a outra pelo "por quê?" da situação dentro da qual estamos. Um clima quiliástico envolve ambas as perguntas. Vibram com o trovão ou com o trompete do último juízo.

O dever desta introdução é introduzir o leitor nesse clima. Fazer com que o leitor sinta, como o autor, a última ameaça e a última promessa.

Toda época tem os seus profetas do acaso. Nada mais simples, nada mais cômodo, nada mais otimista, em última análise, do que prever a catástrofe derradeira. É uma atitude que exonera da responsabilidade e exalta o exonerado, mas essa fé otimista numa catástrofe violenta não é o caso do presente livro. Não é a explosão que receia, mas são as cinzas. As suas "visões" não são do cogumelo esplêndido, mas do deserto. Não antecipa a morte heroica nas chamas, mas a morte com gosto de mata-borrão no cotidiano. Não crê nas catarses do fogo purificador, mas crê que a terceira e a quarta geração serão seguidas da quinta e da sexta. A ira Divina, assim receia, não é a explosão, mas a estagnação do mundo. Tão imperceptível será o último dia que não notaremos o seu raiar nem o seu crepúsculo, nem a última noite. Talvez já tenha passado, despercebido, o último dia? Talvez vivamos na 25ª hora? Talvez a notícia do último juízo nos chegue atrasada, como insinua Nietzsche? O mundo que nos cerca não passa, talvez, de um epílogo triste da realidade? De um portão de entrada para o nada? E que não nos precipitamos para dentro do nada, mas que deslizamos nele? Que estamos em plano inclinado cujo declive chamamos "progresso"? — que era esta a nossa condenação *in contumaciam* no dia do julgamento final ao qual não comparecemos: a aceleração geométrica do progresso?

Estas são algumas das perguntas que motivam o presente livro. Este o tipo de quiliasmo que inspira, e contra o qual se dispõe a lutar o melhor que pode. Para esta luta convida os leitores.

O clima que procurei evocar explica o aparecimento dos profetas do ocaso. O seu desejo é o pai do seu pensamento. O mundo precisa acabar, porque é intolerável. Os profetas proclamam o fim do mundo, para provocá-lo. E a humanidade, desolada, perdida no tédio do cotidiano e faminta de sensações, ausculta o firmamento para descobrir sinais de catástrofe iminente. E os sinais aparecem. Cometas com caudas, e espadas em chamas, e discos voadores, e criaturas de Marte. Uma flora complexa e luxuriante de literatura apocalíptica viceja abaixo desse céu. Descreve o fim da sociedade burguesa, e do Ocidente, e da humanidade, e da vida na Terra, e proclama a morte de Deus e do diabo. Todos estão de acordo num ponto: assim não pode continuar, porque isso seria intolerável. O que não deve ser, não pode ser – é o lema que une a todos. A própria admissão da possibilidade de continuidade é recusada, por demasiada horrível.

Nesse clima surge a pergunta existencial: "Por que há algo?". As múltiplas respostas intelectuais a essa pergunta não são interessantes, se comparadas com as respostas vivenciais que a nossa geração está dando. São duas. Uma pode ser descrita como um ato de devorar, a outra como um dar de ombros. Se tentamos articular as duas atitudes, a primeira seria "*carpe diem*", e a outra "não ligo". É assim que reage a humanidade aos sinais no firmamento. Para uns são os foguetes um meio de viajar rápida e comodamente, para outros são um ruído desagradável que interrompe por um instante o ócio cotidiano. Ambas atitudes são falsas, ambas são poses. Tanto a "progressista" quanto a "não empenhada". Ambas são fugas. A pergunta "Por que há algo?" não pode ser assim evadida. É preciso aceitar o foguete como desafio. Mas essa aceitação teria por consequência a aceitação do mundo. E isso é intolerável. É melhor que o mundo acabe.

O que é o mundo? É o conjunto de seres que constitui a realidade. É um conjunto mal definido, compacto no seu centro, difuso na periferia. É uma bola cuja superfície se evapora. No centro da bola estamos nós, e somos nós os núcleos da realidade. Em nosso redor imediato se acotovela a multidão dos seres. Cada um procura chegar até nós para realizar-se. Cada um procura romper a barreira formada pelos demais, para ser percebido. Cada um quer ser conhecido e reconhecido. Em seu conjunto formam esses seres a circunstância dentro da qual estamos. Às costas dessa turba desordenada flutua a massa amorfa dos seres imperceptíveis. Forma o território da virtualidade, do qual os seres perceptíveis e realizáveis se condensaram. E essa massa nebulosa se perde nos abismos do nada. A bola da realidade rola na abóbada do nada propelido pelo passado em direção do futuro. Como pode acabar este mundo?

Não por catástrofe externa, como creem os profetas. Acaba como começa: conosco. Somos nós ancorados no centro da realidade. Somos nós os responsáveis pelo metabolismo da bola. Se nos abrimos aos seres na atitude devoradora, abrimos um vértice no centro do mundo, dentro do qual os seres se precipitam. Nesse movimento centrípeto o mundo se aniquila no vazio do nosso eu. Se nos fechamos contra os seres na atitude do "não ligo", se repelimos os seres que sobre nós se precipitam, surge um movimento centrífugo na bola. Nesse movimento o mundo se dissolve do nada que o cerca. As duas atitudes que caracterizam a nossa geração são, portanto, as responsáveis pelo clima apocalíptico dentro do qual existimos. São, portanto, os próprios profetas da catástrofe os que a provocam.

Uma terceira atitude é possível. Consiste no aceitar das coisas como desafio. Nessa atitude as coisas se transformam em problemas. Ao se precipitarem sobre nós, barram o nosso caminho. Se quisermos manter o nosso caminho aberto, não devemos procurar aniquilar as coisas, nem ignorá-las. Devemos procurar superá-las. Coisas são superadas ao serem transformadas. Não é no consumo nem na recusa que transformaremos as coisas. É manipulando as coisas que as superaremos. A maioria das coisas que cerca a geração atual consiste em instrumentos. Instrumentos são coisas já manipuladas. Por serem manipulados, parecem pedir de nós atitudes de consumo ou de recusa.

Parecem exigir o seu próprio aniquilamento. É esta, a meu ver, a razão ontológica da expectativa de fim do mundo que reina. O mundo dos instrumentos (o mundo que nos cerca) parece destinado, por sua própria estrutura de coisas já manipuladas, ao aniquilamento. A atitude que estou descrevendo reside no aceitar dos instrumentos como problemas. Essa atitude é consequência de um momento de escolha. É a escolha existencial do não aceitar os instrumentos passivamente. Reside na abertura vivencial em face do mundo da tecnologia. É a decisão existencial de superar o mundo da tecnologia. Não pelo consumo sempre crescente, nem pela recusa enojada e entediada, mas pela manipulação e transformação da tecnologia. A tecnologia, para ser superada, precisa ser transformada em outra coisa.

Nessa decisão existencial, nessa escolha de atitude, inicia-se um movimento diferente no mundo que nos cerca. As coisas que sobre nós se precipitam são realizadas pela atitude manipuladora que assumimos. O mundo se torna compacto. Consolida-se o mundo. Longe de precipitar-se para o abismo do aniquilamento, ele surge desse abismo à medida que o realizamos. Este é um clima no qual não há lugar para o quiliasmo que caracteriza o nosso tempo. Será viável essa atitude, será possível o estabelecimento desse clima?

Vivemos em um mundo já esgotado e pobre. Oscilamos entre o devorar e a recusa. Instrumentos se precipitam, transparentes e ocos, para o vazio do nosso eu para serem consumidos. Nessa queda colidem com outros que estão sendo expelidos do nosso eu pelo tédio e pelo nojo. Tão transparentes e ocas são as coisas que nos cercam que podemos vislumbrar, através delas, o nada. São farrapos nebulosos, coisas que mal encobrem a nudez do nosso eu. Vivemos em um mundo já quase esvaziado da realidade. De raro ainda apanhamos um finzinho de realidade, vestígio triste de um mundo perdido. Mas essa realidade é demasiado compacta para ser suportada. Não conseguimos agarrar-nos a ela. Somos uma geração cansada. Seremos ainda capazes de mudar de atitude?

Não sei responder a essa pergunta. Mas procuro resposta. O presente livro é a articulação dessa procura. Quero compreender a situação que deu origem a essa pergunta. Compreendendo a situação, talvez poderei encontrar resposta. Creio que a situação pode ser compreendida historicamente. É na história que se encontra a explicação da situação na qual estamos. Deve ser, portanto, na história que uma saída da nossa situação se esconde. Visitarei as gerações que nos precederam, para que elas me respondam: "Para onde vamos?". Faço-o com toda a humildade que devemos aos mais idosos, mas não sem recriminá-los. São essas gerações afinal as culpadas pela situação na qual estamos. Quero apreender do passado não tanto como imitá-lo, mas como evitar os seus erros. Esta é a finalidade do presente livro.

1. CULPA

1.1. PRAÇA DA SÉ

A cidade medieval será o ponto no qual me deterei no curso desta viagem aos antepassados. A nossa geração pode observá-la de um ponto de vista transcendente. Nossos aviões a sobrevoam. Em perseguição desalentada dos nossos negócios e ócios cruzamos os ares em velocidades violentas. Mas essas velocidades não são vivenciadas. A flecha furiosa do avião parece estar parada aos que estão presos a ela pelo cinto de segurança. Com efeito, o avião é um dos poucos lugares de meditação que restam. O voo não nos dá a sensação de movimento. É um fenômeno típico do mundo irreal que nos cerca. A velocidade do voo é vivenciada tão somente depois da viagem, ou por um desastre. Durante o voo estamos parados, e é a paisagem que se desenrola de maneira lenta e convidativa a meditações acompanhadas pelo ruído monótono e entorpecente dos motores. Se essa paisagem for a Europa, notaremos nela formações curiosas. São pequenas aglomerações de casas e casinhas, com ruas e ruelas labirínticas, um ajuntamento estreito e angustiado. Mais parecem organismos que construções essas cidades. Parecem brotadas de sua paisagem e nela abrigadas. Não se espalham pela paisagem, nem a oprimem, como nossas cidades. Parecem rebanhos de ovelhas que se agrupam, medrosas, em redor do bordão do pastor, em redor da torre. Temem o lobo que ronda a cidade. Esse lobo já desapareceu nas brumas das lendas antigas.

Também o pastor se retirou para histórias e cantos pios, e talvez não inteiramente sinceros. O que ficou são apenas as ovelhas e o bordão abandonado do pastor. São cascos vazios de uma esperança outrora ardente. São resíduos petrificados de um terror glorioso. São recifes de coral da fé que se cristalizou em beleza. Assim se escondem essas cidades nos seus vales, ou apoiam-se sobre as suas colinas. Estendem em vão as suas torres suplicantes rumo ao céu e ao avião que as sobrevoa. São símbolos do nosso subconsciente. Não atestam apenas o passado da nossa sociedade, mas também da nossa mente. Os nossos antepassados habitaram, outrora, essas cápsulas agora vazias. Sofreram nelas, rezaram nelas e criaram nelas feitiços e obras-primas. Mas nós também, quando crianças, percorremos um estágio que corresponde a esse clima de vida. Éramos, nós também, góticos, outrora. Dentro da nossa mente abrigamos recifes de coral que se assemelham a essa carcaça. São cópias ou modelos desses fenômenos materializados. As cidades medievais são partes da nossa própria mente. Querer compreender o espírito que as criou e que por elas foi criado é querer compreender-se a si mesmo. É a tentativa de encontrar os nossos antepassados no interior das nossas mentes.

É uma atividade multivalente essa tentativa de repor a carne nesses esqueletos de pedra. Tem algo de paleontologia e de poesia e de autobiografia. Reconstruirá, muito provavelmente, com essas pedras mortas, uma criatura tão grotesca quanto é grotesco o gigantossauro reconstruído com ossos mortos. Esculpirá uma figura tão nossa das ruínas, quanto é sua a estátua que o escultor modela na pedra. Fará surgir, ante a nossa visão mental, um mundo fantástico que será, em sua essência, um sonho e um pesadelo da nossa infância, projetado sobre o pano de fundo da história da sociedade. Esse amálgama de reconstrução grotesca, criação artística e sonho será o espírito que faremos ressuscitar das cidades. Chamaremos "Idade Média" esse fantasma.

Ciência, arte e introspecção foram os agentes que provocaram esse espectro suave e terrível. Como está relacionado esse espectro com aquele espírito "real" que reinava na Europa há quinhentos anos? Desconfio que a pergunta carece de significado. Para nós, a realidade do espírito da Idade Média reside justamente no espectro que invocamos. É como tal que ele age sobre as nossas mentes. Invoquemos, pois, com gestos apropriados e com festividade solene, o espectro da Idade Média, e façamos com que se materialize da sua lâmpada de Aladim, da catedral, para nos servir. A sua luminosidade pálida iluminará a situação na qual nos encontramos.

É digno o receptáculo no qual o fantasma estava encapsulado. Surge das pontas cinzeladas, das ameias da catedral, dessa chama da fé petrificada. A catedral, a sé, levanta-se em labaredas rumo ao céu. Nos seus cantos e entre as suas protuberâncias esconde-se, em mil formas, o diabo. Na sua ponta resplandece a cruz do Deus tornado carne. Na sua nave se aglomera, ajoelhada, a multidão, na viagem em busca da vida eterna. A catedral é a chama do auto de fé, que consome o corpo para libertar a alma. Devora a carne, porque esta abriga os sentidos, e os sentidos são do diabo. Ilumina a alma, e esta se eleva para juntar-se a Deus. A sé é a ponte entre a cidade dos homens, ameaçada pelo inferno, e a *civitas Dei*.

É necessário perguntar-se como e com que material foi acesa tal chama. A lenha que constituiu a fogueira provinha dos bosques da Palestina e da Grécia, e das selvas escuras da Germânia antiga. Mas a faísca que fez com que essa lenha se incendiasse, e se mantivesse em chama durante mil anos, veio de regiões desconhecidas. Em toda Europa ocidental e central ardia esse fogo da fé e aquecia e iluminava a escuridão da solidão humana. O que de calor resta em nossas mentes esfriadas são as brasas quase extintas dessa lenha agora carbonizada. Na fogueira viva e ardente da Idade Média não foi possível distinguir os diversos elementos da lenha. Mas nós, a quem a claridade da chama não mais ofusca, podemos descobrir os elementos judeus, gregos, latinos e germânicos na fé medieval, e podemos sentir-lhes o aroma. Nós podemos distinguir, no chamejar medieval da fogueira, as diversas tendências das quais a chama se compunha. Podemos descobrir, em toda Idade Média, momentos de predominância ora deste, ora daquele elemento.

São outros tantos "renascimentos". A própria Idade Média não se dava conta claramente do seu oscilar, porque não estava nele interessada. Não tinha um interesse "histórico", no nosso significado do termo. O hálito que impulsionava o fogo da fé apontava a história afora. Não permitia um virar-se do pensamento em direção às suas raízes. É da essência do período gótico o interesse pela eternidade, portanto o desinteresse pela história como processo autônomo, e não como processo de salvação das almas. O nosso propósito nestas considerações é a invocação do espírito medieval, e isso exige que sejamos obedientes a ele. Esqueçamos, pois, a nossa inclinação histórica, e abramos mão da tentação de explicar o período gótico historicamente. Demos as contas ao mundo fluido do temporal, e encaremos a eternidade.

E, com efeito, a posição que recomendamos é aquela que a catedral assume. Aparta-se da cidade. Afasta, com gesto solene, a multidão das casas. O círculo mágico da Praça da Sé mantém, à distância, o borbulhar secular e mundano das ruas. A catedral encara a paz silenciosa do céu. Lá fora o caos da cidade, com as cores berrantes dos trajes lascivos, com a gritaria obscena das criadas e dos servos, com o cheiro nojento da feira de ontem e hoje. Cá dentro o ardor reprimido dos vitrais de rubi e esmeralda, as vozes suaves e encantadoras do canto gregoriano, o perfume agridoce do incenso. Lá fora, na cidade, tudo é confusão, tudo é sofrimento. Cá dentro, na catedral, tudo é ordem, tudo é beleza. Mas a beleza organizada da catedral é consequência sublimada do caos na cidade. A catedral é o caos disciplinado, casto e castigado. É a forma severa e lógica, para dentro da qual o caos derramou para ser salvo. Tão vivo e opulento é esse caos que ameaça romper a forma severa em todas as costuras. No ouro e no rubi dos vitrais transparece a calça amarela e vermelha do escudeiro. No repicar dos sinos ressoam os chocalhos do gorro do bobo da corte. No arco ogival que aponta o céu esconde-se o seio da meretriz, e todo o edifício da catedral é carne sublimada.

Nisso reside o significado da catedral, e é assim que ela supera a cidade: ela a sublima para elevá-la. Transforma as cores da seda e do veludo no reluzir das gloríolas. Faz com que os chocalhos do bobo da corte se transformem em convite para a prece. Purifica a carne. É assim que a catedral se torna foco da cidade. Nela todos os raios da Idade Média se focalizam, para serem purgados no seu fogo. É ela a meta centrípeta da atividade das ruas. Dá rumo, portanto significado, a toda atividade. Graças à catedral é toda atividade mundana significante. A gula mais desenfreada, a bebedeira mais abjeta, a fornicação mais impudica, o atormentar mais bestial de gente e de animais, tudo isso tem um significado sacral que lhe dá meta: desemboca na catedral, para lá ser englobado pela beleza disciplinada e purificadora. Até a bruxa que passa as suas noites devassas em companhia do bode encontra o seu nicho na catedral salvadora. Toda a cacofonia da cidade, tanto a reza monótona do monge quanto o canto berrado do lansquenete, tanto o sussurrar da donzela quanto a gritaria da meretriz, fará parte da polifonia do canto gregoriano. É nesse sentido que é católica a cidade. Todos participam da mesma realidade, e todos tendem para a mesma meta. Ninguém duvida do fundamento. A nave da catedral é esse fundamento. A própria heresia, o próprio ateísmo, a própria dúvida no sentido medieval do termo são fundamentados por ela.

A catedral imprime a sua estrutura sobre a cidade. A ordem e a organização da catedral são a camisa de força dentro da qual a vida da Idade Média se processa. É uma vida louca e uma vida de louco. A camisa de força reprime, e salienta, reprimindo, os gestos de loucura. É a loucura da salvação divina. Observemos os gestos. São os ornamentos involutos e loucamente detalhados nas cumeeiras das casas. São as iluminuras complexas e loucamente caprichadas dos palimpsestos. São os animais fantásticos e as plantas grotescas que aparecem nos gobelins e nas tapeçarias. A cidade toda é um único arabesco louco. É, do nosso ponto de vista, um único gesto alienado. Mas é uma alienação orgânica, uma loucura natural, a saber, a loucura da natureza humana. Todas essas formas grotescas são fauna e flora autênticas da mente humana. As trepadeiras fantásticas que formam as grades dos chafarizes são plantas que brotaram espontaneamente. Os unicórnios e os dragões onipresentes são animais de verdade. São muito mais reais essas plantas e animais que os nossos automóveis e as nossas geladeiras. Os sapatos de bico e as armaduras absurdamente pesadas são muito mais autênticos que nossos *blue jeans* que se esforçam, debalde, por evocar um *Wild West* inteiramente fictício e mentiroso.

Não obstante, do nosso ponto de vista, temos o direito de falar em loucura. Uma época que nega realidade ao mundo dos sentidos, mas que se rende tão violentamente aos sentidos, é uma época louca. Uma época que tende com tanta fé para o mundo do espírito puro, mas que está sempre pronta para entrar em conluios e pactos com o mundo impuro da magia, é uma época louca. Uma fé tão profunda na realidade da alma, casada com um empenho tão lascivo na realidade do corpo, é uma fé transviada. Não sabemos quem era o mais doido: se a bruxa que dormia com o diabo, ou o bispo que mandava queimá-la. Quem era o mais possesso: se o alquimista que procurava a sabedoria nas precipitações, ou o astrólogo que a procurava nas constelações, ou o escolástico que a procurava na razão silogista. Quem era o louco mais perigoso: se o relojoeiro que construía um relógio que marcava as horas, os dias, os meses, o epicentro dos planetas, com o rico, a morte, os apóstolos, os galos acompanhando as evoluções celestes, ou o imperador que mandava cegar o relojoeiro, e depois jogá-lo às feras. É uma loucura tudo isso, mas é uma loucura que funcionava. De um ponto de vista pragmático eram, portanto, esses juízos desvairados, juízos "verdadeiros". A bruxaria, a alquimia, a escolástica eram, pragmaticamente, fontes de conhecimento. O relógio louco era um instrumento funcional, portanto pragmaticamente útil. Mas acima de tudo era a loucura da Idade Média toda, tal como ela se apresenta de beleza. A Idade Média toda, tal como ela se apresenta a nós, portanto, como algo passado, isto é, perfeito e realizado, pode ser encarada como uma única obra de arte gigantesca.

A sensação do grotesco é o resultado da contemplação de uma fase destacada. Se contemplarmos a Idade Média em sua totalidade, essa sensação se evapora. Uma estátua destacada, um livro destacado, um episódio destacado causam em nós a impressão do grotesco. Mas é o nosso próprio ato de destacar, o responsável pela impressão que temos. O ato de destacar, de individualizar e de salientar é uma atitude moderna. É consequência da clara e distinta percepção cartesiana. A Idade Moderna consiste, efetivamente, em fases destacáveis. Uma estátua moderna, um livro moderno, um episódio da história moderna podem ser contemplados individualmente. Porque a sociedade moderna consiste, em tese, em indivíduos destacáveis. A estátua, o livro e o episódio têm, na Idade Moderna, autores responsáveis. Mas a Idade Média é uma época de estrutura diferente. É ela uma cadeia cujos elos tendem a se fundir

e a confundir no anonimato. Destacar um elo significa romper a cadeia. Significa transformar e deformar a Idade Média em museu imaginário moderno. Daí a nossa sensação do grotesco.
A cadeia, em sua totalidade, é uma obra de arte completa. Gerações de mestres e aprendizes anônimos a forjaram. O projeto artístico da cadeia não resultou de um planejamento. A aura de organicidade e autenticidade que cerca todo fenômeno medieval é prova de espontaneidade. Os mestres forjadores não passavam de instrumentos articuladores de um artista supremo. Toda a sua atividade obedecia a um projeto artístico impalpável. Esse projeto informava e permeava até o mínimo detalhe. Dava significado a tudo. Fazia com que a Idade Média, como um todo, fosse a articulação da própria sanidade.

A meta da vida medieval era a realização progressiva desse projeto. Era a procura do dedo modelador do artista supremo. Tudo apontava ao dedo: as torres pontudas, os tetos pontudos, as janelas pontudas, a escrita pontuda, até as lanças pontudas. Tudo apontava ao dedo, mas nada o alcançava. Nesse sentido, é a Idade Média uma época frustrada. Tinha meta inalcançável. E, após centenas de anos de esforço frustrado, a Idade Média abandonou a tentativa. A Idade Moderna é, toda ela, uma única fuga de uma tarefa excessivamente difícil. A Idade Média fracassou nessa tarefa. As catedrais são os monumentos patéticos e vazios da tarefa não cumprida.

As catedrais são monumentos da frustração no contexto da Idade Moderna. São assim, porque estão perfeitas e acabadas. Mas esse aspecto trágico é justamente o seu aspecto moderno. Na época da sua construção eram as catedrais, muito pelo contrário, monumentos de otimismo. Essa construção levava centenas de anos. Pedreiros, ferreiros, ourives, vidreiros e toda a multidão católica da cidade, do castelo e do mosteiro convergiam para a Praça da Sé a fim de colaborar na construção da catedral e de suas obras-primas. Todos os caminhos labirínticos, todas as veredas tortuosas desembocavam na praça. A Praça da Sé era a represa de todos os riachos. A certa distância da praça concentrava-se o sistema fluvial do feudalismo em três rios mestres: eram os três estados. Assim reunidos, fluíam majestosos para o oceano no qual a nave da catedral navegava. Essa nave tinha dois capitães: o Santo Imperador e o bispo de Roma. A tensão entre ambos tornava a viagem empresa arriscada. Mas não é esse aspecto global que pretendo ilustrar nas considerações seguintes. O meu método será diferente. Escolhi três entre as múltiplas veredas que demandam a praça, e procurarei seguir-lhes o rumo. É a vereda da escola, a vereda da magia e a vereda da espada. Nessas três contribuições para a construção da catedral procurarei descobrir a explicação do seu fracasso. O meu método será, portanto, moderno. Será o método discursivo e terá a distinção clara por meta. Não obstante, se tiver êxito, deverá poder transmitir ao leitor algo da vivência medieval da realidade.

1.1.1. ESCOLA

A crença de que o pensamento é uma atividade nobre, a crença na "razão pura", é uma superstição moderna. A Idade Média ignorava o conceito do homem como coisa pensante. Os doutores da escola desconheciam, portanto, o nosso significado do termo "teoria". Não viviam teoricamente, e nesse sentido não amavam a sabedoria. Não eram filósofos no nosso significado de termo. Se a filosofia for definida como amor ao pensamento desprendido, a um pensamento, portanto, que persegue um curso do qual ignora a meta, a escola medieval é antifilosófica em seu próprio fundamento. Tem meta clara, precisa e definida. A meta da escola é o ensino da técnica da vida eterna. A escola é o fundamento da vida, e não é para a escola, mas para a vida que estudamos. E é óbvio para os escolásticos, tão óbvio que não admite dúvida, que essa vida para a qual estudamos é a vida depois da morte do corpo. Com efeito, o mundo dos sentidos, aquele mundo fenomenal que nos cerca e do qual participamos em virtude do nosso corpo, não passa de uma instituição pedagógica gigantesca. A sua única finalidade é educar-nos para a vida eterna. O mundo como escola de almas, e o homem como aluno do curso para candidatos à vida eterna, esta é a cosmovisão dos doutores. Toda atividade humana é preparação para o exame vestibular chamado "morte". A vida no corpo é iniciação para a *ars moriendi*.

É, falando estritamente, um ensino da técnica da morte. E a escola, no significado estrito do termo, isto é, o quarto baixo e mal iluminado no qual os doutores ensinam, é a politécnica da vida eterna. A escolástica é, portanto, uma disciplina eminentemente técnica e pragmática com finalidades didáticas, e *toto coelo* diferente da filosofia no sentido antigo ou moderno do termo. Os doutores não são pensadores *puros*, mas instrutores altamente especializados. A escolástica é a ciência aplicada da salvação de almas.

O sentimentalismo romântico que caracterizava as universidades modernas até o começo do nosso século é um clima inteiramente estranho aos doutores. É, do seu ponto de vista, sintoma da inautenticidade dos nossos professores. Os escolásticos são, todos eles, profundamente realistas, mesmo quando são chamados tecnicamente de nominalistas. Estão plantados com ambos os pés firmemente no chão da realidade. A saber, no chão daquela realidade que a fé proporciona.

As especulações às quais se dedicam têm para nós um ar de irrealidade, do irrisório e do abstrato. Mas isso é sinal da nossa alienação, não da deles. É que, românticos que ainda somos no fundo, não conseguimos seguir-lhes o argumento racional e empírico, isto é, o argumento baseado na razão e aquela experiência imediata que a fé oferece. Alienados, somos vítimas de uma esquizofrenia curiosa. Existe um abismo, para nós, entre a razão e a vivência imediata. Oscilamos entre o racionalismo e o empirismo. E perdemos o contato com a realidade, que se precipitou para dentro do abismo entre ambos. Mas os argumentos da escolástica referem-se exatamente a esse terreno do real que está localizado, para nós, entre a razão e a experiência imediata. Os escolásticos não sentem, bem integrados como são, a nossa antinomia. Razão e vivência não são duas capacidades opostas de captar-se a realidade, mas são duas capacidades complementares. São duas graças das quais dispomos. A nossa antinomia é resultado de um deslocamento da experiência que está no fundo da nossa loucura. Deslocamos a experiência para os sentidos. E a experiência que os sentidos fornecem é ilusória e enganadora. É por isso que contradiz a razão e se opõe a ela. Para os escolásticos não são os sentidos, mas a fé que fornece a experiência imediata. Entre esse tipo de experiência e a razão não há, em tese, antinomia.

Antinomia não há, mas há uma relação problemática entre ambos. A fé nos põe em contato com a realidade de duas formas distintas. A primeira é pública e objetiva. A segunda é íntima e subjetiva. A primeira tem por fonte a revelação Divina, e por depositório as escrituras sagradas. A segunda tem por fonte a nossa consciência, e manifesta-se esporadicamente. A função da razão é unir essas duas formas de fé em nossas mentes. O papel da razão é, portanto, lógica e psicologicamente posterior à fé, e a razão existe em função da fé e está a ela subordinada. A escolástica é a razão consciente da sua função, portanto razão disciplinada. É a razão iluminada pela fé, como diriam os doutores. Ou é a razão como apologia da fé, como diríamos nós, os modernos. Essa nossa formulação moderna da escolástica barra o nosso caminho para a compreensão do princípio que a informava. Os escolásticos são, para nós, em virtude dessa formulação, ora místicos irracionais, ora racionalistas extremos. Ou são ambas as coisas, portanto ambas as coisas inautenticamente.

São prestidigitadores de palavras que manipulam conceitos com o propósito aparente de produzir conhecimentos, que na realidade já escondem nas mangas. Os escolásticos são jograis racionalistas da fé, do nosso ponto de vista. O seu jogo preconcebido vicia, para o nosso gosto, o sabor da espontaneidade do conhecimento.

A contradição e a inautenticidade da escolástica se dissolvem, entretanto, se abandonarmos o nosso ponto de vista moderno. Esse ponto de vista é resultado da nossa tendência contraditória de divinizar e menosprezar a razão como revelação da realidade. Se divinizamos a razão, a escolástica se nos apresenta como abuso absurdo das faculdades racionais, e como degradação da razão e capitulação ante a fé, portanto ante a irracionalidade. Se menosprezamos a razão a escolástica se nos apresenta como disciplina inteiramente afastada da realidade, que se perde em discussões fortuitas como aquela que tem por tema o sexo dos anjos. Mas o problema da escolástica não era esse. Não era um problema inteiramente teórico, como é o nosso problema das fontes e do caráter do conhecimento. A escolástica não é uma teoria do conhecimento. É, pelo contrário, uma disciplina eminentemente prática, e seus problemas são outros. São problemas éticos, e é no clima da ética que a escolástica deve ser enquadrada. Por exemplo: a afirmação dos empiristas modernos que nada está no intelecto que não tenha estado antes nos sentidos seria, para a escolástica, a afirmação da origem diabólica de todo conhecimento. A nossa ciência, enquanto desenvolvimento sistemático dos dados dos sentidos seria, portanto, uma forma de magia negra. O ponto de vista da escolástica é tão deformador do pensamento moderno como o é o nosso ponto de vista do pensamento dos doutores.

A escolástica não é uma teoria de conhecimentos. É uma técnica da salvação de almas. Os seus problemas são pedagógicos e didáticos, e como tais devem ser encarados. Pretendo discutir três desses problemas. Esses problemas têm nomes. Esses nomes são: "tradição", "universais" e "verdade". Devemos tomar cuidado para que os significados modernos desses três termos não invadam a nossa discussão, a fim de não deformá-la. O esforço que devemos fazer é, portanto, negativo. É preciso que esqueçamos todo aquele desenvolvimento moderno que manipulou os três termos propostos, para dar-lhes conteúdo novo.

PÁG. 51

O conceito da tradição deve ser depurado de todos os significados que o relacionam com o conceito moderno do progresso. É preciso esquecer que existe o hegelianismo, o marxismo, o darwinismo, e a tecnologia moderna. Somente assim é que poderemos começar a compreender o significado do termo "tradição" no seu contexto. É um esforço difícil. No fundo do nosso pensamento nutrimos uma imagem do mundo que se assemelha a uma planta. Essa planta cresce e se desenvolve. O desenvolvimento da planta é o que chamamos "progresso". É preciso arrancar essa planta do fundo do nosso pensamento. É preciso substituí-la pela imagem medieval do mundo. Esta se assemelha a uma cachoeira. O mundo se precipita rumo ao último juízo. Em sua queda arrasta consigo as nossas almas. Mas existe nessa cachoeira um segundo movimento. São os ensinamentos da Igreja. É uma influência extramundana e transcendente que modifica o curso da queda. É uma correnteza na cachoeira, que tem sua fonte no além do mundo. A fonte é a revelação Divina, e a correnteza que dela brota para influir no mundo é a tradição da Igreja.

O problema da tradição reside na circunstância seguinte: a sua fonte é a revelação tal como foi recebida pelos profetas judeus e encarnada pela figura do Cristo. Encontra-se depositada nos livros sagrados do Velho e do Novo Testamento. Mas a corrente da tradição foi infiltrada por elementos que têm origem totalmente diversa. Esses elementos estão depositados nos livros de Aristóteles e de

Platão, e, embora façam parte da tradição, não se enquadram nela organicamente. A tradição tem caráter problemático e exige esclarecimentos. Com efeito, ela é um movimento em procura de esclarecimentos. É a procura da síntese entre as visões dos profetas judeus e as especulações dos filósofos gregos. Pode ser comparada a um parafuso, cujas roscas procura penetrar em espirais crescentes o mistério da salvação das almas. A escolástica é a chave de fenda que torce o parafuso, e nesse sentido é a escolástica a chave do paraíso. A escolástica como técnica para a propagação da tradição vê-se diante de problemas secundários que dificultam o seu avanço. Os livros sagrados dos judeus estão escritos em linguagem densa, poética e misteriosa. É a linguagem Divina. Precisam ser traduzidos para a linguagem rigorosa dos silogismos, isto é, para a linguagem da razão humana. Os livros dos filósofos gregos, e mais especialmente os de Aristóteles, o filósofo *tout court*, contêm passagens perigosas, já que não são iluminados pela revelação divina. Essas passagens precisam ser depuradas. Acresce que os livros sagrados estão escritos em hebraico, aramaico e grego, línguas cujo conhecimento se tornou inacessível. Os escolásticos se veem relegados a traduções feitas por árabes e judeus, portanto de infiéis que infiltram a tradição com seus erros. Esses erros precisam ser extirpados. Em síntese, o dever da escolástica reside no esclarecimento da revelação, na assimilação da filosofia grega a essa revelação, e na depuração de erros que surgiram por assimilações enganosas. Nesse sentido, é a escolástica o próprio núcleo da tradição, e como tal é ela a escada para o céu. O conceito da tradição ocupa, portanto, um lugar no pensamento medieval, que se assemelha ao lugar ocupado pelo conceito do progresso no pensamento moderno.

Concebida assim, é a escolástica um esforço paradoxalmente frustrado. Procura esclarecer a revelação, e acrescenta-lhe, nessa tentativa, uma multidão de comentários que pedem esclarecimentos. Procura assimilar o pensamento grego à revelação, e consegue apenas, nesse esforço, demonstrar o abismo que separa esses dois mundos. Procura tornar-se um filtro da tradição, pelo qual passa a água benta da verdade para o poço cristalino de Deus. Tornou-se, com efeito, uma ramificação labiríntica de teses contraditórias, portanto em pantanal no qual essa água estagna. Quanto mais avançava o parafuso da tradição, tanto mais claro se tornava o fato de que afastava o pensamento das suas fontes. A escolástica, longe de ser uma escada para o céu, conduzia a alma para regiões perigosas. A sua procura da simplicidade da verdade resultou na argúcia sofística da multiplicidade de teses. Uma sensação trágica de profundo desencanto envolve as últimas fases desse esforço gigantesco. A escolástica é um dos pilares nos quais a catedral assenta. O fracasso da escolástica prova vivencialmente um erro profundo no plano de construção da catedral, um erro que fez com que a Idade Média desesperasse.

A famosa contenda dos universais é sintoma precoce desse desespero. É preciso localizar essa contenda neste contexto. Para uma mente informada pelo pensamento moderno parece tratar-se de um problema inteiramente abstrato. Parece tratar-se da relação entre nomes particulares (nós diríamos "nomes próprios") e nomes universais (nós diríamos "nomes de classes"). É uma questão puramente formal do ponto de vista moderno. O fato de assumir atualmente uma importância capital na filosofia é prova de como começamos a superar a Idade Moderna. É preciso pôr entre parênteses o ponto de vista moderno, se quisermos captar o espírito que impulsionava a contenda. Para os escolásticos trata-se de uma decisão existencial entre duas alternativas, uma decisão que acarreta dois projetos de vida diferentes. Conceitos "universais" como gênero, espécie e propriedade são *ante res, in rebus* ou *post res*: são anteriores às coisas, dentro das coisas, ou posteriores às coisas? Trata-se de decidir onde está a realidade. É a forma tipicamente escolástica da procura de Deus. Para aqueles que se decidiram em prol do juízo, "os universais são anteriores às coisas". Assim resolveram negar, nessa decisão, a autonomia do mundo das coisas. A realidade é anterior às coisas. A realidade está em Deus, que é anterior às coisas. A mente humana participa dessa realidade, porque abriga nomes universais, esses mensageiros da realidade. Os que se decidiram pelo empenho em prol desses mensageiros são, portanto, os realistas.

Mas essa decisão não será sinal de soberba? Como podemos nós, mentes aprisionadas em corpos, vislumbrar aquilo que é anterior às coisas, em virtude de meros nomes? Não, essa realidade anterior às coisas é inominável, e os nomes universais não lhe dizem respeito. São meros alentos da voz, meras articulações da mente, posteriores às coisas. Assim argumentam os franciscanos humildes. É impermissível, é pecaminoso, querer penetrar o reino "metafísico" pela razão iluminada, como querem fazer os realistas. É pecaminoso, e além disso é um erro de lógica, é um engano. É preciso tomar a decisão corajosa e humilde da limitação da mente humana. É preciso aceitar o fato terrível, consequência do pecado original, de que a realidade aparece em nossas mentes apenas no particular, e que o resto é *flatus vocis*. Essa nossa limitação não pode ser rompida intelectualmente. Apenas pela fé ingênua e inarticulada em Cristo podemos libertar-nos do pecado original e ingressar no reino da realidade. Esta é, em síntese, a posição dos nominalistas.

Os livros de história da filosofia ensinam que a posição nominalista resultou vitoriosa, e que a Idade Moderna é nominalista. Provam assim esses livros o quanto são modernos. Percebem apenas a semelhança formal que une o nominalismo e a posição moderna. Não percebem o abismo que separa o nominalismo da Idade Moderna, e não percebem o fundamento que une nominalismo e realismo. A Idade Moderna é nominalista, no sentido de transferência da fé para as coisas particulares. E essa transferência resulta na pulverização da fé, já que as coisas são realidade apenas nominalmente. É nesse sentido que a Idade Moderna é nominalista. Diante dessa posição, os franciscanos são realistas. Creem numa realidade anterior às coisas, e divergem dos dominicanos apenas na questão da articulação dessa realidade. Vivem, tanto quanto os realistas, ancorados nessa realidade. São cristãos, não são *humanistas*.

Não obstante, a divergência entre franciscanos e dominicanos é uma chaga aberta no pensamento medieval, que pressagia a sua morte. Divide a tradição, que é o método da salvação, de forma irreparável. São duas maneiras de viver irreconciliáveis, o realismo e o nominalismo. Se a vida no corpo é uma escola, como passar por ela com dois mestres que se contradizem? As tentativas de unificar as duas tendências, por mais astutas que sejam, são tentativas desesperadas.

Desse ponto de vista, não passa o tomismo e todas as tentativas de dizer que "os universais estão nas coisas" de derradeiros esforços para salvar o condenado. Afinal, a contenda de universais não passa do sinal de uma doença mais fundamental: o fracasso da escolástica em estabelecer uma tradição salvadora. Não é suprimindo o sintoma que se cura a doença. Porque não se pode deixar de perguntar: qual dos dois está com a verdade? E a verdade deve ser uma, e uma só, se a catedral quiser continuar apontando o caminho do céu.

O que é verdade? No contexto do pensamento medieval essa pergunta significa: qual é o caminho da salvação, e qual é a técnica para segui-lo? É, portanto, eminentemente pragmática a pergunta pela verdade. Mas é novamente preciso eliminar da nossa mente os significados modernos dos termos "verdade" e "práxis". Para a mentalidade moderna é a verdade um tesouro que deve ser procurado para ser descoberto. Reside na adequação progressiva do intelecto à coisa (essa coisa que é, para os modernos, a sede nominal da realidade). Todo passo dessa adequação progressiva fornece uma verdade parcial, uma moeda do tesouro procurado. Toda moeda é submetida ao teste de validade, porque toda moeda é duvidosa. Esse teste é o que chamamos de "práxis". Um aspecto importante do conceito do progresso, no sentido moderno, é justamente esse acumular de moedas testadas. Mas os testes não são definitivos. A despeito do teste, toda moeda continua duvidosa. Com efeito, tão duvidosa quanto é duvidosa a coisa à qual a moeda se adéqua. A inflação da moeda da verdade é uma característica da Idade Moderna. Dispõe essa Idade de um tesouro enorme e sempre crescente de verdades, que se desvalorizam de forma galopante.

A situação da Idade Média é totalmente diferente. O tesouro da verdade está inteiramente depositado na catedral, e a Igreja é a guardiã da chave. A verdade foi confiada à catedral por Deus, e não há, portanto, nenhuma dúvida quanto à sua validade. A Igreja, guardiã da chave, estava encarregada da distribuição do tesouro. A distribuição da verdade indubitável: esse é o significado medieval do termo "práxis". O problema é o seguinte. O tesouro da verdade, enquanto depositado na caixa-forte da catedral, tinha valor indubitável. Mas, uma vez posto em circulação, tornava-se duvidoso, porque circulavam muitas moedas falsas que o imitavam. A escolástica é, desse ponto de vista, a instituição encarregada da distinção entre moedas verdadeiras e falsas. É seu dever recolher e destruir as moedas falsas e disciplinar a circulação das moedas verdadeiras.

A contenda dos universais era prova existencial da incompetência da instituição. Em desespero de causa, os nominalistas propuseram uma saída de emergência: a verdade dupla. Argumentavam da seguinte forma: existem três tipos de moedas: as de ouro, as de prata, e as falsas. A escolástica é inteiramente capacitada para a distinção entre as moedas verdadeiras e falsas. Nesse sentido, ela funciona perfeitamente e é, portanto, pragmaticamente útil. Mas os realistas confundem as moedas de prata com as de ouro. Creem que os universais são moedas de ouro, creem que são verdade pura. Mas é óbvio, dizem os nominalistas, que os realistas estão enganados. Deus concedeu o tesouro da verdade em dupla cunhagem: as moedas de ouro da fé, e as moedas de prata da razão discursiva. As moedas de ouro compram a salvação eterna. As moedas de prata servem apenas para serem trocadas por moedas de ouro. Uma quantidade enorme de moedas de razão compra uma moeda de fé pequenina. Nisso está o valor das moedas de prata. Uma quantidade menor de moedas de prata não tem valor, já que não pode comprar moeda de ouro alguma. Nesse sentido, são as moedas de prata um desperdício de tempo. O valor das moedas de prata é comprovado no momento de sua troca por moedas de ouro. O erro dos realistas é desperdiçar seu tempo com essas moedas inferiores. É um erro terrível, porque o tempo do qual dispomos no corpo é a nossa única esperança para uma vida eterna. Os realistas são pecaminosos, não por acumular falsidade, mas por acumular verdades inferiores. Mas nem por isso trata-se de um erro menos grave. O conceito da dupla verdade não consegue, portanto, salvar uma situação já perdida.

Toda essa tentativa ilustra bem o clima existencial que reinava na escola. É o clima pragmático de querer forçar a salvação da alma a todo custo. É a consciência constante do perigo do aniquilamento da alma, se falhar a técnica que a escola ensina. E essa técnica falha, se perder o contato com a catedral, seu foco. A escola está dominada pelo receio constante da heresia. Esse receio explica por que os doutores se confinam, intelectualmente, a uns poucos postulados, e fisicamente, a suas salas de aula, escuras e empoeiradas. Procuram abrigar-se entre as paredes estreitas da fé, e sabem por que o fazem. Receiam a ira da catedral, embora não no sentido indigno que o espírito moderno lhes imputa. Muitos dentre eles enfrentaram, corajosamente, o raio do anátema, e as chamas da fogueira. O que receiam, entretanto, é o fogo eterno do inferno. É nesse sentido que a escolástica não passa de apologia e de serva da Igreja.

Defende a Igreja, mas não tanto perante os homens, como perante Deus. E serve a Igreja, não tanto por submissão intelectual e moral, mas como um guia serve o guiado. A escola é uma atividade pragmática, um empenho vivencial, e é inteiramente autêntica nesse empenho. Tudo aquilo que se nos apresenta como inautêntico – a argúcia dos argumentos, o tecer dos pensamentos, a submissão aparente – enquadra-se nessa suprema autenticidade. A escola é um empenho autêntico, mas um empenho fracassado. É responsável, em parte, pela ruína da catedral e pelos seus escombros. Nesse sentido, é a escola responsável, em parte, pela Idade Moderna.

Destarte, ficou desenhado um dos pilares da catedral, um pilar que durante centenas de anos sustentava a sua nave e fez com que as suas torres pudessem apontar para o céu. O erro fundamental em sua construção explica, em parte, o acontecimento fatídico que a Idade Moderna chama, com otimismo injustificado, de "Renascimento". Torna-se necessária a contemplação de um segundo pilar, se quisermos aprofundar a compreensão desse acontecimento.

1.1.2. ALQUIMIA

A rua dos alquimistas. Como todas as ruas da cidade, esta também desemboca na Praça da Sé, mas o seu trânsito é ambivalente. Existe um corredor secreto, subterrâneo e fechado por portões lacrados hermeticamente, e esse corredor liga a rua dos alquimistas com a floresta, além dos muros da cidade. Essa floresta é habitada por bruxas e pelos deuses gregos e germânicos banidos. Apenas o iniciado pode ousar quebrar o lacre e penetrar a floresta. É um mundo obscuro no qual a Igreja se choca contra o templo e no qual a escolástica abraça o orfismo. Esse choque e esse abraço, que têm a luz pálida da lua por testemunha, são uma luta e um ato amoroso. Até o próprio alquimista não pode dizer quem preside a essa união ambivalente e misteriosa, se Deus ou se o Outro. É um torcer e um retorcer esse encontro libidinoso, e nessa retorta se precipita o puro ouro, a pedra da sabedoria. Nessa terra de ninguém que se situa entre a fé e a superstição, entre a organização e o caos, surgirá o poder mágico e perigoso da ciência moderna. A Igreja, como que inspirada por premonição profética, protege a entrada a esse terreno com a espada, e a saída com a fogueira. Parece decididamente contrária a todas essas experiências duvidosas e potencialmente pecaminosas. Mas essa aparência engana. A Igreja sente uma forte atração por essas tentativas de dominar a primeira matéria espiritualmente. A transmutação do vil metal em metal constante e precioso não passa de outro aspecto da salvação da alma aprisionada no corpo.

Ambas as tentativas são o resultado da mesma mentalidade. A relação entre Igreja e magia é íntima e de interpretação difícil. Para a Igreja não passa a magia de uma situação de fronteira.

É um caso extremo da vida cristã, que se processa à beira do abismo. Mas, para a magia, a Igreja não passa de um fenômeno de superfície, sustentado e nutrido pelas correntes subterrâneas imemoriais da magia. É, portanto, a magia, do ponto de vista da catedral, o sistema de suportes externos e ricamente ornamentados que sustenta a nave. E, do ponto de vista da magia, é a catedral o produto central, belo e admirável, mas possivelmente frágil e efêmero, de um jogo antiquíssimo de paralelogramos de forças secretas.

As fórmulas, as encantações e os gestos invocadores dos alquimistas são, para a escolástica, silogismos confusos. Os silogismos da escolástica são, para os alquimistas, fórmulas secas, superficiais e ineficientes. Mas é óbvio que ambas essas disciplinas articulam o mesmo espírito e perseguem a mesma meta. A escolástica tem base mais estreita, porque desconfia da amplitude confusa da alquimia. Limita a tradição aos livros sagrados e aos filósofos gregos. Procura continuar e desenvolver essa tradição através de comentários claros e precisos. A alquimia brota da tradição milenar do Oriente, sussurrada de boca em ouvido. Procura continuar e desenvolver essa tradição por experiência paciente. Mas a tradição da escolástica, os livros sagrados judeus e os pensadores gregos não passam de uma forma cristalizada da tradição da alquimia. A escolástica é a parte visível do iceberg da tradição, do qual a alquimia é a parte invisível. As salas das escolas e as celas dos monges ordenam, estruturam e codificam essa tradição disciplinadamente. As abóbadas e os porões dos alquimistas mantêm viva e pujante a tradição, para que esta possa irromper de maneira explosiva no que chamamos "Idade Moderna".

A origem da tradição secreta perde-se na penumbra dos tempos. Brota talvez diretamente da primeira matéria, daquele hálito que pervade todo ser, e que os mágicos procuram. Essa primeira matéria está adormecida no fundo de todas as coisas. Os alquimistas são os príncipes que acordam a bela adormecida. Todas as coisas são superfície enganadora da primeira matéria, una e imutável. Há uma união fundamental que liga todas as coisas. Estas não passam de fenômenos efêmeros da matéria-prima. Os mágicos são radicalmente materialistas, mas o são mais no significado democrático do termo, do que no significado que lhe deu o século XVIII. A matéria dos alquimistas é espírito condensado, espírito é matéria rarefeita. Para falarmos com nomenclatura medieval, são os alquimistas os realistas mais radicais, porque procuram precipitar os *universais* experimentalmente. Procuram demonstrar com suas experiências que os *universalia sunt ante rebus*. É, portanto, nesse contexto medieval que os esforços da alquimia devem ser colocados.

PÁG. 64

A tentativa de demonstrar experimentalmente os *universais*, de destilá-los e de precipitá-los a partir das coisas, e penetrar destarte o reino da constância e da imortalidade, esta é a definição da alquimia. O *universal* que é designado pelo termo "metal", por exemplo, não será encontrado no jogo de silogismos ao qual os escolásticos dedicam o seu tempo. Mas será encontrado dentro dos metais *particulares*, se for procurado com paciência e com técnica apropriada. Os metais particulares são metais, porque participam da *metalidade*. E são particulares, porque neles a *metalidade* é reprimida e sufocada. Os metais particulares são reais enquanto metais, e ilusórios enquanto particulares. A sua realidade está na *metalidade*, a sua ilusoriedade está na particularidade. Há metais altamente ilusórios, por exemplo, o mercúrio e o chumbo. São ilusórios, porque a *metalidade* está neles reprimida. Em consequência, são altamente mutáveis e corruptíveis, já que oxidam e são corroídos por ácidos e bases. São vis esses metais, e essa sua vilania os torna especialmente aptos para serem submetidos às experiências dos alquimistas. São justamente substâncias vis e corruptas as que mais se prestam aos esforços transmutadores. Podem ser purificadas. Chumbo e mercúrio podem ser transmutados em ouro e prata. Estes também são metais particulares. Mas a *metalidade* prevalece neles sobre a particularidade. São cheios de *metalidade* esses metais e estão, portanto, na proximidade da realidade. São quase constantes, e quase incorruptíveis. Nesse sentido, são metais preciosos. A transmutação de chumbo em ouro e de mercúrio em prata é inteiramente possível, porque chumbo e mercúrio não passam de ouro e prata disfarçados. É preciso simplesmente desmascará-los. É preciso arrancar-lhes a máscara da particularidade. É preciso libertá-los da ilusão da mutabilidade. Nesse ato libertador, o chumbo será transmutado em ouro. Ouro é chumbo salvo. A transmutação de chumbo em ouro é a libertação do "universal"; e é a destruição da ilusão da particularidade. É a superação da corrupção do mundo. A alquimia é uma disciplina salvadora.

O conceito da liberdade está intimamente ligado ao da realidade. Para a mente moderna, que perdeu o contato com a realidade, tornou-se ambíguo esse conceito. As revoluções americana e francesa deslocaram esse conceito do seu contexto, que é a ontologia. Para a alquimia está a liberdade (o "poder"), no fundamento universal anterior às coisas. Ao afirmar que saber é poder, Bacon se revela descendente imediato da alquimia. Nutre ele ainda o conceito medieval da liberdade, embora já com um sabor de modernidade. O fundamento universal que antecede as coisas, e do qual as coisas são apenas fenômenos superficiais e mutáveis, é o destino das coisas. É o seu destino no significado triplo do termo. É destino no significado de "meta", porque é para esse fundamento que as coisas se dirigem. É destino no significado de "necessidade", porque é ele que rege e informa todos os movimentos das coisas. E é destino no significado de "sorte", porque nele está a felicidade e a salvação das coisas. A descoberta experimental do fundamento anterior às coisas é a descoberta do destino. A descoberta do destino é, de maneira misteriosa, destino subjugado. É destino tornado instrumento da vontade. A descoberta do destino é, portanto, paradoxalmente, a liberdade. Os alquimistas são os descobridores do destino em procura da liberdade. É nesse sentido libertador que vaticinam o futuro.

O fundamento universal que antecede as coisas pervade todas as coisas. O destino pode ser descoberto em todas as coisas. A transmutação de chumbo em ouro é a descoberta do destino do chumbo e é, nesse sentido, a libertação do chumbo. Mas dado o fundamento universal, é essa transmutação, também, em certo sentido, a libertação da alma humana. Tendo descoberto o destino do chumbo, descobriu a alquimia um aspecto do destino humano. O destino humano está em todas as coisas, e em todas as coisas pode ser descoberto. A pesquisa das coisas é a procura pelo destino humano, e, nesse sentido, a tentativa de libertar a alma. Não se trata, portanto, de uma pesquisa humanista. O homem não está em situação oposta às coisas. Permeia as coisas, está dentro delas, e elas estão dentro dele. As coisas não são objeto do homem, mas são suas irmãs, já que irmanadas pelo mesmo destino. Descobrindo esse destino o homem não se liberta das coisas, mas se liberta nas coisas e com as coisas. Não se liberta do chumbo, mas se liberta no chumbo, ao libertar o chumbo. A ciência moderna é uma oposição do homem às coisas, e é nessa oposição que o homem moderno manipula as coisas. Ele é o *outro* das coisas, está alienado delas.

Esse não é o caso da alquimia. Para ela estão as coisas cheias do homem, como está cheio das coisas o homem. Ambos são manifestações do mesmo fundamento, da mesma matéria-prima. Ambos significam a mesma universalidade. São símbolos da mesma realidade. É simbólico o mundo da alquimia, e cada coisa particular simboliza a totalidade. Dizer que uma coisa é símbolo da totalidade é dizer que a coisa particular participa da universalidade. É dizer que contém uma parcela de realidade. É por isso que toda coisa é um enigma. Decifrar o enigma é dever da alquimia. É o mesmo que dizer que o seu dever é descobrir o destino, ou transmutar matéria vil em preciosa. É por isso que a alquimia pode ser considerada definitivamente superada tão somente no fim da Idade Moderna, na terrível frase wittgensteiniana: "Não existe enigma". É de certa forma também o fim da ciência moderna.

Todas as coisas são símbolos da totalidade. Todas as coisas podem ser decifradas e revelarão o destino. É em virtude desse caráter simbólico das coisas que o mundo é significante. Por ter perdido seu caráter simbólico, é absurdo o mundo da atualidade. Onde não há enigma, não há significado, e toda atividade se torna absurda. Tendo desaparecido o enigma, tendo desaparecido o destino, desapareceu a liberdade. Mas num mundo simbólico toda atividade é significante. E toda atividade, se conduzida por técnica apropriada, resultará em liberdade. Os alquimistas são os ativistas da Idade Média, e a sua técnica é a técnica da liberdade. Assim devem ser interpretadas suas pesquisas das coisas. É com esse espírito que investigam o futuro. Fazem-no em todas as coisas. Nas constelações, na palma da mão, nas entranhas dos animais, na bola de cristal, no baralho. Todas as coisas simbolizam a totalidade, e, se decifradas, revelam o destino de tudo, inclusive do homem. Mas é óbvio que as constelações, por seu tamanho e por sua constância, residem mais perto da realidade. São, portanto, os fenômenos mais fáceis de serem interpretados. Os astros representam o campo de penetração mais cômodo, e a astrologia é, portanto, a disciplina mais bem desenvolvida da alquimia. Tão desenvolvida, com efeito, que se tornou quase independente. Mas nunca perdeu o contato com a totalidade da disciplina. Os metais *são* planetas, os planetas *são* órgãos do corpo, e o horóscopo é uma visão da totalidade.

Ver a totalidade significa subjugar o destino à vontade humana. É, no dizer dos medievais, "evitar o destino". Nisso reside a problemática profunda da alquimia. "Evitar o destino", o que é isso a não ser opor-se ao projeto divino? Liberdade, o que é isso a não ser pecado *tout court* portanto? A resposta a essa pergunta divide a alquimia em magia *branca* e *negra*. É preciso sorver a fundo essa terrível dúvida que divide toda a Idade Média. Ela explica a ambivalência da Igreja ante a alquimia. A Igreja não duvida da validez epistemológica, mas da validez ética de toda essa tentativa. Não duvida que, em tese, são verdadeiros os juízos da alquimia, mas receia que sejam, em tese, pecaminosos. É justamente por serem verdadeiros que são pecaminosos. E os próprios alquimistas compartilham o receio da Igreja. Temem o fogo eterno. É essa a razão porque mantêm a sua técnica em segredo. É por isso que guardam os seus livros com sete lacres. Sabem o quanto é perigoso o seu conhecimento. Esse saber do perigo é comum a todos os alquimistas. Até aqueles que se resolveram, conscientemente, por um empenho em prol da liberdade total, até os feiticeiros dedicados à magia negra, sabem do perigo. Até os feiticeiros são cristãos nesse sentido, e rodeiam o seu know-how, o seu feitiço, com ritos proibitivos. É por isso que é tão árdua a aprendizagem de feiticeiro. Esse clima existencial, fruto do receio do pecado, é estranho à mente moderna. Os nossos cientistas, netos tardios dos alquimistas, agem impune e impudicamente à luz dos holofotes e na boca dos microfones vorazes. Ou, pelo menos, agiam assim até bem recentemente. Parecem (ou pareciam) ignorar a sensação do pecado. O alquimista se esconde, tímido e temeroso, no canto escuro do seu sótão, e no círculo mágico dos seus ritos. Conhece o perigo e é, em consequência, o mais corajoso. Nesse canto e nesse círculo luta pela decisão em prol da magia *branca* ou da magia *negra*.

É o problema do diabo. Para compreender o problema, é preciso enquadrar o diabo no contexto da alquimia. Ontologicamente é o diabo aquele lado das coisas pelo qual estas não participam da universalidade da matéria-prima. É ele o aspecto ilusório e enganador das coisas. É, portanto, responsável pela mutabilidade e pela labilidade das coisas. Numa palavra: o diabo é a particularidade das coisas, ou (falando com Schopenhauer) é ele o *principium individuationis*. Historicamente, é o diabo o conjunto de todos os deuses vencidos e banidos, mas não destruídos, pelo cristianismo. Há uma relação entre o aspecto ontológico e o aspecto histórico do diabo. O cristianismo é a revelação da "verdade", no sentido de ser a revelação do fundamento das coisas. Os deuses pré-cristãos são imanentes às coisas, e não transcendem o mundo das coisas. Foram, portanto, revelados, pelo cristianismo, como sendo o diabo. É, portanto, o diabo aquele que torna "vis" as coisas, no significado alquimista do termo. O chumbo, ao ser transmutado em ouro, passando de "vil metal" a "metal precioso", é, *eo ipso*, libertado das garras do diabo. E aqui está o problema.

O campo de ação da alquimia são as coisas mutáveis. É na mutabilidade, no movimento das coisas que a alquimia funciona. O campo da alquimia é, portanto, o campo do diabo. No próprio fundamento da alquimia reside a decisão existencial de pactuar com o diabo. Nesse aspecto, a magia *negra* não se distingue da *branca*. Essa distinção reside na intenção do pacto. Teoricamente é uma distinção fácil. Se faço pacto com o diabo com a intenção de vencê-lo, isto é, com a intenção de forçá-lo a colaborar comigo na salvação do mundo, faço magia branca. Se faço pacto com o diabo com a intenção de dominar o mundo das aparências, isto é, se entrego a minha alma imortal em troca do mundo aparente, faço magia negra. Mas mesmo ao formular essa distinção teórica, surgem dificuldades, e todas dizem respeito à autenticidade da magia branca. A magia *branca* é uma situação existencial inautêntica e cheia de compromissos. Recomenda um "fazer-se de conta" que pactuo com o diabo. Presume uma superioridade das minhas capacidades sobre as do diabo, a ponto de presumir que posso enganá-lo. Mas essa presunção é negada pelo próprio papel que atribui ao diabo, a saber, o papel de imperador do mundo aparente. No fundo, a magia *branca* afirma que procura o poder para sacrificá-lo. Procura a liberdade para poder servir melhor a Deus. É uma posição existencialmente quase insustentável. Conduz, quase que automaticamente, para um deslizar em geral não percebido pelo próprio mágico, para a magia *negra*. Embora seja, portanto, teoricamente fácil distinguir-se entre as duas formas da magia, é essa distinção existencialmente dificílima, e o último a fazê-la é o próprio alquimista.

Iluminemos essa dificuldade de outro ponto de vista. O alquimista é, como já foi dito, o ativista da Idade Média e, portanto, aquele que tem por obrigação enfrentar o diabo. A alquimia é a fronteira da Idade Média com o diabo. Quem se resolve pela alquimia, resolve-se pela defesa da Igreja. A resolução em prol da alquimia é a resolução em prol da magia *branca*. É, inicialmente, uma decisão existencial válida e honesta. Assim empenhado, enfrenta o alquimista o diabo. Esse confronto resulta em descoberta de forças e de poderes até então desconhecidos. Confere ao alquimista a sensação da liberdade. O poder corrompe e a liberdade inebria. Pouço a pouco, e imperceptivelmente, o alquimista deixa-se levar pelas forças diabólicas que pretendia combater, e muda, imperceptivelmente, de frente. Não vende a sua alma num gesto nítido e repentino, mas entrega a alma aos poucos, em troca de parcelas de liberdade. Esse fenômeno do deslizar imperceptível e da troca de frente paulatina, podemos observá-lo atualmente nos detetives, que se transformam gradualmente em criminosos, e nos psiquiatras, que se transformam gradualmente em loucos. É óbvio que o detetive, ao ser acusado de crime, negará o fato. Assim também o alquimista, ao ser acusado de magia negra, negará o pecado, embora talvez confesse os atos que lhe são imputados. Mas não há dúvida de que a acusação da Igreja é válida, porque o alquimista autêntico escolheu, sem talvez sabê-lo, a liberdade, e merece, portanto, ser queimado vivo. É a única possibilidade que resta de salvar-lhe a alma.

A mudança sub-reptícia de frente, que é a transição da magia *branca* para a *negra*, é uma mudança ontológica, que tem por consequência uma transmutação de valores. Inicialmente é a alquimia uma técnica de salvação que age no campo da ilusão para superá-la. Os valores estão todos além desse campo. Não tem valor intrínseco a transmutação de chumbo em ouro, mas o valor dessa experiência reside na demonstração da ilusão da particularidade. No último estágio, a alquimia se transforma em técnica da liberdade que age no campo das aparências para governá-lo. Os valores estão doravante todos nesse campo. O valor da transformação de chumbo em ouro está no ouro. Inicialmente é a alquimia a tentativa de descobrir o destino, no sentido de descobrir a vontade Divina, com o propósito de melhor submeter-se a ela. No último estágio é a alquimia a tentativa de descobrir o destino com o propósito de desarmá-lo.

O próprio manipular das coisas, o próprio observar das coisas é responsável por essa mudança.

As coisas, ao serem manipuladas, e ao serem observadas como coisas, tornam-se opacas. E quanto mais obedientes são, tanto mais opacas se tornam. Absorvem todo interesse existencial e esvaziam o fundamento universal de interesse. Prendem a mente do alquimista e sugam, com suas trombas invisíveis, a sua alma. Esta é a magia negra: a transformação do mundo em conjunto de coisas obedientes, que sugam a alma e tapam a visão da realidade. Esse o abismo para o qual toda a alquimia desliza inexoravelmente. O diabo, inicialmente o *succubus* a ser possuído pelo alquimista, torna-se o *incubus* que possui o alquimista. Possuída pelo diabo, a alquimia se precipita pelo abismo da liberdade adentro, esse abismo chamado "Idade Moderna", e arrasta a Idade Média na sua queda. Deixa de suportar a catedral e precipita a sua ruína.

Do ponto de vista da catedral, é a magia *negra* uma heresia terrível. É, com efeito, o retorno ao paganismo. É uma volta àquela época negra que ainda não conhecia a luz da verdade. É por isso que é chamada de *negra* essa magia. Mas para nós, os modernos, é ela um dos poucos elos que uniam a Idade Média às épocas clássicas que se apresentam, para nós, como claras. Para os modernos, a Idade Média se apresenta como uma barreira que separa a nossa época das civilizações clássicas, e a magia *negra* como um dos poucos fios que atravessam a barreira. Mas essa visão moderna pode ser descrita com outras palavras. A Idade Média é a serra majestosa que separa as planícies áridas clássica e moderna, e a magia negra é uma das passagens estreitas, ou um dos túneis secretos, que permitem o trânsito entre os tempos.

Mas os próprios feiticeiros, as próprias bruxas, concordavam com a visão da Igreja, e não com a nossa. Não se compreendiam, em sua tomada de consciência, como continuadores da época clássica, nem, muito menos, como precursores. Não nutriam o nosso conceito de progresso. Se simpatizamos com os feiticeiros e com as bruxas, porque cremos ver neles os nossos antepassados, cometemos um anacronismo. São existências inteiramente medievais, e medieval são a sua problemática e os seus valores. Subiam às fogueiras, não porque desprezavam, classicamente, a superstição que os cercava, nem porque se empenhavam, modernamente, no progresso da humanidade, mas subiam às fogueiras por paixão ao diabo. Nada têm eles de um Juliano Apóstata, que morria pela glória da Antiguidade, nem de Giordano Bruno, que morria pela glória do futuro. Morriam pela glória do diabo. Como explicar essa paixão, e como sentir-lhe o sabor e o entusiasmo? Desmodernizando feiticeiros e bruxas.

A liberdade que a alquimia procura é o pecado. A magia *branca* pretende procurar o pecado para poder evitá-lo. É ela como aquelas senhoras que leem livros de pornografia para censurá-los e evitar que os outros leiam. A magia *negra* procura a volúpia do pecado. Esconde os seus segredos, não para esterilizá-los, mas porque são segredos amorosos. Entrega-se ao diabo de forma passional, apaixonada, passiva e paciente. Há um elemento feminino de entrega na magia negra. A morte na fogueira é apenas o último momento, o momento orgástico dessa entrega. O mágico dorme com o Mal, abraça o pecado. Nesse abraço sussurra as suas encantações e suas fórmulas com voz embargada pela volúpia; são os segredos amorosos. Os seus ritos e suas experiências são gestos amorosos. Toda a sua atividade é atividade amorosa, e a magia negra é um único *coitus ininterruptus*. Daí a repetição aparentemente monótona de experiências e gestos. Daí a aparente paciência dos alquimistas. É a paciência da paixão, e a monotonia e mecanicidade do ato amoroso. Esse caráter libidinoso da magia *negra* pervade, aroma constante e inebriante, todo ambiente medieval e explica o clima de exaltação que reina em redor das fogueiras. É o clima inverso, mas correspondente, ao da missa. A magia negra é um fenômeno do catolicismo. É parte integral da fé que tem a catedral por foco. É a sombra que as chamas da fé projetam na parede da mente. Embora negando a realidade da fé cristã, afirma a magia *negra* essa fé ao negá-la. Participa, fundamentalmente, da mesma realidade.

Uma das teses deste livro será que a ciência moderna é uma mutação da magia *negra*. É, portanto, importante, neste estágio do argumento, salientar que essas duas disciplinas se distinguem. A magia não representa, como a ciência, um distanciar-se das coisas. A magia não tem aspecto teórico, como a ciência, mas é uma técnica aplicada. A magia não manipula, como a ciência, as coisas, para aniquilá-las, mas para transformá-las. Mas a diferença principal está no clima existencial que envolve as duas disciplinas. O clima da ciência é a dúvida metódica, o clima da magia é a paixão violenta. A cor da ciência é o cinzento, a cor da magia é o vermelho.

A divisão da magia em *branca* e *negra* torna essa disciplina ambivalente. O trânsito da rua dos alquimistas aponta para a Praça da Sé, mas igualmente para as regiões extramurais da Antiguidade e da Idade Moderna. Essa dicotomia é tão perniciosa quanto o é a divisão da escolástica em realismo e nominalismo. A catedral, que se apoia sobre a alquimia, não suporta a vibração dessa coluna. E a proibição ortodoxa de penetrar os segredos da alquimia torna a fenda irreparável. O germe da morte se esconde, durante toda a Idade Média, nessa ferida. Explica, em parte, o Renascimento.

1.1.3. ACOLADA

O pensamento moderno abriga uma noção negativa da liberdade. É ela a ausência de empecilhos. A liberdade humana é o oposto da servidão humana. O homem livre é aquele que deixou de ser servo. A negatividade dessa noção está se tornando óbvia à medida que o processo de libertação progride. Já se tornou imaginável a abolição total da servidão pela tecnologia. Já se tornou imaginável a liberdade absoluta no significado moderno do termo. Será a ausência total de empecilhos. O homem estará inteiramente desimpedido. Nada havendo que lhe impedirá a ação, nada haverá que possa incentivá-la. A liberdade absoluta será a inatividade. A possibilidade de escolha resultará na recusa de escolha. A noção moderna de liberdade é uma noção autodestruidora. Desemboca no tédio que caracteriza toda realização total das noções modernas. A tentativa de reformular a noção de liberdade pelo pensamento existencial é sintoma da superação da Idade Moderna. O conceito de *engagement* como servidão valorizada positivamente permite uma apreciação mais adequada do conceito medieval da liberdade.

A terceira coluna da catedral que pretendo esboçar neste tópico é, para recorrermos a um termo medieval, o "braço secular da Igreja". É a pirâmide de servidões e de serviços que se apoia sobre a larga base dos servos que culmina no Santo Imperador Romano. É preciso compreender que, para o pensamento medieval, essas servidões e esses serviços representavam a liberdade humana em atividade. É servindo que o homem se liberta. A dicotomia moderna "liberdade/servidão" é impensável neste contexto. O contrário da liberdade é o caos das tentações que aniquilam a alma. A liberdade humana reside na possibilidade de recusar o pecado. A opção em prol do pecado, que é a outra face da liberdade, resulta, paradoxalmente, na perda da liberdade. Essa problemática dramática, que se esconde na noção medieval da liberdade, já foi ligeiramente discutida ao falarmos da magia negra. A pirâmide feudal procura resolver essa problemática vivencialmente. Relega a formulação do problema para a escolástica, e abandona os aspectos perturbadores da escolha e da decisão à alquimia. Espera poder impor a liberdade pela disciplina da espada. O sistema feudal é uma imposição violenta da liberdade. Isso parece contraditório ao pensamento moderno. No entanto, a vivência da liberdade que as manifestações da vida medieval evidenciam desmente a contradição aparente. Escolhi, para a tentativa de evocar o sistema feudal, um tanto arbitrariamente, a cavalaria medieval. Será, pois, considerada como exemplo de liberdade imposta.

"O braço secular da Igreja": há, nessa expressão, uma tensão dialética que a Idade Média não conseguiu jamais sintetizar satisfatoriamente. Se digo "Idade Média", tenho em mente a cristandade latina. O Oriente ortodoxo desconhece a divisão latina entre o secular e o intemporal, entre "Estado" e "Igreja". Para a cristandade grega, Império e Igreja se confundem. A própria transferência do Império de Bizâncio para Moscou não afeta a união íntima entre o social e o sacro. O Estado é o aspecto secular da Igreja, a Igreja o aspecto sacral do Estado. Pela sua participação na sociedade feudal, toma o cristão ortodoxo automaticamente o seu lugar no conjunto eclesiástico, no corpo místico de Cristo. É um membro de Cristo, por ser membro da sociedade. As camadas da pirâmide feudal são as articulações da Igreja. Todo ofício é sacro e todo cristão, desde o servo até o patriarca e o imperador, é órgão da Igreja. Não há, portanto, na sociedade ortodoxa, uma distinção rigorosa entre cavaleiro e monge. Ordem monástica e ordem de cavalaria são organizações disciplinadas da Igreja em sua luta contra a heresia. Os votos de obediência do cavaleiro e monge são manifestações do mesmo empenho em prol da liberdade pelo serviço, e distinguem-se apenas pela sua radicalidade. O monge é um cavaleiro maximalista. O cavaleiro veste, por baixo da armadura, um cilício invisível, e o monge, por cima do hábito, uma armadura invisível. São ambos da elite da cristandade, porque, ao terem escolhido a servidão, escolheram a liberdade.

Essa realidade ortodoxa é, para a cristandade latina, um ideal nunca alcançado. A história da Idade Média pode ser descrita como tentativa de união entre secularidade e espiritualidade. O Renascimento seria, desse ponto de vista, o abandono da tentativa. A tentativa falhou sob muitos aspectos. O bispo de Roma não conseguiu impor a sua autoridade sobre o Santo Imperador Romano. O imperador não conseguiu submeter todos os reis da cristandade latina. Imperador e reis influíram constantemente nos negócios da Igreja, e o fizeram por motivos seculares. O bispo de Roma era, além de papa, também rei secular, e, como tal, teoricamente sujeito ao Imperador Romano. Os bispos e os árabes eram senhores feudais seculares, e alguns entre eles eram até eleitores do Imperador Romano. A divisão entre Estado e Igreja não era nítida, mas nem por isso tendia para uma fusão desses dois aspectos da cristandade. Pelo contrário, a fragmentação das duas forças contribuía para a proliferação da luta. O filho da promiscuidade pecaminosa entre papa e imperador é o cavaleiro.

Liberdade é escolha de empenho. O cavaleiro ajoelhado sujeitou-se a golpes de espada nos ombros e no pescoço. Os votos de obediência e a humilhação dos golpes tornaram-no livre. O senhor feudal, diante do qual o cavaleiro se prostrava na acolada, não passava de representante da ordem, e esta não passava de representante de Deus. A cavalaria é a submissão humilde e disciplinada a Deus. A vida do cavaleiro é o engajamento no serviço de Deus. Por ser uma vida de serviço, é uma vida livre. Mas como é ambivalente a posição da ordem, como oscila entre o secular e o espiritual, é também ambivalente a atividade do cavaleiro. A ambivalência caracteriza todas as manifestações da vida cavaleiresca. Evocarei três dessas manifestações para ilustrar a ruptura profunda que problematiza todas. Chamarei as três manifestações de "dama", "viagem" e "cruzada". *"Benedicta tu in mulieribus"*: se quiséssemos escolher uma divisa para a Idade Média, seria possivelmente essa. As catedrais mais belas são dedicadas a Nossa Senhora. Ela representa o ideal humano. É o ser humano perfeito, porque cheia de graça. O culto de Maria é o equivalente do humanismo moderno. O cavaleiro que serve a dama é o equivalente do humanista do Renascimento. A dama é o símbolo da perfeição humana, porque símbolo de Maria. Representa simbolicamente Maria, como o senhor feudal representa simbolicamente Deus. Mas a dama é vivencialmente mais próxima, justamente por simbolizar o humano. O cavaleiro coloca as cores da dama no seu escudo. É ela a sua bandeira na luta por uma humanidade perfeita. A relação entre o cavaleiro e o ideal humanitário é relação amorosa. O cavaleiro "ama a dama". O amor pela dama é, no entanto, uma manifestação mental inteiramente diferente daquilo que os modernos chamam "amor", e cuja noção foi amplamente difundida pelo romantismo e, posteriormente, comercializada pelo cinema. O amor pela dama, se é sentimento, é sentimento religioso. E, se é sentimento, é sentimento altamente intelectualizado. Não devemos tentar interpretá-lo de um ponto de vista moderno. Como os silogismos da escolástica, também as canções de amor da cavalaria são articulações intelectuais e disciplinadas da fé e nasceram da mesma mentalidade. Se se nos apresentam inautênticas e deliberadas, é porque somos incapazes de sentir o empenho do cavaleiro. Temos uma noção romântica da arte. O cavaleiro é religiosamente engajado. A sua arte é arte religiosamente engajada. As cantigas de amor são arte engajada. São um método artístico de se alcançar a graça. Pela cantiga de amor o cavaleiro procura atingir aquela que está cheia de graça. A cantiga de amor é a forma cavaleiresca de prece. É o equivalente da escolástica no campo da arte.

Embora prece, há na cantiga, no entanto, um momento aleatório e um momento lúdico que o termo "trova" designa. A cantiga de amor é uma forma lúdica de prece. A multiplicidade de rimas, a riqueza de ritmos e de acentos, os significados múltiplos e dúbios dos termos empregados, tudo isso são achados (trovas), do intelecto que brinca. São elementos seculares na sacralidade da cantiga. O amor pela dama é um amor sacro padronizado. A dama é símbolo de Maria, mas é também mulher de osso e carne. E justamente por ser mulher, é a dama um ponto de apoio para o diabo. A mulher é a própria tentação, portanto o perigo mais palpável para o empenho cavaleiresco. Por servir a dama, está o cavaleiro convidando a carne. A beleza da poesia cavaleiresca está na tentativa desesperada de separar amor "sacro" e profano. É um esforço paralelo ao dos escolásticos em separar as duas verdades. E de certa forma paralelo também à problemática da magia branca e negra. A dicotomia não resolvida entre o espiritual e o secular é no fundo um problema de ontologia. O diabo recorre à ilusão dos sentidos (a mulher desejada). A arte cavaleiresca é uma manifestação ambivalente. E, em consequência, é o empenho cavaleiresco um empenho ambivalente.

O projeto existencial medieval é um projeto masculino. A mulher existe apenas enquanto para o homem, é ela ou símbolo da perfeição humana ou vaso do pecado. Enquanto para si, a mulher não existe. Na literatura portuguesa há o fenômeno isolado das "canções de amigo". São aparentemente cantadas por mulheres. Na realidade, no entanto, são essas canções mais uma manifestação do elemento lúdico na arte cavaleiresca. São cantadas por homens que se fingem de mulheres. O amor cavaleiresco fixa a posição ambivalente da mulher na civilização do Ocidente. A Idade Moderna modifica o clima dessa região, mas não lhe altera a estrutura. O amor romântico, que é o padrão da relação entre os sexos na Idade Moderna, e que é igualmente desconhecido na Idade Média como na

Antiguidade, é uma revalorização do amor profano, porque sacraliza a carne, de acordo com uma tendência mestre da Idade Moderna. Mas a mulher continua existindo, também na Idade Moderna, apenas enquanto para o homem. Nisso tampouco a emancipação das mulheres nada modifica. É apenas uma "libertação da mulher" no significado moderno do termo. Faz com que a mulher possa participar da civilização enquanto homem. A emancipação permite não que a mulher seja dama para si, mas apenas que seja cavaleiro.

A arte cavaleiresca como arte empenhada demonstra a ambivalência desse empenho. É o empenho em prol da catedral, mas igualmente em prol da corte. E quanto mais cortês se torna essa arte, tanto mais tende para a heresia. A tendência para a cortesia, da qual a arte provençal é um exemplo característico, é interpretada por alguns como uma espécie de pré-Renascimento. É um erro. A cortesia não é um abandono do projeto medieval de vida, porque a corte não é algo que se opõe à catedral para destruí-la. A corte procura, pelo contrário, enquadrar-se na catedral, mas procura fazê-lo à sua maneira. É por isso que o imperador vai a Canossa. O empenho cortês do cavaleiro é por isso também uma forma de empenho religioso. Quando corteja a dama, seculariza o seu empenho, mas o faz dentro de um conjunto religioso. A ambivalência entre secular e espiritual, entre imperador e papa, entre fazer a corte e adorar, é uma ambivalência interna da religiosidade no significado medieval desse termo. É por ser cortês que o cavaleiro é medieval, embora tenda, por ser cortês, para a heresia. E isso é um dos aspectos da tragédia da cavalaria. A tendência inerente da cavalaria para a cortesia, a tendência *ghibellina* para usarmos um termo medieval, é tão responsável para sua decadência quanto o é a pólvora, ou talvez mais ainda.

O cavaleiro anda. Nisso se distingue radicalmente do doutor e do alquimista. O andar e a andança (e a aventura e a maravilha, que são as metas das andanças) representam o aspecto da cavalaria que o termo "cavalo" sugere. A Idade Média como época católica é a própria época das viagens. É uma época cosmopolita na qual um trânsito intenso une as cidades da cristandade latina. As vias e os viajantes garantem a catolicidade das cidades. Aprendizes e escolares, peregrinos e monges, jograis e mercadores constituem uma corrente contínua que liga as cidades em um tipo de internacionalismo (para usarmos um termo moderno), nunca depois realizado. As próprias catedrais são produto desse internacionalismo. Focalizam não apenas a sua cidade, mas focalizam, cada uma, a cristandade inteira.

Essas viagens que unem cidades são perigosas. As cidades são ilhas de organização num oceano caótico de barbárie pagã mal conquistada. Bandidos e assaltantes, lobos e dragões, espíritos malignos e ciladas diabólicas ameaçam os viajantes. Por

PÁG. 86

isso viajam em grupos e apressados a alcançar as muralhas protetoras das cidades. O cavaleiro viaja só, apenas acompanhado do escudeiro. Viaja à procura do perigo. À procura da aventura, dessa dama que é a musa da poesia cavaleiresca. É justamente por procurar aventura que o cavaleiro é o "braço secular" da Igreja. Procura a aventura para vencê-la. A sua façanha é a extensão da cidade cristã paganismo adentro. A sua viagem é a romanização da barbárie germânica e da infidelidade moura pela façanha. Por ser romanizador, é o empenho do cavaleiro um "romance".

O romance da cavalaria andante é, no fundo, a história maravilhosa da luta da Igreja com o diabo. É o pacto secular dessa luta, e o campo da luta é o caos além dos muros da cidade. A escolástica é o aspecto intramural dessa luta. A alquimia é essa luta nas próprias muralhas. Por isso são sedentários escolásticos e alquimistas, e é andante o cavaleiro. O cavaleiro é o aspecto épico da Igreja, e nisso reside a sua secularidade. As duas virtudes cavaleirescas são as armas desse tipo de luta: obediência e coragem. Pela obediência está o cavaleiro ligado à Igreja, portanto está livre. Pela coragem enfrenta o diabo. A síntese das duas virtudes é a espada de dois gumes do cavaleiro. É uma síntese inalcançável, e nela reaparece a ambivalência daquilo que é a cavalaria. "*Mut zeiget auch der Mameluck, Gehorsam ist des Christen Schmuck.*"[1] A síntese é inalcançável, porque a aventura é maravilhosa. Consideremos por um instante a maravilha.

[1] "A coragem, o mameluco a tem também, é a obediência que é o adorno do cristão." Schiller, F. *Der Kampf mit dem Drachen*, 1798.

A fé é a capacidade para captar a realidade, porque a fé produz milagres. O milagre é a janela pela qual a mente vislumbra a realidade atrás do mundo ilusório dos sentidos. As escrituras sagradas não passam, no fundo, de relatos de milagres, e é por isso que são relatos da realidade. Os santos são vates da realidade, porque produzem milagres. O cavaleiro não encontra milagres nas suas andanças: encontra maravilhas. Os seres maravilhosos e as situações maravilhosas que o cavaleiro encontra não são seres e situações da realidade. O terreno ontológico no qual as andanças da cavalaria ocorrem é o terreno do romance. Acreditar nas maravilhas não é fé, mas crença. Isso não significa que não sejam "verdadeiras" as maravilhas. A Idade Média crê nelas. Mas não é pela fé que crê nelas. As maravilhas são milagres seculares. Pertencem a uma camada ontológica duvidosa. Toda a atividade cavaleiresca ocorre nessa camada duvidosa. Devemos, para compreender a dubiedade da cavalaria, libertar o termo "dúvida" do seu significado cartesiano. A dúvida medieval é o método pelo qual o intelecto contempla tudo aquilo que não se fundamenta na fé tradicional e disciplinada. A dúvida é, portanto, sinônimo de suspeita. A maravilha é milagre suspeito. A façanha do cavaleiro é atividade suspeita. A aventura é vivência suspeita. A cavalaria como um todo é, do ponto de vista da fé, uma disciplina suspeita. Na maravilha estamos, com efeito, encarando o dilema da "dupla verdade" da escolástica na sua forma cavaleiresca. Os dragões que o cavaleiro mata, as donzelas que "liberta" (isto é, romaniza), os tesouros que conquista, são dragões, donzelas e tesouros de "segunda verdade". Não são, portanto, comparáveis os cavaleiros andantes aos descobridores e conquistadores do Renascimento. Estes transferiram a sua fé para o terreno do maravilhoso, e abandonaram o terreno do milagroso. Para eles é a aventura a própria vivência da realidade. E se o maravilhoso é duvidoso, é porque tudo é duvidoso para a mentalidade moderna, exceto a dúvida mesma. A "realidade" do Renascimento não é mais tão real quanto o é a realidade medieval, e no esvaziamento da realidade reside justamente o Renascimento. O cavaleiro andante ignora a dúvida cartesiana. Não duvida do milagre, mas duvida das maravilhas que encontra. Duvida delas, isto é, não sabe se são "realmente". É por isso que Dom Quixote é uma visão moderna da cavalaria. O cavaleiro andante não é quixotesco, porque duvida de si mesmo. E duvida de si mesmo, justamente por não duvidar da religião na qual está empenhado. Dom Quixote não duvida dos moinhos de vento, justamente porque duvida de tudo. É "Idealista", participa da loucura moderna.

A dúvida que o cavaleiro andante sente por si mesmo paira, aroma constante, sobre a cavalaria toda. A espada é suspeita. Quando volta da andança deixa o cavaleiro a espada na porta da catedral, antes de se confessar. O Renascimento pode ser concebido com o desespero do cavaleiro ante a dúvida que o atormenta. Mergulha para dentro da aventura, porque não consegue a paz da Igreja. E essa tortura se torna insuportável, quando a viagem demanda a meta de todas as andanças: o Santo sepulcro.

A mente moderna procura em vão compreender o fenômeno das cruzadas, se lhe aplica categorias modernas. Tentemos localizá-lo no seu contexto. Uma luz sobrenatural emanava da Terra Santa e iluminava os corações dos cavaleiros. A cavalaria é uma disciplina eclesiástica, porque está dedicada à demanda dessa luz misteriosa. E ela é uma disciplina secular, porque essa luz pode ser localizada dentro do mundo dos sentidos, a saber, na Palestina. A Palestina, e mais especialmente o monte Calvo nas proximidades de Jerusalém, é o ponto no qual o mundo natural abre uma fenda para o transcendente. Um cordão umbilical invisível une o mundo da natureza com o mundo da realidade, e esse cordão umbilical desemboca na Terra Santa. É para lá, portanto que todas as andanças do cavaleiro são dirigidas. É lá que salvará a sua alma. Esquecidos os bens terrestres, cortados os laços do amor e da amizade, desfeitas as responsabilidades sociais, o cavaleiro monta o seu cavalo para empreender a viagem inimaginavelmente longa até a Terra Santa. Abandono as colinas sorridentes da Francia, os prados verdejantes da Ânglia, os bosques perfumados da Toscana, as florestas sombrosas da Saxônia, os riachos prazerosos da Boêmia, em demanda da areia cálida da Judeia.

Quando alcança, vencidos perigos inumeráveis, a serra inóspita e inimiga, na qual outrora se elevava a Cruz para redimir a humanidade dos seus pecados, desmonta e beija o chão, "chorando por excesso de alegria". O empenho do cavaleiro tinha esta meta final: sentir o chão sagrado da Terra Santa debaixo dos pés e dos cascos do seu cavalo. E essa era a morte para a qual a vida cavaleiresca não passava de preparação disciplinada: morrer na conquista da Terra Santa ocupada pelos infiéis sarracenos.

As cruzadas são as viagens da cavalaria em demanda da realidade. Dessa realidade de fé, que a escolástica procura alcançar pelos silogismos, e a alquimia pela transmutação da vilania. Para a cavalaria, o braço secular da Igreja, a realidade está por trás das colinas da Palestina. Os sarracenos são a muralha que obstrui o caminho para a realidade. Os dois gumes da espada cavaleiresca, disciplina e coragem, podem e devem cingir a muralha e abrir o caminho secular que demanda a graça. A espada é um instrumento da salvação, como o é a lógica e como o são as retortas. Com efeito, a espada obedece às mesmas regras estruturais que regem também a lógica e as experiências alquimistas. São as regras do torneio. Todo movimento da espada, da lança e do escudo, todo movimento do cavalo e todo movimento do exército cavaleiresco são um ritual sacral e festivo informado pelas regras disciplinadas destinadas a conquistar a realidade. O torneio é uma festa de iniciação para a conquista da Terra Santa. As guerras entre príncipes cristãos, quaisquer que sejam as suas razões seculares, são, de um ponto de vista mais elevado, torneios. São regidas, elas também, pelas regras sacrais da cavalaria. São preparativos pedagógicos para a conquista da Terra Santa. As regras que informam a espada informam também o alaúde. As trovas e os romances espelham as regras do torneio. Com efeito, a arte cavaleiresca é uma forma de torneio. As contendas entre os trovadores o provam. A arte é, ela também, uma preparação para a conquista do Santo Sepulcro. É por isso que é arte engajada.

A vida do cavaleiro é a demanda do transcendente. É a procura da realidade pela espada. Para falarmos escolasticamente: a cavalaria procura libertar o universal, cingindo pela espada aquele particular chamado "Palestina". É este o verdadeiro significado do termo "Jerusalém libertada". As cruzadas são, portanto, empresas realistas no significado medieval do termo. "*Universalia sunt realia*" é a divisa invisível no escudo do cruzado. A história política da Idade Média é uma história sagrada, no sentido de ser a procura da Jerusalém celeste. A pólis que a Idade Média procura alcançar é a *civitas Dei*. E essa sociedade perfeita paira, para o cavaleiro, acima da Jerusalém terrestre. Modernizando os termos, podemos dizer que a tendência política prevalecente é um sionismo transcendente.

Mas a conquista da Terra Santa revela, mesmo antes de realizada, a ambivalência do empenho cavalheiresco. Revela que a Palestina não passa de um pedaço de terra. Revela que *universalis sunt flatus vocis*. A transformação da cavalaria em nominalismo torna existencialmente desinteressante a conquista da Palestina. É ela abandonada aos turcos com uma indiferença que contrasta violentamente com o fervor das cruzadas. Essa indiferença se torna compreensível no presente contexto. É que o cavaleiro duvida da sua espada. Não duvida, bem entendido, da Jerusalém celeste, mas duvida de que pode ser conquistada pela espada. As cruzadas não resultaram no milagre da transubstanciação da Jerusalém terrestre. Resultaram apenas em aventuras maravilhosas. Não trouxeram a salvação da alma e o reino de Deus na Terra, mas apenas especiarias e os contos maravilhosos do *Livro das Mil e Uma Noites*. Perderam-se na secularidade. Que os turcos fiquem, portanto, com a Palestina. Aventuras maravilhosas podem ser encontradas alhures. Na terra das formigas cavadoras de ouro, no reino do Preste João, ou na Atlantis, por exemplo. Durante certo tempo paira ainda sobre esses lugares amenos o espectro demasiadamente transparente do Eldorado, vestígio triste de um empenho perdido. As viagens do Renascimento principiante ainda demandam, problematicamente, um universal já esvaziado da fé salvadora. Mas essas viagens não são mais cavaleirescas. A cavalaria morreu.

Morreu, porque falhou no seu empenho de conquistar a realidade pela espada. E falhou, porque estava, no seu próprio núcleo, dividida contra si mesma. Procurava cingir, pela espada, o mundo ilusório dos sentidos, e foi engolida por esse mundo. E a catedral não podia sobreviver à morte da cavalaria. Por dúbia que tenha sido a relação entre a cruz e a espada, não obstante era a espada a âncora pela qual a cruz se assentava no mundo dos sentidos. A morte da cavalaria transformou a dama em amante languidamente cobiçada. Transformou a aventura maravilhosa em descoberta duvidosamente triunfante. Transformou a cruzada em conquista de terras exóticas promissoras, mas não prometidas. E transformou a catedral em fenômeno progressivamente empurrado para a periferia do interesse. O pano se levantava para aquela comédia da arte chamada "Renascimento" que ia se transformando, paulatinamente, naquela tragédia de arte abstrata chamada "atualidade".

1.1.4. CATEDRAL

A contemplação de três dos pilares da catedral nos arrancou, impiedosamente, da nossa posição irônica no avião que demanda o aeroporto. Colocou-nos, anões confusos e presas da dúvida, na nave gigantesca da catedral abandonada. Poderosas são as colunas em nosso redor e forçam o nosso olhar para cima. Com sabedoria bela e com equilíbrio de forças misteriosas juntam as colunas as suas mãos acima das nossas cabeças, e formam arcos pontudos que nos apontam o caminho do céu. Na floresta desses gigantes disciplinados retemos a respiração, para não perturbar o equilíbrio silencioso e precioso.

Suspeitamos o que aconteceria e sabemos o que aconteceu quando as colunas soltaram as suas mãos para fechá-las em punho. Um leve rumor, apenas percebido na nave, pressagia o tumulto brutal da ruína. O equilíbrio das forças misteriosas que sustentam a nave é frágil. Rompido, como rompido foi, fará desmoronar o edifício da fé salvadora. Ruirão, como ruíram, as muralhas da catedral, e os vitrais se despedaçarão como se despedaçaram. A luz branca e cotidiana da clareza distinta inundará, como inundou, a nave desolada. Seremos virados, nessa catástrofe ôntica, como virados fomos, para encarar de frente o mundo extenso que doravante nos cerca. Seremos projetados por essa catástrofe, como projetados fomos, para dentro do espaço frio da dúvida discursiva. É o projeto do progresso.

A catástrofe que marca o fim da Idade Média não foi vivenciada como tal pelas gerações que a presenciaram. Passou despercebida, e, quando consumada, passou a ser glorificada como libertação de uma prisão tenebrosa, libertação esta já no significado moderno do termo. A glorificação do Renascimento é uma reação conhecida da psicologia. É chamada "supercompensação" por essa disciplina. Somos ainda, enquanto modernos, vítimas dessa supercompensação glorificadora. Mas é uma atitude superficial que não resiste a uma análise desprendida. A consideração da cena do Renascimento, que é um dos programas deste trabalho, revelará o quanto é enganadora a superfície dessa época aparentemente sorridente.

O que pretendo discutir no presente contexto é o fato curioso de não ter percebido a cristandade latina a censura profunda que separa a Idade Média da Moderna. Digo "cristandade latina" porque a ortodoxa sofreu um choque por demais violento para ser ignorado: a queda de Constantinopla. Como se explica, pois, que para as gerações do século XV parece deslizar imperceptivelmente a humanidade para uma tomada de consciência nova? Que a mudança, a qual o presente trabalho interpreta como reviravolta ontológica total, como ocaso de uma realidade, aparece aos que a presenciaram como uma modificação gradativa das formas de vida estabelecidas? Tão gradativa, com efeito, que é difícil distinguir-se, do ponto de vista renascentista, entre a Idade Média tardia e o Renascimento? Como se explica essa cegueira?

As três colunas da catedral que consideramos, a escola, a alquimia e a cavalaria, vibravam, durante a Idade Média tardia, com uma tensão interna que procuramos caracterizar com os termos "verdade dupla", "magia branca", "magia negra" e "secularidade da Igreja". Essa vibração fez balançar a nave da catedral e provocava uma sensação de tontura. Quando as colunas ruíram e a nave soçobrou, foi tomado o naufrágio por um balançar mais violento pela humanidade tonta. A humanidade foi lançada para dentro do abismo da Idade Moderna em estado semiconsciente. Não se dava conta daquilo que estava acontecendo. Acreditava que as colunas ainda permaneciam intactas, embora modificadas. Os estudos filológicos e os ensaios moralizantes ou humanistas pareciam ser escolástica modificada, embora fossem, na realidade, um abandono da tarefa da escolástica, que era a educação para a vida eterna. As pesquisas astronômicas e mecânicas pareciam alquimia modificada, embora fossem, na realidade, o abandono da tarefa da alquimia, que era a descoberta da matéria-prima. As façanhas dos descobridores, dos conquistadores e dos *condottieri* pareciam cavalaria modificada embora fossem, na realidade, o abandono da tarefa da cavalaria, que era a conquista da Jerusalém celeste. Passou despercebida a completa mudança da direção de todos os empenhos. É o olhar da humanidade que tinha-se desviado sub-repticiamente. Esteve fixo, durante toda a Idade Média, sobre o ponto concêntrico, simbolizado pela ponta da torre da catedral, sobre Deus. Todos os empenhos tinham tendência concêntrica, isto é, significante. Agora tornou-se vago o olhar da humanidade. Vagava, curioso e inquisitivo no início da Idade Moderna, cansado e desiludido no fim dessa época, no infinito da terceira dimensão que se abria, repentina, em redor da humanidade. Todos os empenhos tinham doravante tendência excêntrica, isto é, insignificante. O que tinha-se perdido, na catástrofe despercebida, era o centro de gravidade. A expansão violenta que é a Idade Moderna, e que se chama "progresso", é consequência da perda do centro de gravidade. A força centrífuga explosiva domina doravante. O termo "centrífugo" caracteriza toda a Idade

Moderna: é ela uma fuga do centro perdido. O centro perdido é o lugar outrora ocupado pela catedral, mas agora vago. A Idade Moderna é uma época *"sede vacante"*, ou uma *Kaiserlose, Schreckliche Zeit*, uma época sem imperador, uma época terrível. Com efeito, é a época maniqueísta do nada.

O Renascimento estava ainda em redor e na vizinhança do centro perdido. Já estava vago o centro, mas como a humanidade lhe dava as costas, não o percebia. Nós, geração tardia da Idade Moderna, distantes do centro e perdidos no espaço do insignificante, temos uma visão diferente da catástrofe decisiva. O entusiasmo ingênuo com o qual o século XV se precipitava em direção daquilo que nós sabemos ser o abismo é, do nosso ponto de vista, apenas uma máscara da fuga em debandada. A luz clara do dia revigorava então as mentes acostumadas, por séculos, a semiescuridão da nave. Nós, expostos, há séculos, aos raios inclementes do cotidiano, e cegados por eles, podemos sentir apenas nostalgia pela ingenuidade perdida. Ao sair do mofo da escola e da umidade da cozinha alquimista, enchiam as mentes do Renascimento os pulmões com o ar puro dos espaços abertos. Nós, expostos, há centenas de anos, à esterilidade desse ar, e ressecados pelos ventos desérticos que sopram nos espaços abertos, podemos sentir apenas saudade pelo entusiasmo perdido. Somos, de um ponto de vista moderno, decadentes e cansados. Mas, de um ponto de vista medieval, será talvez julgada sob aspecto diferente a situação na qual estamos. Talvez será julgada a nossa época, desse ponto de vista, como um pré-Renascimento?

A catedral ruiu, e com ela ruiu o centro de gravidade. A expansão que se segue é uma fuga do centro. Essa expansão é chamada, na sua primeira fase, de "Renascimento". O que renasce? A rigor: nada. A fuga é uma forma de inautenticidade, e todas as suas manifestações são marcadas pela inautenticidade. Também o termo "Renascimento" é assim marcado. O termo "Renascimento" é uma pose. A pose, a máscara, a representação e o fazer de conta serão um tema constante da época que ora se inicia. O Renascimento faz de conta que com ele renasce a Antiguidade. E a Antiguidade é, para o Renascimento, uma época curta e bem determinada. É caracterizada pelos termos "Roma" e "Hellas", se esses termos forem tomados com significado restrito. O Renascimento faz de conta que é nesses termos que encontra as suas fontes. Na realidade, no entanto, é a mentalidade moderna um fenômeno inteiramente novo. É, com efeito, um fenômeno cristão, a saber, cristianismo alienado. Mas há um núcleo de verdade no termo "Renascimento". Em sua alienação, toma a mentalidade moderna contato com uma correnteza antiga, da qual "Roma" e "Hellas" são apenas exemplos superficiais e fáceis. Em sua fuga do cristianismo toma a mentalidade moderna contato com o Oriente. Como introdução à consideração da Idade Moderna convido, portanto, os leitores para uma breve discussão dessa correnteza.

1.2. *EX ORIENTE LUX*

O sol que iluminava a humanidade cristã ajoelhada na nave da catedral não era diferente daquele que aquecia as regiões pagãs da humanidade. Apenas os seus raios eram diversos, já que refratados pelos vitrais de rubi e esmeralda. A Idade Média não foi uma época da escuridão, mas de luz refratada. E a humanidade ajoelhada não ignorava inteiramente a existência daquela humanidade que vivia em plena luz do pecado. Na feira, após a missa, corriam histórias sussurradas e inacreditáveis, que falavam de regiões diferentes, ensolaradas e perigosamente tentadoras. Regiões onde mulheres de rosto velado e ventre desnudo dançavam em redor de chafarizes. Onde mulheres morenas, de pés descalços, andavam sobre pisos de mármore, envoltas em mantos preciosos, rubis nas narinas e brilhantes entre os olhos. Onde mágicos amarelos, de olhos oblíquos, vestidos de seda, manejavam pincéis sobre porcelana transparente para evocar, com toques leves e encantadores, cascatas e montanhas, dragões e pontes arqueadas. Essas histórias iam ainda mais longe, ao encontro do sol nascente. Falavam de mares e de continentes nunca vislumbrados, onde povos vestidos de ouro perpetravam sacrifícios sangrentos no cume de pirâmides em forma de escadas. Eram inacreditáveis essas histórias, mas tentadoras. Tentam o cavaleiro a abandonar as arcadas frias do seu castelo, em busca de aventura. Mas tentam também o alquimista a abandonar as retortas e a viajar no dorso de elefantes ricamente ornamentados, a fim de conhecer os segredos da disciplina da respiração e do governo do corpo. E tentam o escolástico a abandonar o pergaminho e passear por entre pavilhões de cristal, sorver o chá doce-amargo em ritual antigo, e discutir com sábios sorridentes os caminhos da vida resignada. São tentadoras essas histórias, porque incitam ao pecado. É óbvio que lá fora reina o diabo em mil disfarces aliciantes. Toda lâmina de aço damasceno, toda especiaria preciosa, todo fardo de seda de Cathay, que aparecem na feira, falam do pecado. Mas a tentação do pecado não é apenas passiva. O diabo procura ativamente penetrar as regiões da fé. Monta cavalos árabes fogosos e saca a espada em forma de lua crescente. Atravessa desertos em caravanas de camelos carregados de especiarias e insinua-se nas feiras, com seus turbantes. Percorre as estepes em cavalos velozes e ameaça os cavaleiros teutônicos com saraivada de flechas. O mata-mouros conhece bem as artimanhas do diabo: as arcadas de mármore cinzelado, os contadores de fábulas eróticas, o canto sonoro no topo do minarete: "Não há Deus, salvo Alá". Mas também o alquimista o conhece: guarda, entre seus livros empoeirados, algumas folhas recobertas de arabescos que encerram o segredo da cabala. E o escolástico não ignora a blasfêmia do canto do minarete que impregna as obras de Aristóteles trazidas pelas mãos impuras dos mouros. Assim, penetra o sol do pecado pelas fendas dos vitrais da fé e perturba a prece. Em momentos vulneráveis, como no tempo de Frederico da Sicília, essa luz penetra mais fundo. Mas agora, destruída a catedral, essa luz se espalha pela cristandade latina. Consideremos as suas fontes.

1.2.1. MESQUITA

Salões suntuosos, recobertos de tapetes, pátios sombreados de palmeiras, bibliotecas e observatórios astronômicos: que conjunto de edifícios e de atividades díspares, do ponto de vista cristão, para chamar-se "casa de Deus"! Não há altares, não há imagens, mas há letras arábicas em toda parte. Esses sinais curiosamente revoltos e cursivos aparecem pintados e esculpidos nas paredes, tecidos nos tapetes e nos medalhões enormes que pendem do teto. A letra árabe, o arabesco, é a razão de ser da mesquita. Por ser uma casa da escrita, é a mesquita uma casa de Deus. A mesquita é uma casa de leitura, porque leitura é prece. Deus se manifesta escrevendo, e o homem se aproxima de Deus lendo aquilo que está escrito. Se o olho físico e mental do homem acompanha atento as curvas da letra, seu espírito é elevado em curvas até o espírito universal: *ar-Ruh al-muhammadiyyah*. A letra não é apenas um sinal que reproduz pictoricamente um som da língua falada. É um símbolo de múltiplos significados. Ela tem, por exemplo, um valor numérico, e como tal forma o elemento do mundo da álgebra, desse método do conhecimento quantitativo. Tem um valor místico e, como tal, forma um elemento do mundo das cifras, desse método do conhecimento por decifração disciplinada. Ela tem um valor musical, e constitui um elemento do mundo do encantamento. Tem um valor ideográfico, e como tal é um elemento do mundo das ideias eternas. Tem um valor plástico, e como tal, forma um elemento do mundo estético da vivência imediata. É preciso sorver a letra em sua concreção compacta, se quisermos compreender a plenitude do termo "Verbo encarnado". Deus está encarnado na letra. A letra e a escrita são o aspecto fenomenal e compreensível de Deus. Deus escreve. A palavra árabe que significa "escrever" consiste em três letras "q, t, b", e essas três letras denotam a atividade divina. Denotam, com efeito, o próprio fundamento da realidade que cerca o homem. Aquilo que é, é, porque "assim está escrito". O homem participa dessa realidade, porque está, ele também, escrito. Estar escrito é o seu destino. "Q, t, b" significam destino. Mas o homem transcende a sua realidade pela capacidade da leitura. A realidade é um livro a ser lido pelo homem. Pode ser algebricamente quantificada. Pode ser misticamente decifrada. Pode ser desencantada.

Deus se manifestou duas vezes. É autor de dois livros. O primeiro livro é a natureza, o segundo é o Alcorão. Mas os dois livros, embora de forma diferente, são idênticos quanto ao conteúdo. Com efeito, o Alcorão é o código que permite ao homem decifrar a natureza. Deus, em sua misericórdia infinita, confiou o Alcorão a Seu profeta, para que o homem possa decifrar a natureza e, dessa forma, transcendê-la. O Alcorão é o Verbo encarnado que se dirige ao homem. O Alcorão é o Cristo. O estudo do Alcorão é uma iniciação ao estudo da natureza. O estudo da natureza é uma procura de Deus. Os fenômenos naturais são cifras que significam Deus. O Alcorão fornece os testes verificadores para os esforços decifradores da pesquisa da natureza. O homem pode comparar a natureza ao Alcorão, porque sua mente participa do espírito divino. A origem divina da mente humana é vivenciada justamente por sua capacidade de adequação do Alcorão à natureza. Por sua capacidade algébrica e decifradora. A mente humana tem a estrutura da mente divina. Por certo, o conhecimento divino é infinito, e o conhecimento humano é limitado. Isso porque Deus escreveu tudo, e o homem pode apenas ler sucessivamente. Mas graças ao Alcorão pode o homem alcançar conhecimentos limitados que são tão certos quanto o é o conhecimento divino.

O olhar da cristandade medieval se fixa sobre Deus nas alturas. O olhar do Islã medieval se fixa sobre Deus na natureza. O estudo da natureza, *physis*, é, no entanto, uma procura daquilo que a natureza significa. É uma procura do *metá té physiké*, no sentido aristotélico do termo. A pesquisa da natureza não é, portanto, ciência no significado moderno do termo. É uma forma de teologia. É por isso que observatórios astronômicos fazem parte da mesquita. O muezim observa os astros, faz calendários, estuda o corpo humano e circum-navega a África, para decifrar a natureza e para descobrir Alá. Nesse sentido, são as pesquisas islâmicas mais próximas da alquimia (aliás, um termo árabe) que da ciência moderna. Mas a atitude do pesquisador islâmico é diferente da atitude do alquimista. Enfrenta a natureza, a fim de lê-la. Não se confunde com ela, mas dela se distancia. Essa atitude contém um germe do humanismo. Mas o humanismo herda do Islã apenas o método algébrico do conhecimento. É incapaz de incorporar o método de decifrar, o método dos sufis. O humanismo não é islâmico, é cristão, embora seja cristianismo alienado. Vale a pena demorarmos um pouco nessa ordem de ideias.

O fundamento da pesquisa islâmica é aristotélico, e o Deus que procura é o *Primus Motor*. É verdade que a causalidade que o Islã descobre na natureza tem um aroma ético que Aristóteles ignorava. Esse aroma é consequência da herança judaica. Mas a natureza representa a realidade, e pela natureza a realidade, *ousia*, transparece, *phainein*. A natureza não é pura ilusão, já que "significa" a realidade. Ela é um livro significante. Pode ser decifrada. O fundamento da pesquisa humanista é antiaristotélico: é, com efeito, platônico, embora seja de um platonismo invertido. Inconscientemente continua funcionando nessa pesquisa o conceito da natureza como ilusão pecaminosa. O criador da natureza não é Deus diretamente, mas um Demiurgo. O Platão que informa o humanismo é Plotino. Os humanistas fogem de Deus. Justamente por isso pesquisam a natureza. Na natureza não pode ser descoberto

Deus, mas apenas o Demiurgo plotínico, que é o diabo. Em última análise, esse Demiurgo é nada. A natureza não significa nada. Não pode ser decifrada. Pode ser apenas manipulada pelas regras algébricas da mente humana. A natureza é um livro sem ulterior significado. Deve ser lida pelo puro prazer da leitura. Desse tipo de leitura surge a ciência pura e a tecnologia. Os renascentistas não admitem, ainda, esse caráter maniqueísta de suas pesquisas. Admitem apenas que estão interessados no aspecto fenomenal da natureza, e pretendem, inautenticamente, que o aspecto metafísico seja relegado à teologia. Enganam-se a si mesmos, mas não conseguem enganar nossa geração tardia. A pesquisa islâmica é totalmente diferente. Não distingue entre ciência e teologia. É por isso que não é ciência no nosso significado do termo.

Mas é curioso notar que o aspecto platônico da natureza também alcançou o Renascimento pelos canais do Islã, embora não de maneira exclusiva. Mas não é apenas o conceito da natureza que o Renascimento recebe do Islã para adotá-lo ao seu cristianismo alienado. O mesmo se dá com o conceito de sociedade. O povo árabe, se é que podemos chamá-lo de "povo", é um aglomerado de tribos desérticas, separadas pela areia entre os oásis, e unido pela língua. Antes do advento do Islã, cada tribo representava uma unidade patriarcal, dentro da qual o homem alcançava a plenitude da dignidade humana apenas pela paternidade. Somente enquanto pai era o homem membro efetivo da tribo. O título *abu* ("pai"), seguido

PÁG. 106

pelo nome do filho, era a legitimação da plena maturidade. Quando Deus escolheu a língua árabe para nela se encarnar, transformou as tribos em núcleo da humanidade futura. A organização tribal é o germe da sociedade perfeita. Na tribo o homem se imortaliza na carne, procurando filhos. A sociedade perfeita será carne imortalizada. Quando o tecido denso da tribo absorveu a missão sacra do Alcorão, tornou-se incrivelmente explosivo. A conquista do Império Persa e de grandes partes dos Impérios bizantino e romano, em poucas dezenas de anos, pelas tribos numericamente inferiores, é um dos milagres da história da humanidade. É o brotar milagroso da sociedade perfeita. A sua meta é o "Islã" (a unidade total), que é a tribo das tribos. Essa sociedade perfeita será carne imortalizada. Com efeito, a sociedade perfeita será a terceira encarnação de Deus. Na sociedade perfeita, no Islã, será alcançada a união definitiva entre Alcorão e natureza. O Estado perfeito não será, portanto, uma simples *civitas Dei*, será Deus em pessoa. A sua forma externa (se é que se pode falar em "externo" tratando-se de fenômeno que abrange a totalidade da realidade) será o califado. O seu conteúdo será a paz eterna, a sabedoria e a felicidade. Todos os homens serão, nessa supertribo imortal, filhos de Deus, serão *"beni Alá"*, e, como a tribo representa, em seu conjunto, o pai, serão, em seu conjunto, Deus. Serão, para falarmos em outros termos, em seu conjunto, o Messias. O Estado (se é que podemos designar o califado por esse termo latino) não é uma organização, é um organismo, a saber, o corpo de Deus. A pesquisa da sociedade é, portanto, a suma teologia, e o empenho político é sinônimo de vida santa.

O Islã é uma religião política e social em sua essência mesma. É uma religião tribal que se expandiu para abranger a totalidade da humanidade, dessa supertribo. Não procura a salvação da alma humana, procura a salvação da humanidade. O conceito da alma individual imortal é como um corpo estranho no conjunto do Islã, introduzido por influências judaicas e cristãs, e reforçado pela filosofia grega. Mas o céu, lugar de descanso das almas, é tão terreno que é difícil chamá-lo de transcendente. E o inferno pouco incomoda a imaginação dos teólogos maometanos. O Islã é uma religião terrena. Na terra, o homem alcançará a imortalidade pela sociedade. A frase cristã "meu reino não é desta terra" carece de todo significado. Mas, por ser terreno, não é o Islã menos empenhado no transcendente. O que transcende a natureza fenomenal é justamente aquele espírito (*ar-Ruh*) que será sociedade na plenitude do tempo. A realização da sociedade perfeita é a imanentização do transcendente.

A sociedade perfeita é a meta da história, que é, portanto, o processo da imanentização do transcendente. Mais exatamente: a história é um livro que se escreve; o terceiro livro de Alá. Nesse conceito da história como livro escrito de Deus, como processo predestinado ("q, t, b"), há um profundo fatalismo otimista. Somos todos filhos de Deus, no sentido de *"beni Alá"*, e não seremos abandonados. Assim está escrito. Mas esse nosso destino não nos exime de empenho. Pelo contrário: o empenho nos é imposto pelo destino. Não querer aceitar a imposição do empenho, querer viver associalmente, é sinônimo de pecado. Além de pecaminosa, essa vontade de *dégagement* é tolice. Não podemos escapar ao destino. Somos tolhidos pelo tecido da sociedade. Há um elemento socrático nessa identificação de virtude e conhecimento, de pecado e erro. Mas o conceito da virtude em si é inteiramente alheio ao pensamento grego. Todos os valores estão na sociedade.

Os califados já realizados são sociedades imperfeitas. São imperfeitas porque Deus ainda não escreveu o último capítulo de seu terceiro livro. Mas são infinitamente superiores a todas as outras formas de sociedade. São teocracias. É óbvio que a ideia do califado se assemelha a da Igreja, e mais da ortodoxa que da latina. O califa é imperador e patriarca. Mas há um elemento persa no califado que é estranho ao cristianismo. O fundamento do Estado é o imposto, e mais especialmente o imposto sobre a renda. É um sacrifício, no sentido religioso do termo, que o Estado exige para nivelar a propriedade. Dar a César o que é de César é o mesmo que dar a Deus o que é de Deus. O califado perfeito será comunista. Tudo será da sociedade, porque tudo será de Deus. O imposto é, portanto, um método de realizar a sociedade perfeita. E o imposto espontâneo, a esmola, é o sinal mais palpável da piedade. A esmola é o Islã em atividade.

A vida islâmica é uma vida na sociedade. Construir palácios, canais e estradas, ajudar aos pobres, e combater os cães infiéis que obstruem a construção da sociedade perfeita, esses são os deveres do homem religioso. A pesquisa da natureza e da escritura sagrada são fases do mesmo empenho. A sociedade é a meta de todos os empenhos dos maometanos, como o céu o era de todos os cristãos até o Renascimento.

São quase óbvios os elementos dessa cosmovisão que os renascentistas adotaram em sua fuga do céu. Um dos motivos da ruína da catedral foi a incapacidade da Igreja assimilar o Estado. E a incapacidade correspondente do Estado em enquadrar-se na estrutura da Igreja. Ninguém duvidava de que os valores da vida estavam, todos, no "além", e que, portanto, o Estado não passava de uma forma passageira e efêmera, cujo único propósito era conter, manter e propagar os ensinamentos da Igreja. Mas embora essa forma tivesse assumido o caráter estável e estático da pirâmide feudal, não conseguira evitar aquela ambivalência de compromisso que a cavalaria exemplifica. Então, tendo desviado a atenção da Igreja, encarava a humanidade renascentista o Estado sob prisma novo. Tornara-se este interessante por si mesmo. Essa atitude de encarar o Estado como algo existencialmente interessante, e a consequente procura de um empenho social, têm semelhança superficial com a atitude islâmica de procurar imortalizar-se na sociedade. A sociedade foi, daquele momento em diante, a fonte dos valores. Todas as éticas modernas dirão respeito à vida na sociedade. A história será concebida como um desenvolvimento progressivo da sociedade. A meta do processo histórico será a sociedade perfeita. Toda a atividade humana estará dirigida para essa meta. Será uma atividade acumulativa chamada "progresso". Esse progresso residirá, em última análise, na adequação paulatina da mente humana à natureza. Nesse sentido é a sociedade a "humanização" progressiva da natureza, e a sociedade perfeita será natureza inteiramente humanizada. Com efeito, não haverá natureza nesse estágio escatológico, porque a sociedade perfeita será a última união entre mente humana e natureza. A sociedade será a aniquilação progressiva da natureza.

Tudo isso parece, superficialmente, muito semelhante à atitude maometana. A sociedade perfeita é, superficialmente, parecida com o califado. Mas o seu aspecto ontológico é totalmente diferente. O Renascimento e toda a Idade Moderna são cristãos, sem querer sê-lo. No fundo, não creem na realidade da sociedade, como não creem na realidade da natureza.

Para o Islã é a sociedade perfeita a encarnação de Deus. Para a Idade Moderna é a sociedade perfeita, no fundo, uma ficção que não tem significado. É utópica essa sociedade. A história é um processo fictício, um fazer de conta. Os valores que brotam da sociedade são pragmáticos, dizem respeito ao instante. A meta da vida humana, pretensamente a sociedade perfeita, é, no fundo, a morte. No fundo, é toda atividade humana doravante absurda. Os renascentistas não admitem ainda essa absurdidade fundamental que resulta da transferência da atenção para a sociedade. Mas o desenrolar da Idade Moderna torna óbvio esse resultado.

É igualmente problemática a relação entre sociedade e natureza. Para o Islã é a natureza uma manifestação divina. O Alcorão é uma segunda edição dessa manifestação, dirigida aos homens. E a sociedade é natureza humanizada, porque alcoranizada. É, portanto, a suprema e definitiva manifestação divina. É a suma realidade. Para a mentalidade moderna, a natureza é um conjunto duvidoso. E a mente humana é aquilo que duvida desse conjunto. Quanto à sociedade, ela é a superação da dúvida pelo aniquilamento da natureza. Mas nesse processo de superação a própria sociedade torna-se duvidosa. Transforma-se, sub-repticiamente, em segunda natureza. De forma que podemos dizer que a sociedade perfeita deixará de ser sociedade para tornar-se natureza de segunda ordem. O mundo que cercará o homem nesse estágio escatológico não será constituído de coisas naturais, mas de instrumentos. Mas esses instrumentos serão tão duvidosos quanto o eram as coisas. O Renascimento não podia prever ainda essa circularidade nefasta que infesta o progresso no significado moderno do termo. Mas essa circularidade está implícita no maniqueísmo fundamental que informa o pensamento social da Idade moderna. O fatalismo otimista do Islã tornou-se fatalismo pessimista na Idade Moderna. No início dessa Idade estava mascarado tanto o aspecto fatalista como o aspecto pessimista do maniqueísmo moderno. Superficialmente oferece o Renascimento, essa commedia dell'arte, um espetáculo de indeterminismo e de otimismo. Mas a verdadeira estrutura do conceito de progresso começa cedo a desvendar-se, por exemplo, no calvinismo. O fatalismo pessimista é, como me esforçarei por demonstrar, o verdadeiro motivo do humanismo. É consequência da falta de fundamento (*Bodenlosigkeit*) da Idade Moderna. A despeito de todas as suas afirmativas em contrário, os modernos creem, basicamente, apenas no nada, isto é, na morte inevitável. As diversas sociedades perfeitas que se oferecem, utopicamente, como metas de empenho, não passam de pretextos para mascarar a absurdidade da vida e a inevitabilidade da morte.

Em sua fuga da catedral em ruínas, agarra-se a mente renascentista a elementos islâmicos para encontrar apoio. Mas é demasiadamente cristã para confessá-lo. Chama, portanto, esses elementos de gregos e romanos. Há um núcleo de verdade nisso. O pensamento islâmico é uma continuação e uma modificação da Antiguidade clássica, e nesse sentido é o Renascimento uma volta ao pensamento antigo. Mas o Islã não é o único refúgio do Renascimento. Consideremos outros.

1.2.2. TAMBOR

Vagarosos, hesitantes, caem, qual gotas, os primeiros sons do *sarod*, da guitarra. Formam cadeias de pérolas trêmulas, de lágrimas do lamento. Os fios se juntam, hesitantes, mas sistemáticos, e tecem um véu. De repente, o véu se rasga. Aparece a dançarina. Seus pés, descalços, leves e rítmicos, fazem ressoar chocalhos de cobre. Seus braços, seres etéreos e quase independentes do corpo, desenham símbolos no espaço. Mas o foco são seus olhos emoldurados de negro. Não olham, devoram. Giram, oscilam e vibram. São eles que dançam. Tecem uma rede para nela apanhar o mundo inteiro. A cadência da guitarra acompanha os olhos devoradores. Chora, soluça e geme em crescendo furioso. A voz da guitarra se eleva em grito orgástico, quebra-se, cala-se por um instante, e recomeça, rouca, o seu lamento. O corpo da dançarina se contorce. Seu pescoço tomado de espasmo golpeia da direita para a esquerda. A cabeça, imóvel e rígida, não participa do corpo. Os pés, irados, percutem a terra. A dançarina vai despedaçar-se. Aí surge, apenas perceptível, um leve bater, leve, mas dominador e destruidor do encanto. É o ritmo seco e quebradiço do tambor, da tabla. A guitarra retém a respiração, assustada.

A voz do tambor, fria e casta, domina por um instante a cena. Tomando coragem a voz da guitarra agarra-se a ela. Abraça o ritmo do tambor, envolve as batidas com seus lamentos quentes, procura seduzi-las. Mas o tambor, impiedoso e sistemático, cai sobre a guitarra como chuva de granizo, em golpes exatos. Ela não se rende. Torce-se e se retorce, procurando penetrar por entre as fendas das batidas. A luta é violenta. A guitarra grita, e o tambor ressoa. Os dois ritmos se entrelaçam e chocam, e formam um vórtice de paixões quase insuportáveis. Os joelhos da dançarina se dobram. As pernas se entreabrem. O tronco forma um ângulo impossível com a anca. Os braços parecem se deslocar das juntas. A nuca partiu-se. Apenas os olhos continuam devorando. Uma derradeira vez eleva a guitarra a sua voz num brado desesperado. O estalar crepitante do tambor destroça matematicamente o seu lamento. A dançarina cai, exausta. O véu luxurioso está rasgado pela disciplina. Os sentidos renderam-se ao intelecto.

A dança que acabo de descrever é hindu. Mas o tema da dança é a investigação empírica do mundo dos sentidos; portanto, é um tema do Renascimento. Não será demasiado ousada a tese, implícita nessa comparação, de que o pensamento hindu é parcialmente responsável pela mentalidade renascentista? E que a ciência empírica que se inicia é uma forma da ioga? Afinal, os renascentistas ignoravam, provavelmente, até o próprio termo "ioga". A Índia era, sem dúvida, uma das motivações do Renascimento, mas não no sentido que a minha tese sugere. O Renascimento abriu caminho para a Índia, não para tomar contato com o seu pensamento, mas para conseguir especiarias. Ou em busca da aventura. Mas será esta verdade superficial a verdade toda? Os renascentistas afirmariam que as suas caravelas demandavam a Índia, e os seus pensamentos a terra dos gregos. Mas por que tanta insistência das caravelas nessa meta rumo à Índia? Por que esse erro psicologicamente tão revelador de tomar a América pela Índia, e por "índios" os seus habitantes? A verdade superficial não é a verdade toda. Inconscientemente, procurava a mente renascentista o contato com uma Índia para a qual o caminho lhe tinha sido barrado, não pelos turcos, mas pela Igreja, por mais de mil anos. Sob certos aspectos não passavam os gregos, aquela meta aparente da procura renascentista, de representantes desse manancial enorme que é o pensamento hindu. O contato com Platão, por exemplo, não passava, sob certos aspectos, de um contato inconsciente com o orfismo, esse braço ocidental do hinduísmo. A rápida assimilação da meditação hindu pelos jesuítas é uma prova da tendência à qual me refiro.

A Índia não era tão inoperante no Ocidente medieval como quer parecer à primeira vista. O estilo gótico tem uma semelhança mais que acidental com o estilo gandhara. As visões dos santos atormentados pelo diabo estavam repletas de criaturas que são bem conhecidas nossas no contexto hindu. O sinal da cruz esboçado sobre a fronte, a boca e o coração designa os lugares do corpo que os hindus chamam de "chacras" e pelos quais a alma escapa. E a própria figura do Cristo, esse fenômeno isolado e dominador de toda época medieval, seria, se transportada para a Índia, um entre muitos avatares. A influência da Índia sobre a cristandade medieval era subterrânea e inconsciente, mas nem por isso menos poderosa. O Renascimento, em sua fuga, procura retomar até as raízes da nossa sociedade, para lá encontrar novos valores. Conscientemente, não mergulha muito fundo. Para no helenismo. Mas inconscientemente provoca uma tendência adormecida e quase esquecida, muito mais profunda. O empirismo moderno é o resultado inesperado desse retorno às raízes.

O pensamento primitivo, aquele tipo de pensamento que costumamos chamar "senso comum", tende para o empirismo. A experiência que os sentidos fornecem ao intelecto é tomada como experiência da realidade. A consequência dessa atitude acrítica é um estilo de vida. A "realidade" que os sentidos fornecem é caótica, e não há nela critério para a vida. A experiência onírica é confundida com a experiência desperta, a experiência interna com a externa, e a experiência patológica com a normal (qualquer que seja o significado desse termo). O estilo de vida do empirismo primitivo é, portanto, angústia constante. Essa angústia é o motivo da crítica à qual os dados dos sentidos serão submetidos, em estágios mais avançados do pensamento. Podemos distinguir, grosso modo, dois tipos de critério aos quais os sentidos podem ser submetidos. Os sentidos mentem, e os sentidos enganam. O primeiro critério terá por resultado o desprezo dos dados dos sentidos, e um estilo de vida que será um afastar-se do mundo dos sentidos.

O segundo critério terá por resultado a desconfiança nos dados dos sentidos, e um estilo de vida que será um penetrar combativo no mundo dos sentidos. O primeiro estilo de vida prevalece na Idade Média, até nos fenômenos vitais como a alquimia e a cavalaria. Mas essas duas disciplinas falham no combate ao mundo dos sentidos porque, no fundo, dele não desconfiam, mas o desprezam. O segundo estilo de vida "renasce", pelo menos aparentemente, com a derrota do estilo medieval de vida. Esse "renascimento" do penetrar combativo no mundo dos sentidos é tomado pelos renascentistas como a ressurreição do estilo de vida dos gregos. Mas os renascentistas estão enganados. O problema é mais complexo. Chamaremos, para simplificar brutalmente essa complexidade, a atitude primitiva de "empirismo *tout court*", a atitude de desprezo de "racionalismo", e a atitude de desconfiança de "empiriocriticismo". Sob o prisma dessa esquematização brutal, a Idade Média seria racionalista, os gregos arcaicos (dos quais o Renascimento não tem notícia direta) seriam empiristas em transição para o empiriocriticismo, os gregos tardios (que se tornaram os "clássicos" porque serviram de pretenso padrão ao Renascimento) seriam a transição do empiriocriticismo para o racionalismo, e o pensamento hindu seria empiriocrítico. A tese do presente trabalho é que o pensamento renascentista finge ser empiriocrítico, quando é, com efeito, racionalista, fugindo desesperadamente para o empirismo primitivo. Sendo o empiriocriticismo o pretenso ideal do Renascimento, o pensamento hindu é, portanto, muito mais do que o pensamento platônico ou aristotélico, o padrão da epistemologia renascentista.

Na dança que descrevi representa a guitarra o mundo dos sentidos, e o tambor a crítica a esse mundo. A dançarina representa o estilo de vida do empiriocriticismo. O importante nesse complexo é notar-lhe o clima de sensualidade. O combate aos sentidos desenvolve-se num clima da sensualidade que caracteriza todo pensamento hindu. Com efeito, o conhecimento é um ato sexual, e, mais exatamente, um violentar o mundo. Conhecer significa rasgar o véu, com todas as conotações sexuais que esse símbolo implica. Quando a Bíblia fala em "conhecer a mulher", articula esse tipo de epistemologia. Também os mistérios órficos, que são tão implícitos na epistemologia platônica, têm esse conceito do conhecimento. Isso ilustra como o pensamento hindu age subterraneamente no pensamento do Ocidente. Mas a Índia, fonte desse estilo de vida, envolve o pensamento num contexto radicalmente materialista. Desconhecido tanto dos judeus como dos gregos. Definamos materialismo, como fé no imanente e recusa do transcendente. A realidade toda está, de uma forma ou de outra, dentro do mundo dos sentidos. A crítica ao mundo dos sentidos revelará toda a realidade. O método do empiriocriticismo materialista é a Ioga que revela, ao rasgar o véu do mundo dos sentidos, toda a realidade. Nada existe que não possa ser descoberto por esse método essencialmente sensual e experimental (dando, neste contexto, ao termo "experimental" tanto o significado científico como existencial), porque nada transcende o mundo dos sentidos. Esse materialismo profundo do pensamento hindu não é óbvio, porque os pensadores hindus falam constantemente no "espírito universal" que "transcende" o mundo aparente. Mas trata-se de uma confusão de terminologia. O *Brahman* não "transcende" o mundo aparente, porque apenas subjaz a esse mundo, sem ultrapassá-lo. E não é "espírito", porque se materializa. O Ocidente, pelo contrário, nutre a fé no transcendente. Não crê que uma crítica do mundo dos sentidos resulte jamais na descoberta total da realidade, não apenas por razões metodológicas, mas porque a realidade transcende o mundo dos sentidos. Não podendo imaginar sequer outro tipo de fé, a nós, ocidentais, a "fé" hindu não nos parece fé, no sentido exato do termo. É curioso observar que a transplantação do empiriocriticismo para o Ocidente resultará, não em materialismo, mas em idealismo. Podemos definir, desde já, o idealismo como alienação da fé ocidental, ao recorrer ao empiriocriticismo. Assim definido, é o idealismo um fenômeno moderno. Platão não é idealista nesse significado do termo. Hume será o protótipo do idealista, e o materialismo ocidental será uma variante do idealismo.

Na Índia é, portanto, o empiriocriticismo uma atitude ontologicamente monovalente. Pela crítica do mundo dos sentidos será descoberta toda a realidade. Essa segurança ontológica distingue o iogue do cientista empírico moderno. O Renascimento faz de conta que a ciência é uma atividade significante, porque está relacionada com a pesquisa da realidade. Mas simultaneamente confessa que a ciência não se interessa pela realidade, mas que, com efeito, a "despreza". Trata-se de uma transferência total do desprezo do cristianismo. O cristianismo medieval desprezava o mundo dos sentidos, porque valorizava a realidade, aquele transcendente que a fé proporcionava. O Renascimento despreza essa realidade, porque valoriza a aparência que os sentidos fornecem.

O aparente empiriocriticismo da Idade Moderna é, com efeito, um cristianismo invertido. Nesse contexto não é a pesquisa do mundo dos sentidos ontologicamente válida, mas é, pelo contrário, uma empresa absurda. O Renascimento não se dava conta desse impacto. Em sua ingenuidade, entregava-se, embriagado, à sensualidade do mundo dos sentidos. Mas nós, *post coitum*, tristes, sabemos avaliar o absurdo que isso representa. A atitude atual da ciência ante a realidade é de resignação, como a da raposa ante as uvas azedas. Essa atitude é chamada de "humildade da ciência", em alusão inautêntica a uma virtude que a Idade Média enaltecia. A inautenticidade dessa atitude é, no entanto, demasiadamente óbvia para ser comentada.

Mas a ioga se distingue da ciência moderna não apenas pelo seu aspecto ontológico, como também pelo metodológico. O método da ioga é a experiência pura e simples. A experiência fornece um conhecimento que é caracterizado pelos termos "subjetivo" e "indutivo". A subjetividade do conhecimento fundado sobre a experiência é consequência da fusão entre o conhecido e o conhecedor na experiência imediata. O caráter indutivo do conhecimento fundado sobre a experiência é resultado da particularidade da experiência imediata. O conhecimento que a experiência fornece não é, portanto, discursivo. Pode ser comunicado apenas de forma alegórica e alusiva. Toda comunicação desse tipo de conhecimento terá sempre a marca de uma confissão subjetiva, e todo juízo dessa comunicação será uma generalização de dados particulares. Esse caráter subjetivo e indutivo do conhecimento é inerente ao método empírico, e não é, portanto, um "defeito". Defeito se torna apenas quando considerado de um ponto de vista racionalista. O método racional resulta em um tipo de conhecimento que é objetivo e dedutivo. Os exemplos mais puros desse tipo de conhecimento são os juízos da matemática e da lógica pura. É um conhecimento estritamente discursivo. O pensamento hindu não é racionalista. Aceita, portanto, de bom grado o tipo de conhecimento que a experiência fornece. O Renascimento é cristão, e o seu pensamento é, portanto, fundamentalmente racionalista. O seu empirismo é uma pose. Espera, portanto, alcançar, pelo método empírico, um conhecimento objetivo e dedutivo. Pretende alcançar essa meta absurda com dois truques metodológicos que caracterizarão doravante a ciência nascente. O primeiro consiste na objetivação da experiência imediata. A experiência é conduzida sob condições rigorosamente controladas e exatamente reproduzíveis. Pode ser, portanto, experimentada por qualquer observador, é "objetiva". O segundo truque consiste na transformação dos juízos indutivos, que resultaram da experiência, em premissa para raciocínios dedutivos. As generalizações do método empírico são consideradas hipóteses, a partir das quais o raciocínio dedutivo pode concluir juízos "necessários", isto é, juízos deduzidos. Destarte, tornar-se-á a ciência uma disciplina discursiva, e tenderá para o discurso da matemática pura. Esse método é poderoso, porque garante a progressividade acumulativa do conhecimento. Graças a ele a ciência transformará o mundo. Mas o tipo de conhecimento que esse método fornece é dúbio, por ser híbrido e deliberado. O êxito pragmático desse método mascarou, durante centenas de anos, a sua dubiedade. No seu estágio atual, no entanto, a dubiedade da ciência como método de conhecimento torna-se aparente. O fator de Heisenberg, por exemplo, realça a subjetividade fundamental desse conhecimento. A análise formal das chamadas "leis da natureza" revela o seu caráter estatístico, isto é, indutivo. O método empírico não pode, pelo seu caráter, resultar em conhecimentos objetivos e dedutivos. Se a realidade for concebida como algo que transcende o mundo dos sentidos (e ela é concebida assim pelo pensamento ocidental), é o conhecimento fornecido pela ciência um conhecimento insignificante.

Se compararmos a vivência que acompanha o conhecimento proporcionado pelo ioga com a vivência que acompanha o conhecimento proporcionado pela ciência, essa diferença ontológica das duas disciplinas é comprovada. A vivência da ioga é *Sat-chit-ananda* (ser-saber-felicidade), no seu estágio mais avançado. A vivência da ciência é o tédio, no seu estágio mais avançado. A ioga é um método de integração, a ciência é um método de alienação, porque a ioga é uma aproximação da realidade, enquanto a ciência é uma fuga da realidade. É óbvio que esse tipo de considerações não poderia ser feito no Renascimento. A vivência que a ciência então proporcionava era aventurosa. A contradição entre empirismo e racionalismo era experimentada, então, como desafio, e não, como hoje, frustradora. Não se davam conta os renascentistas que estavam, com sua ciência, adulterando a ioga. Acreditavam que estavam fazendo renascer, com sua ciência, a teoria dos gregos. Com efeito, o elemento teórico da ciência (que consiste na transformação de hipóteses em premissas) é um elemento grego. Mas no contexto grego, a teoria é um estilo de vida. O *bios theorétikos* é uma vida dedicada à visão contemplativa das coisas. No contexto renascentista é a teoria um truque metodológico, destinado a mascarar o caráter empírico da ciência como fonte de conhecimentos. O termo "teoria" com todo o seu helenismo é um exemplo da inautenticidade dos elementos gregos do Renascimento.

A influência do pensamento hindu sobre a formação do pensamento moderno não é tão direta quanto o é o do Islã, mas não é menos poderosa. Nos primeiros séculos da Idade Moderna passa despercebida. O romantismo a descobre, surpreso. A consequência dessa descoberta é uma filosofia psicologizante e vitalista, e esta marca ainda a atualidade. Creio, entretanto, que o caráter psicológico e o aspecto existencial do pensamento hindu podem ser descobertos já, em retrospectiva, como uma das tendências do Renascimento. É o seu pretenso empiriocriticismo.

1.2.3. PINCEL

A fita de seda está enrolada e guardada em caixa ornamentada de laquê. Com gestos comedidos e cerimoniais levantamos a tampa e retiramos o rolo. Suavemente, quase imperceptivelmente, a fita se desenrola. Contemplamos a alvura virginal e intocada da seda. De repente, aparecem nessa brancura os primeiros carimbos. São os rastros ideográficos daqueles que, antes de nós, pisaram a superfície desse nada que se desenrola. Essas estampas aumentam a nossa expectativa daquilo que vai surgir no rolo em desenvolvimento. Atestam esses carimbos que somos um elo na cadeia da tradição que envolve o rolo. Dão-nos ânimo para prosseguir no seu desenvolvimento. Assim, reconfortados, podemos suportar o impacto das primeiras pinceladas. São golpes de nanquim desferidos contra a alvura do rolo. São golpes rítmicos que arrastam consigo a nossa mente contempladora. As pinceladas sugam a nossa mente e fazem com que mergulhe na profundidade do rolo. A nossa mente se confunde com as pinceladas, e o desenrolar do rolo é doravante o desenrolar do nosso pensamento. E o pensamento começa a se condensar na névoa inicial, que é a seda, e forma rochas perpendiculares, fendidas. E sobre essas rochas precipitam-se cascatas. Mas uma ponte curva atravessa o abismo sobre a cascata. Peregrinos pequeninos atravessam a ponte. Demandam o templo apenas visível por entre a névoa que envolve a serra. Da rocha brota um pinheiro violentamente contorcido. As águas da cascata caem num lago, em ondas espumantes. As gotas da espuma formam um véu através do qual vislumbramos algumas folhas de bambu, nas quais adivinhamos os raios do sol que procuram romper as nuvens. No lago, um pequeno barco de pescador e a linha do anzol que se perde nas águas. E a profundeza calma e abismal das águas do lago que se transforma, imperceptivelmente, na seda branca do rolo. A nossa mente se retira, hesitante e pesada, para voltar a si, isto é, para voltar a nós mesmos. O rolo volta a ser objeto. A meditação espontânea está terminada.

A contemplação e a meditação que o exemplo do rolo chinês procurou ilustrar são aparentemente a atitude diametralmente oposta à observação e à pesquisa que caracterizam o Renascimento. O espírito do Renascimento é justamente o contrário da meditação contemplativa. O pensamento renascentista é um distanciar-se da circunstância que o rodeia. Estabelece um abismo entre si mesmo e aquilo que lhe será objeto. O pensamento renascentista é sujeito do mundo. O mundo é o conjunto daquilo que se opõe ao pensamento. O mundo é duvidoso, e o pensamento dele duvida. Com efeito, a dúvida que o pensamento nutre a respeito do mundo é a forma pela qual esse mundo existe. A dúvida estabelece um mundo em redor do pensamento. Há, portanto, uma distinção ontológica rigorosa entre mundo e pensamento. O mundo é duvidoso, e o pensamento é indubitável. Mas a despeito dessa distinção, o pensamento age sobre o mundo. Age, por assim dizer, de fora. Compreende o mundo e manipula o mundo. Imprime-lhe a sua marca. O mundo se torna progressivamente conhecido e subjugado ao pensamento. Torna-se progressivamente humanizado. É assim, pelo menos aparentemente, que o Renascimento encara o mundo.

O desenvolvimento da Idade Moderna desnuda, no entanto, progressivamente, a problemática ontológica que fundamenta a atitude renascentista. É o pensamento que estabelece o mundo. Ao conhecer esse mundo, o pensamento conhece-se a si mesmo. Ao modificar esse mundo, o pensamento modifica-se a si mesmo. As descobertas da ciência são redescobertas do pensamento que estabeleceu a natureza. A ciência é um método de autodescoberta do pensamento científico. A arte naturalista, ao copiar a natureza, copia o pensamento que a estabeleceu. É uma mimese de si mesma. A arte do Renascimento é, inconscientemente, expressionista, no sentido de exprimir o pensamento que estabeleceu a natureza. Com efeito, o mundo moderno é um rolo de pintura chinesa. A observação e a pesquisa desse mundo equivalem à contemplação de si mesmo e à meditação sobre si mesmo. A modificação desse mundo equivale à imposição de mais um carimbo sobre o rolo. E a pesquisa resultará, em seu último estágio, na descoberta do nada que tudo envolve, na descoberta da seda pura. Há um elemento budista e taoista inconsciente no afastar-se do mundo e no duvidar-se do mundo que constitui a atitude renascentista. Esse elemento está se tornando evidente na atualidade.

Seria tarefa desesperada querer descobrir como esse elemento se infiltrou no Ocidente. Surgiu, talvez espontaneamente, como consequência da perda do senso de realidade. Mas existe certamente também uma tradição milenar que liga de forma impalpável a humanidade ocidental ao Oriente. A fé ocidental na realidade transcendente, que encontrou sua forma talvez definitiva no cristianismo, seria, desse ponto de vista, apenas uma fase transitória do processo do pensamento. O abandono dessa fé pelo Renascimento conduziria, necessariamente, de volta ao misticismo niilista, que é o fundamento de todo pensamento oriental e que parece tornar-se o fundamento do pensamento ocidental da atualidade. Sob esse prisma, que o existencialismo nos impõe, seria o Renascimento um despertar de um sonho milenar que obstruiu a visão do nada todo-envolvente. Não seria, portanto, um renascimento dos gregos, mas um renascimento da consciência muito mais antiga da situação abandonada e desesperada do homem. Em sua ingenuidade otimista seria o Renascimento um primeiro passo para a tomada dessa consciência que se realiza atualmente. E o desenvolvimento da arte ocidental, a partir do Renascimento, seria uma ilustração dessa tomada de consciência crescente. Investiguemos esse ponto de vista.

A Idade Média não produzia obras de arte. Produzia apenas objetos que eram belos. É o pensamento moderno que os chama de objetos de arte. Com o Renascimento surge o artista. Ser artista significa escolher um determinado projeto de vida, a saber: realizar-se, criando. As obras de arte são os monumentos que atestam e festejam a passagem de um "personagem" pelo mundo. Nas obras de arte está o "personagem" imortalizado. Esta é, com efeito, a meta da obra de arte: imortalizar o autor em monumento. Toda arte *sensu stricto* é monumental nesse significado do termo. A história da arte a partir do Renascimento é a coleção crescente de monumentos aos artistas. A Idade moderna pode ser concebida como a época que constrói uma muralha chinesa sempre mais densa em redor da humanidade, uma muralha constituída de pedras que são obras de arte, isto é, monumentos que festejam "personagens" e os imortalizam. "Obras de arte": esse termo abrange também os produtos da técnica e as instituições da sociedade. Também esses instrumentos têm personagens por autores. A meta da Idade Moderna é a construção de uma muralha chinesa que tape inteiramente o caos do vir-a-ser chamado "natureza", e circunscreva um distrito do artificial que será um distrito sacro repleto de monumentos a personagens. Será um "museu". A meta da Idade Moderna é a construção de um museu como habitat definitivo e exclusivo do homem. A vida nesse museu será um festejar constante dos personagens criadores das obras. Será um templo da autoadoração do homem. Se concebermos a tendência moderna para a sociedade tecnológica nesses termos, adquirem as manifestações artísticas do Renascimento um significado virulento de máxima atualidade. Para podermos apreciar essas manifestações, torna-se necessária a análise dos termos "monumento", "museu" e "personagem" que ocorreram nas considerações precedentes.

"Monumento" em alemão é *Denkmal*, isto é, "signo do pensamento". Esse termo pode ser interpretado ativa ou passivamente. Ativamente significa o monumento um signo impresso pelo pensamento sobre algo. Passivamente significa o monumento um signo que provoca pensamento. Em seu conjunto é o monumento um *Andenken* ("recordação"), isto é, um signo que é ponto de encontro entre o pensamento do artista e do consumidor da obra de arte. "Criar", "produzir" significa articular e exprimir um pensamento. (Nesse sentido, é toda arte, a partir do Renascimento, um expressionismo.) "Consumir" significa, nesse contexto, receber e digerir um pensamento. O artista se imortaliza no intelecto do consumidor ao ser o seu pensamento consumido. O monumento é o lugar de passagem de um pensamento do intelecto do artista para o do consumidor, e nesse sentido é o signo da imortalidade. O conjunto dos monumentos, o "museu", é o conjunto dos signos da imortalidade que é a conversação em progresso.

O museu é um espaço dedicado às musas. (É importante notar que museus, no sentido restrito do termo, são coleções de monumentos iniciadas pelos príncipes do Renascimento.) As musas são as bocas dos deuses. São a maneira pela qual os deuses se articulam e se exprimem. Na Idade

Moderna os deuses são os homens criadores de obras. As musas são, na Idade Moderna, as bocas dos artistas. São a maneira pela qual homens criadores se articulam e se exprimem. O museu é o espaço dedicado às articulações e expressões de homens criadores. É um templo ao homem divinizado. É um lugar de adoração ao pensamento humano transformado em monumento. É o espaço sacro dedicado ao culto do personagem.

Personagem é pessoa elevada a novo nível de significado. Pessoa é existência enquanto atividade em âmbito determinado. Quando a existência escolhe um campo de atividade, torna-se pessoa. Pessoa é a máscara da existência em determinado palco. Pessoa é o papel que a existência assume enquanto ator dentro de uma determinada representação na qual se empenha. Personagem é essa máscara elevada a um nível de significado sacro. Personagem é pessoa sacralizada. O homem enquanto artista assume a máscara (a pessoa) de criador, isto é, representa o papel de criador na representação chamada "Idade Moderna". Mas como essa representação representa, em sua totalidade, o teatro do sacro, o artista se transforma em personagem da peça. O culto do personagem é a adoração da máscara do homem que representa Deus. Personagem é o fetiche da Idade Moderna, e o culto do personagem é o fetichismo moderno.

Recapitulemos portanto: a meta da Idade Moderna (para a qual o Renascimento representa o ponto de partida) é estabelecer um palco chamado "museu", um palco repleto de signos de imortalidade chamados "monumentos", no qual a humanidade se transforma em conjunto de atores que representam a peça chamada "culto do personagem". Trata-se, portanto, de um teatro no teatro, já que nele personagens representam personagens. É, com efeito, a comédia do pensamento humano mascarado em Deus, isto é, em artista. É a commedia dell'arte.

A filosofia existencial, que é um fenômeno tardio da Idade Moderna, é, no fundo, uma tentativa de desmascaramento. Ao tornar consciente a atividade humana como o representar de uma peça de teatro, revela o pano de fundo do palco. E esse pano de fundo é o análogo da seda pura do rolo chinês que tomei por exemplo. Em outras palavras: a comédia do pensamento humano representa nada no fundo, ou: o fundo diante do qual o pensamento humano representa a sua comédia é o nada. Mas esse tornar consciente a vacuidade da peça e todas as máscaras que a perfazem transforma a peça de comédia em tragédia, e o palco, de museu como coleção de monumentos à imortalidade do pensamento humano, em caos como amontoado de absurdidades sem significado. O existencialismo recomenda a continuação da representação *quand même*, agora como uma consciente escolha de máscaras vazias, como uma consciente dança de gestos sem ulterior significado. Mas é óbvio que isso altera inteiramente o clima da peça. Não estamos mais na Idade Moderna.

Sob o prisma da filosofia existencial, a passagem da Idade Média para o Renascimento pode ser interpretada como o despertar da consciência do nada que a tudo envolve. A transformação do mundo em teatro, e do homem, de criatura em personagem representando um criador, representaria a abertura de uma fenda numa situação até então compacta. A situação do homem medieval, por ser compacta, não admitiria uma tomada de consciência, já que oprime o homem por todos os lados. Nessa situação o homem não tem escolha. Mas com o Renascimento surge a dúvida, e esta vai corroendo paulatinamente os antolhos da fé que vendam a visão da situação do homem. O homem vai se reconhecendo como existência lançada pelo nada rumo à morte. Esse reconhecimento é um processo penoso e leva centenas de anos para se realizar. O Renascimento é o primeiro passo desse processo. O homem não admite ainda, nesse estágio, a absurdidade da sua situação, e pretende ainda que suas atividades sejam significantes. Procura ainda (em outras palavras) a imortalidade, mas não o faz mais pela fé, mas pela arte. A arte é, nesse significado ontológico, o substituto da fé, no Renascimento. Mas essa procura de imortalidade no monumento já não é mais a procura da imortalidade da alma, mas do personagem. É a procura da imortalidade de uma máscara que, intimamente, já se sabe ser "pose". O homem, como artista, já é uma existência intimamente invadida pelo nada. A história da arte no curso da Idade Moderna comprova essa invasão crescente do

PÁG. 134

nada na consciência do artista. No Renascimento, a arte é ainda plenamente "representativa", isto é, faz de conta que existe uma primeira realidade ("natureza"), que o artista representa no palco chamado "arte". No Renascimento a arte já admite ser teatro, mas não admite que seu pano de fundo seja o nada. Mas com o decorrer da Idade Moderna, a arte se torna sempre mais "abstrata", isto é, pura expressão de símbolos sem significado externo, puro expressionismo. No fundo, entretanto, já o Renascimento sabe ser arte abstrata, uma vez que duvida da realidade da "natureza" que faz de conta que representa. No fundo, toda arte moderna sabe que é puro ímpeto do pensamento humano em busca desesperada de imortalidade, tendo por ponto de referência a situação absurda da existência humana. A arte moderna é ontologicamente equivalente à arte budista.

O avanço da arte do "representativo" para o "abstrato" não é uniforme em todas as artes. Muitas atividades humanas vão demorar até serem reconhecidas como atividades artísticas, nesse significado existencial do termo. A atividade da tecnologia, por exemplo, está sendo vagamente compreendida como atividade artística apenas atualmente, e as máquinas estão sendo compreendidas apenas recentemente como monumentos abstratos. Mas há uma arte que surge no Renascimento e que demonstra, em sua estrutura mesma, todo o caráter meditativo de toda atividade moderna. Essa arte é a música, e é ela, pois, a expressão máxima do pensamento moderno. Toda a história da Idade Moderna pode ser interpretada como a tendência para a musicalização de todas as atividades. A música é o protótipo da arte abstrata. É ela a pura fenomenalização do pensamento humano. É totalmente isenta de significado externo. É a pura expressão da absurdidade do pensamento. Não pode haver, portanto, música nesse significado do termo, antes do Renascimento. A música renascentista é o sintoma mais óbvio do despertar da consciência para a situação absurda na qual a existência se encontra. A música é, pois, o paradigma para todas as demais atividades. Ela é, para recorrermos a um termo utilizado atualmente, uma arte sumamente "concreta". Ao se aproximarem da música, todas as atividades se "concretizam". A meta é a concretização total de todas as atividades. Quando tivermos a vivência imediata que nada tem significado externo, teremos concretizado o pensamento moderno. Este é o verdadeiro significado da transformação do mundo em museu, do homem em personagem, e das coisas em monumentos. A música é o núcleo do museu.

Esse fundamento budista e taoista da mentalidade moderna tornou-se visível somente depois de ter sido contemplado o rolo inteiro. O zen-budismo, atualmente em voga nos países "desenvolvidos", e as influências japonesas sobre a arte concreta brasileira são, portanto, apenas aparentemente fenômenos externos. São, na realidade, resultados de uma tendência fundamental de toda Idade

1. CULPA / 1.2. *EX ORIENTE LUX* / 1.2.3. PINCEL

Moderna. Mas deve ser óbvio aos que acompanham o meu argumento que o budismo ocidental não deve ser confundido com o budismo legítimo do Oriente. O Ocidente é uma civilização cristã, e cristãos são seus valores. O "nada", para o qual a Idade Moderna se abriu progressivamente, não é o nirvana, mas o diabo. O que o existencialismo interpreta como tomada progressiva de consciência é, no conjunto cristão do Ocidente, uma decadência progressiva. E o que o existencialismo interpreta como autenticidade e liberdade crescente é, no conjunto cristão do Ocidente, uma "pose" e uma servidão crescentes. Mas uma coisa deve ser dita: o existencialismo, ao analisar o próprio fundamento do clima do pensamento moderno, representa talvez o primeiro passo para a superação da Idade Moderna.

1.2.4. ALVORADA

No *trecento* e *quattrocento*, nas torres das catedrais e dos castelos, os vigias começavam a perceber um vago clarão no Oriente. Lá embaixo, nas ruelas da cidade medieval, ainda reinava a escuridão, e nos vales ainda flutuavam as névoas macias da fé do passado. Somente poucos, nas pontas das torres, intuíam a nova manhã e espreguiçavam os membros. Uma cena semelhante se oferece atualmente à nossa visão, na hora do crepúsculo do sol poente. Os vales e as planícies do Ocidente estão novamente cobertos pela escuridão, e os últimos raios do sol alcançam apenas as pontas das torres. A semelhança da cena parece facilitar a compreensão do Renascimento. Mas é enganadora. Naquele tempo os homens que habitavam a escuridão se aglomeravam em redor das velas nos altares. Hoje se escondem, cada um por si, nos seus cantos escuros, ou correm, formando rebanhos, da noite para a noite. E aqueles poucos que estavam nas pontas das torres eram, naquele tempo, as vanguardas da humanidade. Hoje guardam postos perdidos. A noite que desfralda as suas asas sobre o Ocidente, para encobrir sua culpa, é a noite do desespero. A sensação que dilatava os pulmões e enchia os corações dos vigias daquele tempo era a esperança. Esperavam coisas grandes e belas do sol que nascia. Ele vinha carregado de dádivas gloriosas. Do Islã trazia a notícia de que Deus poderia ser encontrado no mundo e na sociedade dos homens. Da Índia, a certeza de que o homem estava no centro do mundo, e de que a sua vontade era capaz de subjugar o mundo e a si mesmo, transformando-o em deus. E da China a visão de que tudo era obra do pensamento, e que o pensamento era belo, era arte.

Que belo o futuro se esses raios novos tivessem sido focalizados pela lente da Igreja e assim purificados. Mas o que fazer se a lente da Igreja foi incapaz de focalizar esses raios? Essa reserva mental, essa íntima decisão de abandonar a Igreja, "se necessário for", sem confessá-lo, já caracteriza o *dolce stil nuovo*. É a mentalidade do "como se", que distingue tão radicalmente a mente moderna da medieval e que caracteriza a sensação do pecado. Os vigias nas pontas das torres se preparavam, cheios de esperança, para cometer o pecado. A consciência que despertava era a má consciência da traição aos valores do Ocidente. A manhã que raiava continha a promessa de um novo dia que seria um domingo gigantesco, sem a necessidade de ir à missa. O clima era dominical num sentido profano. Abriam-se as janelas, vestiam-se vestes festivas e elegantes, e preparavam-se para um passeio naquele jardim ameno que era o mundo. Preparava-se, com efeito, um piquenique que duraria quatrocentos anos. Procuremos lançar um último olhar sobre a humanidade gótica no momento do seu despertar e no momento do abandono das suas casas.

Como pode a nossa visão alcançar esses nossos antepassados longínquos? Lá no horizonte da nossa paisagem, por trás dos vales da tecnologia e das colinas da especialização, por trás das serras do idealismo e do materialismo, podemos apenas adivinhar os seus cumes. Sentimos que esses píncaros sombrios (sombrios talvez devido à distância) são a nossa pátria verdadeira. Se pudéssemos voltar para lá, talvez poderíamos sanar nossos males. Mas o caminho de volta nos é vedado. Lá estão eles, inalcançáveis, envoltos naquele mistério que é próprio de tudo aquilo que é verdadeiro. A despeito da nossa saudade, devemos dar-lhes adeus. O nosso caminho afastar-nos-á, por necessidade, sempre mais das nossas origens. Tal é o caminho do progresso.

1.3. ZARPAR

As sociedades humanas são comparáveis, sob certos aspectos, com campos de trigo. As gerações novas brotam das sementes das gerações ceifadas, e suas raízes assentam nos túmulos dos antepassados. Sugam a sua seiva do mesmo chão, para dentro do qual foram triturados os seus pais pelo arado, e crescem, qual eles, ao encontro da colheita. Mas o trigo humano encerra no seu grão um núcleo misterioso pelo qual supera o campo, isto é, existe. Por esse núcleo intui o trigo humano não apenas a colheita, mas também o malho e o moinho, e, muito vagamente, intui também a farinha. Sente surdamente o seu destino cruel de ser ceifado, malhado, moído e transformado em farinha, e sabe obscuramente do perigo de se perder, de não alcançar o moinho e de tornar-se vítima das aves do campo. Essa intuição que o grão humano tem do seu destino no além do campo, naquilo que transcende haste e espiga e lhes é inteiramente diferente, e essa sensação de perigo que representa o não cumprimento do destino, essa fé no transcendente é o signo da dignidade humana. E essa dignidade humana torna insuficiente a comparação com o campo de trigo. Mas quando acontece que gerações sucessivas de hastes invertem a direção do seu crescimento e apontam com suas espigas para o campo, a fim de fugir do ceifador e evitar a colheita, a comparação se torna significante. Um trigo assim invertido perdeu a dignidade humana. O presente livro trata das gerações invertidas. A primeira dessas gerações é chamada "Renascimento", porque o seu crescimento invertido parece apontar gerações passadas num gesto de procura. A tentativa de fugir ao destino transcendente assume, nessa primeira geração, a feição de uma decisão positiva de encarar o campo e reencontrar no seu húmus os restos daquelas gerações chamadas "Grécia" e "Roma". No fundo essa inversão de crescimento é a tentativa de substituir o destino transcendente do homem pelo próprio campo. A meta do grão de trigo humano será doravante de servir de elo na cadeia do eterno retorno das gerações de trigo. E essa cadeia absurda (por insignificante) será doravante chamada "progresso". É essa primeira inversão da direção do crescimento das hastes que marca o início do Renascimento.

A existência invertida não tende mais mundo afora, mas encara o mundo. O mundo se transforma, nessa virada, de húmus em palco. Mas trata-se de um palco que cerca a existência invertida. É, com efeito, um supercinemascópio de 360° em cujo centro está o homem. Essa posição central do homem na produção supersensacional e espetacular (que é o resultado da inversão da existência) é o germe do humanismo. Também o pensamento grego tinha uma visão antropocêntrica do homem e do mundo. É esta razão principal porque a primeira geração invertida se interpretava, a si mesma, como "renascimento dos gregos". Uma análise um pouco menos precipitada da visão renascentista e grega revelará, no entanto, quão diferentes são as duas em sua estrutura.

O mundo como algo que se apresenta a nós: eis uma imagem (*Weltbild*) e eis um ponto de vista que ainda há poucas dezenas de anos eram tão óbvios que era difícil formulá-los. Não se podia imaginar outra imagem, nem se podia apontar outro ponto de vista. Nós, geração pós-moderna, podemos pelo menos tentar uma análise desse tipo de mundo. Consiste em objetos. Objetos são aquilo que se opõe a nós e que forma, portanto, o nosso horizonte. Mas serão realmente um "algo" esses objetos, e será realmente um "algo" o seu conjunto, isto é, o mundo que a nós se apresenta? Diversas considerações, por exemplo, a consideração das vacuidades entre o núcleo do átomo e do elétron, ou a consideração das vacuidades entre as galáxias, fazem com que a nossa geração tenda a negar essa pergunta. O mundo que se nos apresenta está cheio de vacuidade, e os objetos que o compõem estão cheios de vacuidades, e não forma mais, portanto, o nosso horizonte. Pelo contrário, ao contemplarmos o mundo que se nos apresenta, o nosso olhar se perde no abismo. O mundo como algo que se apresenta a nós deixou de ser um algo. A geração do Renascimento que projetou essa imagem do mundo sobre a tela supercinemascópica do nada para constituir-se em seu centro e instituir assim o humanismo, imaginou, nesse ato, não somente um mundo, mas imaginou, ainda, que o mundo assim imaginado era o mesmo que os gregos tinham imaginado. Proponho, primeiro, uma rápida consideração do mundo dos gregos, para depois tentar uma análise do mundo imaginado pelos renascentistas. Se é que podemos intuir a vivência que os gregos tinham do mundo (e creio que podemos fazê-lo melhor que qualquer geração pós-renascentista), era ela a experiência do homem mergulhado em correnteza circular de fenômenos regidos pela necessidade. Tudo nada na correnteza: pedras, plantas, animais, homens e deuses. É como um carrossel em cujo centro está a necessidade. A necessidade propele os fenômenos e é o húmus, do qual os fenômenos brotam. Com efeito, a roda do mundo é um eterno nascer, crescer, morrer e renascer por necessidade, é *physis*. A necessidade é o fundamento, *hypostase*, da natureza. É a sua "substância", termo pelo qual a Idade Média latinizou a *hypostase* grega. O homem que nada na correnteza circular da natureza tem dois pontos de vista, duas perspectivas do mundo. O primeiro ponto de vista, o qual dirige o seu olhar sobre os fenômenos, proporciona "opinião", isto é, conhecimento das aparências que nasceram da necessidade. O segundo ponto de vista, o qual dirige o seu olhar reflexivamente sobre si mesmo, proporciona "sabedoria", isto é, conhecimento da necessidade mesma, já que esta forma o núcleo de todos os fenômenos, inclusive do fenômeno humano. Por ter o homem estrutura ontológica idêntica com todas as coisas, é o homem, portanto, a medida de todas as coisas. Esse é o antropocentrismo dos gregos. Centraliza a posição do homem num sentido metodológico, isto é, concentra a atenção especulativa sobre o homem. E pode fazê-lo justamente porque num sentido ontológico o homem não ocupa posição central, mas está integrado na totalidade dos seres. É óbvio que essa cosmovisão integrante do homem é o exato oposto do humanismo que se baseia sobre uma posição transcendente do homem.

A vivência grega do mundo está articulada, de forma prática, nos mitos da antiguidade, e de forma especulativa na filosofia pré-socrática. O Renascimento, embora tivesse conhecimento de alguns dos mitos gregos em forma latinizada (Júpiter, Vênus, Diana, etc.), era inteiramente incapaz de sorver-lhes o significado. Era cristão e não podia conceber uma cosmovisão tão imanentista que ignorava totalmente o transcendente. E quanto à filosofia pré-socrática, o Renascimento a ignorava praticamente. Conhecia apenas alusões a ela por intermédio do Platão recém-descoberto. E podemos afirmar o aparente paradoxo de que o próprio Platão sabia menos a respeito dos pré-socráticos que a filologia da atualidade. Podemos, portanto, dizer que o Renascimento ignorava praticamente a cosmovisão grega da qual se dizia ser um renascimento. Conhecia Platão e Aristóteles, é verdade, mas esses dois pensadores, se considerados isolados da tradição grega e enquadrados na tradição cristã, se apresentam muito mais como precursores do cristianismo que como pontos culminantes do pensamento grego.

PÁG. 144

O que o Renascimento fez, com efeito, foi torcer o pensamento platônico e aristotélico (inconscientemente, por certo), para adaptá-los ao pensamento renascentista. No Renascimento não renasceu o pensamento grego. Mas no Renascimento alguns fragmentos do pensamento grego se renascentizaram, como outros fragmentos tinham, anteriormente, se medievalizado. Mas surge a seguinte pergunta: por que esse interesse renascentista pelos autores gregos e latinos, já que iam ser desvirtuados, depois de redescobertos? A resposta é reveladora. A procura renascentista de autores "clássicos" é uma procura de autoridade sobre a qual possa ser relegada parte da responsabilidade. Se olharmos superficialmente para o Renascimento, este se nos afigura como uma rebelião gloriosa do espírito humano contra a opressão pela autoridade, isto é, pela Igreja. Um olhar mais profundo revela que o Renascimento apenas substitui uma autoridade por outra, e que, por exemplo, Cícero assumia parte da função até agora exercida pelos evangelistas. Com uma diferença: a Idade Média procurava submeter-se autenticamente à sua autoridade. O Renascimento procurava desvirtuar a sua e adaptá-la às exigências do momento. Nesse sentido espúrio, sim, o Renascimento representava uma libertação do pensamento. Um efeito curioso dessa procura inautêntica de autoridade deve ser mencionado neste contexto. O abandono da tradição escolástica contribuiu para o surgir das línguas vulgares como línguas literárias na Idade Média tardia. A instituição dos autores clássicos em autoridades agia como freio dessa tendência nova. Eis um aspecto "reacionário" do Renascimento. Essa procura inautêntica de autoridade para relegar responsabilidade pode ser observada em todo curso da Idade Moderna. Evoco apenas os Bruti e Cassii, desvirtuados em jacobinos durante a Revolução Francesa, e o Spartacus, transformado em marxista pelos comunistas alemães depois da Primeira Guerra. A cosmovisão renascentista não é, portanto, uma segunda edição, revista e atualizada, da cosmovisão grega. É uma obra original que se refere, repetidas vezes, no texto e na bibliografia, a autores gregos que teima citar fora do seu contexto. Tentarei resenhar essa obra.

1.3.1. EGRESSO

A humanidade renascentista não abandonou a catedral demonstrativamente pelo portão principal de entrada. Pelo contrário: furtava-se, individualmente ou em grupos pequenos, pelas portas laterais, à escondida. Se surpreendidos *in flagrante*, afirmavam os fugitivos a altos brados que não tinham abandonado a Igreja. Pelo contrário, tinham saído para poder defender melhor a Igreja de fora. Nunca, em toda a Idade Média, tinha ressoado o ar de tanta afirmativa altissonante de fidelidade ao cristianismo. Essa exacerbação do sentimento religioso na parte de saída vai intensificar-se no decorrer do tempo e caracterizará o barroco. Desconsiderarei no presente contexto esse aspecto do egresso e concentrarei a atenção sobre aqueles que conseguiram safar-se para construir um mundo novo.

Como procurava sugerir na argumentação precedente era o empenho dos recém-emergidos da escuridão da catedral um empenho artístico, a saber: a construção de um monumento chamado "mundo objetivo". Esse monumento irá ser uma estátua resplandecente a comemorar e imortalizar o pensamento humano. Irá ser, com efeito, um ídolo, mas não no sentido grego do termo. Irá ser um ídolo do próprio artista. A culpa que a humanidade se aprontava a cometer era o pecado da idolatria. O Jeremias do Renascimento tardio e do barroco incipiente, Pascal já profetizava o estágio final dessa idolatria: a estátua cairá do seu pedestal, e soterrará, com seus destroços, a humanidade.
À procura de paradigmas "clássicos" para a construção dessa estátua se pôs a humanidade que se tinha furtado da catedral a vasculhar o chão da Itália e da França meridional, para descobrir fragmentos de mármore grego e romano. Que espetáculo curioso. Depois de encerrada por mais de mil anos na escuridão da catedral, precipita-se a cristandade não tanto em busca do sol daquelas terras risonhas, mas em busca das entranhas da terra e das bibliotecas. O paganismo novo não resulta em dança inebriada em redor do ídolo, mas em arqueologia e filologia. É um paganismo inautêntico e pecaminoso. Com uma das visitas a humanidade

sorve a plenitude da natureza, mas com a outra lança um olhar furtivo em direção da catedral abandonada. O egresso da catedral é um ideal nunca alcançado pela Idade Moderna. A igreja já continua lançando a sua sombra sobre as expedições conquistadoras da humanidade e acompanha, *sotto voce*, o madrigal triunfal do progresso. No primeiro estágio desse progresso a voz murmurante desse acompanhamento é ainda vagamente compreensível. No último estágio representa apenas um pano difuso de fundo de má consciência inarticulável. Acompanhemos esse instrumento da orquestra moderna, chamado "fé", no curso da sinfonia, antes de considerar os seus temas dominantes.

O problema da fé se apresentava, no primeiro estágio da Idade Moderna, como problema de enquadrá-la no contexto do mundo moderno. Tratava-se, em outras palavras, de reservar um nicho para a Igreja. É óbvio que esse nicho seria, no início, um lugar de honra. Um lugar pelo menos equivalente, se não superior, aos ocupados pela arte, pela ciência e pela filosofia. A religião ia constituir uma das partes mais importantes, se não a mais importante, no mundo moderno. Mas essa colocação do problema já denota um alheamento total religioso. Na Idade Média a fé não ocupava um lugar específico, já que era, como toda fé autêntica, o próprio espaço dentro do qual as demais atividades humanas se localizavam. A história moderna prova, de maneira drástica, que a fé não pode ser enquadrada. Não é possível dizer: "Até aqui tenho fé, e daqui em diante sei, ou presumo, ou suponho". Nem é possível inverter-se a ordem, colocando a fé na ponta, e dizer: "Até aqui sei, ou presumo, ou suponho, e daqui em diante confesso que só me resta a fé e creio". O fato é que se creio, isso significa que creio que posso saber, e supor, e presumir; e se não creio, isso significa que não creio que posso saber, e supor, e presumir: com efeito, se não creio não posso. Saber e poder são movimentos da fé, e ciência, filosofia e arte enquadram-se no espaço da religiosidade. Num instante de visão profunda, Goethe articula esse fato na forma seguinte: "Quem possui arte e ciência, possui também religião. Quem não possui nem arte nem ciência, que tenha religião". À medida que a Idade Moderna ia perdendo religião, ia perdendo também uma autêntica arte, ciência, e filosofia. No curso da história moderna foram formulados os mais diversos pontos de vista quanto ao lugar que cabia à religiosidade. Uns afirmavam que a ciência deve tratar das coisas conhecíveis, e a religião das coisas não conhecíveis. Outros diziam que, já que todas as coisas são conhecíveis, pelo menos em tese, não há lugar para a religiosidade. E outros ainda diziam que, já que nenhuma coisa é conhecível, não pode haver distinção rigorosa entre ciência e fé, sendo ciência uma espécie de religiosidade. Mas no fundo todas essas opiniões são variações sobre o mesmo tema. A deterioração progressiva do senso religioso tinha transformado a fé (e com isso todos os demais movimentos do pensamento) em problemas.

"Problema" é o equivalente grego do terno latino "objeto". A fé é um problema no mundo moderno, porque ela é um dos objetos do mundo objetivo. O homem não está mais na fé, mas têm ou não tem fé, isto é, encara a fé, ou encara no lugar da fé o nada. A teologia assume, portanto, um papel inteiramente novo no mundo moderno. Não procura mais explicar o mundo a partir da fé, mas procura explicar a fé como algo objetivo. Ontologicamente é isso o aspecto fundamental da idolatria moderna. A problematização da fé tem por consequência a objetivização do mundo, ou, *mutatis mutandis*: a objetivização da fé tem por consequência a problematização do mundo. Esse é o fundamento, e essas são as consequências da dúvida cartesiana. De um ponto de vista clínico trata-se de um conjunto de sintomas nítidos de uma forma de alienação, de uma forma de loucura. Nós, geração tardia, podemos diagnosticar essa doença que é a Idade Moderna. Mas uma diagnose, embora acertada, ainda não garante a terapia.

Mas a fé é doravante apenas um entre os objetos que perfazem um mundo objetivo. A paisagem que se abre à visão da humanidade renascentista é um panorama nunca antes vislumbrado. O homem que saiu da Igreja vê-se rodeado de uma imensa multidão de objetos. Essa turba enorme acolhe o homem com gestos largos de convite e com reverências profundas de promessa de serviço. Cada um desses objetos prostituídos eleva a sua voz para atrair sobre si a atenção do homem. E por entre esses gritos convidativos pode distinguir-se, no início vagamente, e mais tarde com toda clareza, um tinir de cadeias. Os objetos estão acorrentados uns aos outros pelas cadeias de causalidade, e essas cadeias vibram com o ondear da turba prestativa. Diante desse espetáculo convidativo e sedutor o homem estende as mãos para apanhar, a esmo, um ou dois daqueles objetos que se oferecem. Ao serem apanhados esses objetos e destacados da multidão anônima, arrastam consigo toda uma série de outros objetos aos quais estiveram acorrentados. Esses objetos estavam encobertos pela multidão anônima, mas agora o homem os "descobre". O homem se torna descobridor de objetos e cadeias entre objetos. Essa capacidade descobridora do homem exige um esforço que está inversamente proporcionado com as descobertas alcançadas. No início da Idade Moderna, no Renascimento, era difícil e penoso arrastar os objetos e suas cadeias pesadas da massa compacta do mundo objetivo. Os descobridores renascentistas são figuras herculanas que se debatem com a resistência que o peso das cadeias lhes oferece. Mas a estrutura do mundo objetivo, que é justamente o conjunto das cadeias que unem objetos, não é uniforme. Na superfície do mundo, isto é, naquela face que o homem renascentista encara, as cadeias são poucas e pesadas, aparentemente sem ligações entre si, e os objetos a elas acorrentados são de uma variedade deslumbrante. Na medida em que o homem estende as mãos para dentro do tecido do mundo objetivo, ao descobrir, as cadeias se tornam sempre mais leves, ramificam-se sempre mais entre si, e os objetos a elas acorrentadas se tornam sempre mais uniformes. No presente estágio de descobrimento as cadeias se apresentam como meros fios transparentes que formam uma densa teia de aranha, e os objetos a elas afixados (se é que ainda podemos chamá-los de objetos) não passam de meros vestígios de "algo". O esforço exigido pela descoberta é, no estágio atual, praticamente nulo. Com efeito, a descoberta do mundo objetivo tende a automatizar-se. A ramificação das cadeias garante que toda cadeia descoberta arrasta consigo não somente uma multidão de objetos, mas uma multidão de cadeias. Isto é, o aspecto formal do progresso geometricamente acelerado. O descobridor atual, longe de ser um Hércules, é apenas um entre os funcionários do progresso.

O homem renascentista apanhava os objetos que se lhe ofereciam a esmo. Já que todos os objetos sem distinção se ofereciam com tanta insistência, todos sem distinção despertavam a sua curiosidade. Qualquer objeto, seja pedra ou astro, seja verme ou corpo humano, seja o canto de um pássaro ou pergaminho antigo, era um *curiosum*, uma curiosidade. Qualquer objeto continha a promessa de trazer consigo toda uma série de objetos novos, portanto, a promessa de novidades. Nesse sentido, é o mundo moderno um mundo curioso e um mundo de novidades. É um mundo curioso porque desperta curiosidade e porque nele podem ser descobertas curiosidades. E é um mundo de novidades, porque é um mundo novo e porque sempre traz novidades. A combinação de curiosidade e novidade é o clima do mundo moderno, um clima que podemos denominar pelo termo "sensacionalismo". "Curiosidade" em alemão é *Neugier*, isto é, cobiça de novidade. Existencialmente falando é o progresso um movimento da curiosidade, isto é, da cobiça de novidade. É por isso que novidade assume, na Idade Moderna, um significado ético: "O novo é melhor que o velho".

Já que o moderno é melhor que o antigo, e muito melhor que o antiquado, é a Idade Moderna uma idade boa que se torna melhor automaticamente. Mas o método renascentista de apanhar os objetos a esmo, ao sabor da curiosidade e da cobiça de novidade, não pode ser mantido no curso do progresso. Os objetos descobertos, embora continuem sendo sempre novos, são progressivamente mais uniformes. Em outras palavras: quanto mais novidades a curiosidades produz, tanto menos é satisfeita. Este é um característico de toda cobiça, já que cobiça é um vício. No fim do processo a produção de novidades se torna atividade tediosa, e a curiosidade se torna sensacionalismo puro. Não serve mais como mola do progresso. Mas, no ínterim, o progresso se automatizou, e o método do progresso é agora o planejamento. Isso garante que a Idade Moderna se modernize sempre, e se torne sempre melhor nesse significado do termo. Depois de tê-los apanhado, o homem renascentista transformou os objetos em instrumentos. Transformar objeto em instrumento significa imprimir sobre o objeto uma forma nova, uma forma do pensamento humano, com efeito. Significa humanizar o objeto. O homem inspira no objeto o seu espírito, insufla-lhe a sua espiritualidade. O vento do espírito humano penetra o objeto, e assim o homem "inventa" um instrumento. Além de descobridor, é inventor o homem renascentista. Começa a colecionar em seu redor objetos inventados por ele, isto é, instrumentos. Começa a delinear-se aquele mundo de segunda ordem chamado "mundo da tecnologia".

A meta da atividade inventora do homem é a transformação de todos os objetos descobertos em instrumentos inventados. Com efeito, objetos são descobertos, a fim de serem inventados. As descobertas do Renascimento têm esse caráter tendencioso, e isso as distingue tão profundamente daquilo que chamamos "descoberta" no contexto grego. As descobertas dos gregos eram resultados de uma visão desinteressada, chamada *teoria*. As do Renascimento eram resultados da curiosidade. Sendo curiosidade cobiça, tende a devorar aquilo que intende. Inventar é devorar o descoberto. Essa diferença entre a atitude teórica dos gregos e a atitude curiosa dos Renascentistas explica por que as descobertas gregas não resultaram em máquinas e implementos. O mundo não se apresentava ao grego como conjunto de objetos prostituídos e prontos a serem possuídos. Em consequência não possuíram os gregos o mundo. Por exemplo, tinham "descoberto" a força do vapor, mas a máquina a vapor, que estava inteiramente ao seu alcance de um ponto de vista moderno, não foi inventada. Os gregos eram descobridores teóricos, e por isso não podiam ser inventores. A invenção como meta da descoberta, e ambas como duas fases de um processo manipulador são consequência da cosmovisão renascentista e implicam numa ética do trabalho. Sendo manipulação e trabalho a revelação que liga o sujeito ao objeto, passa a ser doravante valorizada a sua ligação como norma do comportamento. O homem descobridor e inventor é um trabalhador, e nisso residirá doravante a sua dignidade. A cosmovisão renascentista é uma inversão de cosmovisão tradicional do Ocidente, e a ética que resulta dessa cosmovisão é uma inversão da ética do passado.

O grego dispõe de um termo que designa a manipulação cotidiana: "*a-skholia*". É a negação de "*skholé*". O latim tem o termo "*negotium*", que é a negação de "*otium*", para designar o trabalho cotidiano. Essas duas pretensas fontes do Renascimento valorizam, portanto, o trabalho negativamente já nos próprios termos. Para os judeus é o trabalho um castigo imposto aos homens pelo pecado original cometido no paraíso. A palavra "escola" é descendente do termo grego "*skholé*", e significa, portanto, o lugar do ócio. A escolástica é a sabedoria da escola, do ócio, portanto. Na cosmovisão dos gregos é a vida contemplativa (*bios theorétikos*) a maneira de se viver dignamente. Na cosmovisão cristã os valores independem do esforço humano, já que é a graça Divina que os confere. Aos eleitos Deus regala os Seus dons durante o sono.

O trabalho como valor positivo, e como medida dos valores, é uma daquelas novidades que o Renascimento inventa. Um valor é tanto mais valoroso quanto mais trabalho exige. Uma tarefa fácil é desprezível. A consequência lógica desse tipo de ética é a afirmativa de Hitler de que qualquer atividade, inclusive a criminal, é preferível ao não se fazer nada. Esta é a ética do fazer (*Schaffungsmoral*) que nasce com o Renascimento. Pouco a pouco vai produzindo um novo ideal humano: o trabalhador, o homem laborioso. E esse ideal tem por consequência o surgir de um novo tipo humano: o funcionário, o homem que funciona. O descobridor e inventor renascentista é um funcionário *in statu nascendi*. Com efeito, o funcionário atual se distingue do ideal renascentista do homem apenas pela especialização e automatização atual do trabalho. Mas já o renascentista poderá compreender uma afirmativa até aí incompreensível: "Vivemos para o trabalho". Mas como no Renascimento essa tendência ética da Idade Moderna é apenas esboçada, deixo a análise dos termos "trabalho", e dos termos aliados "funcionários" e "aparelho", para capítulos posteriores.

Inventar objetos descobertos é transferir, pela manipulação, o objeto descoberto para nova camada da realidade. O Renascimento diria que o objeto descoberto é natural, e o instrumento artificial; e que o conjunto dos objetos descobertos e descobríveis é a natureza, e o conjunto dos instrumentos inventados e a inventar é a arte. O termo grego que designa arte é *"téchne"*. O conjunto dos instrumentos representa a camada ontológica da tecnologia. Descoberta e invenção, as duas fases da manipulação, são as duas fases da arte. O renascentista enquanto descobridor e inventor é artista. O pensamento existencial da atualidade procura analisar a diferença da qualidade do ser de um objeto e de um instrumento, para explicar a função ontológica da manipulação que transforma natureza em tecnologia. Os objetos que o homem encontra diante da sua mão determinam, de acordo com essa análise, a atividade humana, enquanto os instrumentos que estão à mão do homem passam a atestar e servir a atividade humana. A transformação dos objetos em instrumentos seria, de acordo com essa análise, uma libertação do homem. O descobridor seria aquele que põe a nu as cadeias causais que prendem objetos e, portanto, determinam a atividade humana. O inventor seria aquele que torce essas cadeias para que os objetos a elas acorrentados passem a servir o homem, a causalidade assim torcida seria a liberdade humana. O homem seria um ser determinado pela natureza e liberto pela manipulação dessa mesma natureza. Essa análise da realidade e da liberdade deixa em nós uma sensação de mal-estar epistemológico e ético, uma sensação que acompanha, aliás, toda tentativa de uma apologia de atividade febril e fabril da atualidade. Duvidamos da sua honestidade. Epistemologicamente falando, podemos dizer honestamente que os instrumentos têm outra qualidade de ser, diferente do objeto da natureza, já que os instrumentos tendem tão obviamente a formar o ambiente dentro do qual fomos lançados? E eticamente podemos dizer honestamente que estamos mais livres no ambiente dos instrumentos do que no ambiente da natureza? O nosso senso de realidade e o nosso senso de liberdade desmentem ambas as afirmativas. Temos a sensação da irrealidade ao contemplarmos a paisagem industrial, mas temos a mesma sensação de irrealidade ao contemplarmos, por exemplo, o céu estrelado. E temos, no ambiente tecnológico, a sensação de opressão que deve ser pelo menos tão sufocante quanto o terror do primitivo na natureza.

As tentativas de distinguir ontologicamente entre objetos e instrumentos provam, por si só, que os limites entre os dois reinos da realidade estão atualmente borrados. O Renascimento não sentia dificuldade em distinguir entre um descobridor e um inventor, e entre a natureza e obra. A América e o sistema circulatório do sangue eram descobertas, o telescópio e a pólvora eram invenções, e não parecia haver problema nesse sentido. "Será o gene e o neutrino, descoberta ou invenção?" é uma pergunta que não surgia. Mas é óbvio que o problema existia. Nada mudou, de um ponto de vista ontológico, no mundo que nos cerca desde o Renascimento.

Existimos ainda no mundo renascentista. O nosso mundo continua sendo um conjunto de objetos que se nos apresentam. Continuamos manipulando o mundo, isto é, continuamos descobrindo e inventando. Somos apenas mais conscientes do que o Renascimento daquilo que estamos fazendo. É por isso que para nós os limites entre descoberta e invenção se borram. Começamos a perceber que o mundo do Renascimento é um mundo projetado pelo espírito para encobrir o nada que se abre quando a fé desaparece. Que a descoberta de objetos neste mundo é a descoberta de objetos inventados. E que a invenção deste mundo é a redescoberta do espírito humano dentro do mundo inventado. Que não há diferença fundamental ontológica entre objetos e instrumentos. Que ambos não passam de obras da mente humana em estágios diferentes de acabamento. Que o objeto é um instrumento inacabado, e que o mundo objetivo é o mundo da tecnologia *in statu nascendi*. Em síntese: que descobridor e inventor são o mesmo personagem na representação que é a Idade Moderna. Esse personagem é o artista no papel de Deus. No primeiro ato da peça o artista performa os gestos de descobridor, no segundo ato os de inventor, no terceiro os de funcionário, mas todos esses gestos são representações do artista enquanto Deus. Todo gesto humano a partir do Renascimento terá doravante esse caráter representativo. Tudo será doravante artístico e artificial, já que tudo fará parte doravante da dança em redor do monumento ao homem que representa Deus.

Este o mundo dentro do qual a humanidade penetra ao abandonar a Igreja. Esta a cosmovisão do Renascimento. E é nesse sentido que a humanidade inicia a sua viagem rumo ao sol poente, rumo ao ocaso, rumo ao Oeste.

1.3.2. CARAVELA

A Idade Média temia o Ocidente. Sabia que lá se abria a garganta do abismo. É, portanto, mais que característico para o Renascimento que as suas caravelas se dirijam para o oeste. Os capitães dos Renascimento teriam negado, obviamente, que navegavam em busca do abismo. Teriam dito, pelo contrário, que navegavam em busca do oriente. Mas uma rápida análise daquele oriente que buscavam pretensamente revela que se trata de uma versão do abismo. Trata-se, com efeito, de uma inversão das cruzadas. A descoberta da América e a invenção do Novo Mundo são consequências e inversão da perda da Jerusalém celeste. As conquistas dos impérios índios são compensações (no significado psicanalítico do termo) das derrotas na Palestina. É nesse sentido negativo que as viagens ao Ocidente podem ser mais facilmente compreendidas.

O nome que o Renascimento dava ao abismo ocidental é o "Eldorado". Como todos os gestos renascentistas, também este parece acenar a antiguidade. É a utopia platônica que as caravelas procuram descobrir e inventar em suas viagens.

O próprio termo "utopia" (tipicamente renascentista) revela de que maneira aquela época encara o abismo. Significa abismo, já que significa "lugar nenhum" de "*ou*" (não) e "*topos*" (lugar), mas significa um abismo que é igualmente um lugar ameno. Mas é óbvio que não é a "República" que os capitães das caravelas com T. More na frente procuram. Apenas fazem de conta que é isto que querem. O Eldorado não se parece com Esparta. É, pelo contrário, um lugar de gozo ilimitado. Nesse lugar os desejos humanos são satisfeitos de maneira progressiva.

Nesse lugar quanto mais deseja o homem, tanto mais goza, até que um desejo imenso resulta em gozo imenso. É um lugar no qual desejos provocam gozos, e gozos provocam desejos em *crescendo* furioso. É o lugar do morfinismo perfeito. Injeções crescentes provocam gozos crescentes que exigem injeções crescentes. Este é o Eldorado. Está é a América que o Renascimento descobre para realizá-lo. E, com efeito, a humanidade está, atualmente, conseguindo realizá-lo. Os Estados Unidos, essa América das Américas, está realizando rapidamente o Eldorado. É a felicidade renascentista do gozo crescente e automaticamente acelerado que demanda o marasmo. A América descoberta transformada em América inventada é o Eldorado realizado. E é nesse momento de realização que o abismo original se torna aparente.

A caravela que zarpa do porto medieval em demanda das praias do Eldorado enfrenta, corajosa, as ondas que encobrem esse abismo. O que lhe dá essa coragem? Em primeiro lugar, é a derrota que lhe dá coragem. Jerusalém celeste não pode ser conquistada pelo caminho do Oriente, e sem a Jerusalém celeste a vida não tem significado. Portanto a terra deve ser uma bola. Assim, pelo caminho comprido e inverso, devemos poder alcançar o significado. Mas não é apenas o desespero que inspira as velas das caravelas. Há também a cobiça, aquela cobiça que chamei no argumento anterior de "curiosidade". Os objetos que perfazem o mundo objetivo e que se oferecem com tamanha insistência devem ser abarcáveis, e o mundo objetivo deve ser exaurível. O mundo objetivo deve ser uma bola, para o homem poder devorá-lo e assim superá-lo. Deve ser assim, porque do contrário seria óbvia a absurdidade da tentativa humana de compreender e modificar o mundo. No fundo é o capitão da caravela um cavaleiro invertido, no significado medieval do termo "cavaleiro". Procura conquistar a Jerusalém celeste pela espada, isto é, pelo mundo das aparências, para superar esse mundo. Mas procura fazê-lo pelo caminho inverso. A sua meta não é mais o céu mas aquele abismo chamado "Eldorado".

O cavaleiro era um nominalista, no sentido de querer forçar a salvação nos particulares. O seu herdeiro renascentista, o capitão, é empirista, já que procura superar o mundo pelos sentidos. Podemos, portanto, dizer que o empirismo é o herdeiro do nominalismo. Mas é preciso admitir que empirismo é nominalismo invertido. O nominalismo era a procura da salvação da alma pela superação do particular, o empirismo é a procura do gozo nos sentidos. A meta do nominalismo é o céu, e o método de alcançá-lo é a fé humilde. A meta do empirismo é a América, e o método de alcançá-la é a ciência dita exata. Para caracterizar essa inversão de metas e métodos, dispomos de um termo que irá doravante pairar sobre o Ocidente como sua bandeira: o termo é "aburguesamento". As descobertas renascentistas são cruzadas aburguesadas. As invenções renascentistas são alquimia aburguesada. A filosofia do Renascimento é escolástica aburguesada. A caravela é a nave da catedral aburguesada. O burguês é um tipo de cavaleiro, alquimista, e monge de forma invertida. Ao abandonar a igreja, transformam-se todos os "Estados" da pirâmide feudal, como que por toque de magia, em burguesia. O processo é lento. O termo denota que o primeiro Estado a aburguesar-se é o chamado "terceiro Estado", aquele, portanto que habitava os burgos. É, portanto, esse terceiro Estado que forma as pranchas da caravela renascentista. O cavaleiro e o monge foram se aburguesando paulatinamente no curso médio da Idade Moderna. O aburguesamento do quarto Estado, daquilo que chamamos atualmente de proletariado, é um fenômeno da atualidade. O Eldorado americano, meta das caravelas, é o aburguesamento total chamado atualmente "democracia". A transformação progressiva do cristão em burguês é a consequência necessária do zarpar da caravela. O termo "burguês" designa, portanto, muito mais do que o seu contexto usual na sociologia e na economia sugere. Burguês é o homem enquanto sujeito de um mundo objetivo. Burguês é o homem enquanto artista representando Deus. Burguês é o homem moderno. A análise do burguês é uma tarefa da ontologia muito mais que de sociologia ou economia. A análise da caravela, desse veículo burguês, é, portanto, a tentativa de compreender a mentalidade burguesa como mentalidade produtora de mundos.

Quando o renascentista diz "homem", é o burguês que pretende. E quando diz "humanismo", pretende burguesismo. É óbvio que procura criar a ilusão, como sempre, que o burguês é um renascimento de uma forma clássica da existência humana. A cidade grega seria o protótipo da cidade toscana, o tirano o protótipo do *condottiere*, e o senado romano o protótipo da *signoria*. Mas é igualmente óbvio que tudo isso não passa de pose. A cidade clássica é um organismo do qual os cidadãos são órgãos. Como tudo na vivência antiga do mundo, é também a cidade algo que nasce da *hypostase* por necessidade, e ao nascer e crescer evolui "naturalmente", isto é, "fisicamente" no sentido grego do termo. A cidade é ontologicamente primária, e o cidadão é uma forma de ser evoluída pela cidade. A cidade é a mãe, os cidadãos são os filhos. A cidade renascentista é, pelo contrário, um objeto, e o burguês é seu sujeito. O burguês encara a cidade para descobrir a sua estrutura e transformá-la em seu instrumento. Com efeito, o

PÁG. 164

homem burguês inventa a cidade pela manipulação de determinados objetos da natureza. É por isso que o burguês é ontologicamente primário, e a cidade é sua obra. É verdade que a cidade ocupa um lugar muito especial entre os demais instrumentos. Ela é, com efeito, o esqueleto sobre o qual todos os demais instrumentos serão colocados. Conjunto funcional de instrumentos é sinônimo de "aparelho". A cidade é o aparelho dentro do qual funcionam os instrumentos inventados pelo homem burguês para superar a natureza. A Idade Moderna pode ser encarada como a época da expansão desse aparelho. E quanto mais as expande, tanto mais se aburguesa o homem. O Estado nacional representa um estágio dessa expansão do aparelho. O Eldorado representará o seu estágio definitivo. Um aparelho cósmico a abranger a totalidade dos objetos transformados em instrumentos. Um Estado totalitário a funcionar automaticamente, e a jorrar automaticamente gozos sobre a burguesia. Será aquilo que chamei de "museu" no capítulo anterior, mas agora vista no seu aspecto de funcionamento. Esta será a realização total do burguês: a transformação da natureza em espelho. Este é o significado ontológico do termo feliz empregado por Roepke: *"civitas humana"*. Está se tornando óbvio atualmente em que resultará esse funcionamento da cidade transformada em aparelho cósmico produtor de gozos. Na transformação, por mutação ontológica, do burguês em funcionário a funcionar em função do aparelho. Mas esse desenvolvimento atual estava velado à visão renascentista.

A língua alemã distingue entre "civilização" e "cultura" de uma forma um pouco diferente da língua portuguesa. O termo "cultura" tem a ver com o culto, com a vida na religiosidade. O termo "civilização" tem a ver com a cidade. Nesse sentido, será a vida medieval uma vida culta, e a vida moderna uma vida civilizada. O burguês não seria, nesse significado do termo, um homem culto, mas civilizado. O progresso iniciado na Idade Moderna seria uma tendência civilizadora e destruidora da cultura. Me parece ser esta uma maneira feliz de descrever-se o aburguesamento progressivo. O porto do qual a caravela parte é a cultura, e as praias que demanda são as da civilização burguesa. É preciso considerar brevemente a construção da caravela e o curso por ela tomado. É preciso considerar os métodos empregados para alcançar o Eldorado. Para resumir esses métodos com poucas palavras: são os métodos dos quais discursou Descartes, e chama-se "ciência pura e aplicada".

Disse que as velas das caravelas são impulsionadas pelo desespero e pela cobiça. Esses dois movimentos da mente podem ser resumidos por um único termo: "a dúvida", e a dúvida é, com efeito, a força que propele a humanidade transformada em burguesia. A dúvida toma o lugar da fé na Idade Moderna. Como o homem medieval está abrigado na fé, assim está localizado na dúvida o homem moderno. A dúvida é a atmosfera que respira. Tudo é duvidoso nessa atmosfera a não ser a dúvida mesma. Com efeito, duvidar é ser, e viver é fazer a dúvida movimentar-se. Esses movimentos da dúvida têm uma meta, e qual é, portanto, a meta da vida: acabar consigo mesmo. A meta dos movimentos da dúvida é indubitável. Se sou porque duvido, então deixarei de ser quando não duvidar mais, e esta é a meta da minha vida. A dúvida como motivo vital é uma tendência suicida. Mas a dúvida é destrutora não somente daquilo que duvida (e que Descartes chama de "eu"), mas também daquilo que está sendo duvidado (e que Descartes chama de "coisa extensa"). A sua meta é o indubitável, isto é, uma situação na qual não tenha nada a ser duvidado. Mas como tudo é duvidoso, essa meta por ser alcançada somente em situação na qual o mundo objetivo esteja inteiramente aniquilado. A dúvida, no seu afã de destruir o duvidador, destrói o duvidado. O duvidado é destruído ao ser devorado pelo duvidador num ato devorador chamado "conhecimento". A gula de conhecimento que caracteriza a Idade Moderna é o inverso do seu desespero. É por isso que disse que o termo "dúvida" resume desespero e cobiça. A ciência, a dúvida metodizada, é a realização progressiva dessas duas metas. É o movimento disciplinado do ódio a si mesmo e ao mundo.

O ponto de partida da ciência é a superfície do mundo objetivo. Essa superfície se apresenta ao homem que está em oposição a ela como conjunto de sensações, e é, portanto, sensacional nesse significado do termo. Já que o homem moderno está em oposição a este mundo sensacional, não pode, como o homem da antiguidade, simpatizar com as sensações e vibrar com eles. Nem pode, como o homem medieval, o qual está voltado para o além desse mundo, tentar ignorar as sensações e afastar-se delas. É cristão, e odeia, portanto, as sensações tanto quanto as odiava o homem medieval, mas, sendo cristão inverso, está inteiramente rodeado por elas. O mundo sensacional é o único espetáculo que se lhe oferece. Em sua desconfiança desse espetáculo odioso duvida das sensações que provoca. Por que é odioso o espetáculo, e por que não são suspeitas as sensações que provoca? A ciência responde a essas perguntas fundamentais com a seguinte evasiva: porque o espetáculo é confuso, e porque as sensações que provoca são indistintas. A meta da ciência é acabar com essa confusão e indistinção que é o mundo odiado, e essa meta é alcançável se o mundo for percebido clara e distintamente. Na percepção clara deixará de ser espetacular o mundo, e na percepção distinta deixará de ser sensacional o mundo. Deixando de ser espetacular, passará a ser especulado, e deixando de ser sensacional, passará a ser sensato. E um mundo especulado e sensato não pode ser odiado, já que não é um mundo; é, com efeito, nada. O mundo especulado e sensato é aquele Eldorado utópico que é sinônimo do nada. Esse nada é, pois, a meta da ciência moderna. Já que parte das sensações, é a ciência uma disciplina empírica, e já que procura destruir as sensações, é o empirismo científico um herdeiro do nominalismo. Mas como procura, por trás das sensações, o nada, é o empirismo científico um nominalismo invertido.

A percepção clara e distinta é conhecimento. Nele as duas coisas opostas, a saber, duvidador e duvidado, se adéquam uma à outra. A percepção clara e distinta é uma adequação de opostos (*coincidentia oppositorum*), na qual o duvidador se transforma em conhecedor, e o duvidado em conhecido. É essa adequação que é o conhecimento. Essa adequação é um tipo especial de equação, a saber, uma equação cujo lado esquerdo é representado pelo homem moderno, cujo lado direito é representado pelo mundo objetivo, e cujo sinal de igualdade (=) significa "conhecimento". Como é sabido, os dois lados de uma equação se anulam mutuamente. "Conhecimento" é, portanto, o ponto no qual o homem moderno e o mundo objetivo se anulam mutuamente. É, portanto, esse o tipo de conhecimento que é a meta da ciência moderna.

A percepção clara e distinta é uma atividade progressiva, é um "discurso". Discorre, porque "perceber" é um captar e um receber paulatino. Esse discurso consiste em cadeias de adequações que são equações do tipo acima mencionado. Sendo discursiva, é a percepção clara e distinta de um movimento de uma língua. Essa língua consiste em equações, é a língua chamada "matemática", portanto. Nas equações de matemática, que é a língua da ciência moderna, o homem moderno e o mundo objetivo se adéquam progressivamente. De modo que podemos dizer que a meta da ciência moderna é enquadrar as sensações nas equações da matemática pura. Este o aspecto empírico da ciência moderna. Mas devemos igualmente dizer que a meta da ciência é enquadrar o duvidador nas equações da matemática pura, já que este representa o lado esquerdo da equação almejada. Este o aspecto racional da ciência moderna. Considerarei esse aspecto um pouco mais tarde. A língua matemática tem, portanto, dois aspectos: o aspecto do lado esquerdo das equações, chamado "aritmética", e o aspecto do lado direito das equações, chamado "geometria". A aritmética é a articulação matemática do duvidador, da "coisa pensante". A geometria é a articulação do mundo objetivo, da "coisa extensa". A adequação desses dois aspectos da matemática é, pois, a linguagem dentro da qual as equações da ciência moderna devem, em tese, ser formuladas. Essa linguagem se chama "geometria analítica", e a meta da ciência é, portanto, se vista formalmente, a transformação de todos os juízos confusos e indistintos, e de todas as sensações confusas e indistintas, nessa camada linguística clara e distinta. É, portanto, *more geometrico* que a ciência procura conhecer o mundo objetivo para aniquilá-lo e aniquilar-se a si mesma.

O aspecto racionalista da ciência moderna, o seu aspecto "aritmética", revela o desespero que fundamenta a ciência como método de conhecimento. E o faz de maneira violenta, justamente porque o faz formalmente. Prova que a ciência é fundamentada por uma fé invertida, por uma fé na dúvida, com efeito. Formalmente podemos definir essa fé como fé na coincidência entre duvidador e duvidado, entre aritmética e geometria. É este o aspecto formal da fé moderna na razão humana. É uma fé absurda, porque pela própria situação existencial do homem moderno, este está em oposição ao mundo objetivo, em oposição inadequável. O absurdo dessa fé é formalmente provado pela incongruência entre a estrutura da aritmética e da geometria. A estrutura da aritmética é formada por entidades isoladas chamadas "algarismos". Esses algarismos podem ser organizados em séries, mas, dado o isolamento do algarismo, as séries continuarão sempre vazias. Entre dois algarismos, por próximos que estejam um do outro, sempre cabe uma infinidade de algarismos. A estrutura da geometria é formada por entidades fluidas chamadas "pontos". Esses pontos formam contínuos compactos chamados "linhas" e "planos" e "corpos". A adequação entre aritmética e geometria, portanto o "conhecimento" no seu aspecto formal, seria a coordenação perfeita de algarismos e pontos, de modo que, a todo ponto da coisa extensa, corresponderia um algarismo da coisa pensante. Dadas as estruturas das suas linguagens matemáticas, essa coordenação é impossível. A razão (no significado moderno do termo) é inadequável ao mundo (no significado moderno do termo), e é, portanto, um instrumento inadequado para o conhecimento (no significado moderno do termo), e considerações formais provam esse fato.

Desformalizemos e existencializemos o problema. O racionalismo é a crença de que a razão pode captar a "realidade". É, portanto, herdeiro aparente do realismo no significado medieval do termo. Mas a "realidade" moderna deixou de significar "Deus" e "alma", para tornar-se o mundo objetivo. O racionalismo moderno exige, portanto, da razão uma função inteiramente diferente daquela que os realistas pretendiam. Os realistas afirmavam que a razão é um instrumento adequado para a captação de Deus. Os racionalistas afirmam que a razão é um instrumento adequado para a captação do mundo objetivo. Em outras palavras: os realistas davam razão à fé, enquanto os racionalistas nutrem fé na razão, e invertem assim o realismo. Essa fé na razão significa a crença de que a todo algarismo corresponde um ponto e vice-versa, ou, reformulando, que a todo conceito verdadeiro corresponde um objeto e vice-versa. E é essa fé que é absurda.

No entanto, o progresso da ciência parece provar, empiricamente, que a fé dos racionalistas na razão não é absurda. É sintomático do método científico que se trata de uma disciplina empírica no seu ponto de partida, racional no seu fundamento, e que essa dicotomia funciona como propulsor do seu progresso. Os sentidos parecem, portanto, provar que a razão capta a realidade objetiva. Os instrumentos produzidos pela ciência funcionam. Em outras palavras: os objetos do mundo objetivo, descobertos empiricamente pela ciência e adequados na percepção clara e distinta com a razão, podem ser por sua vez inventados, isto é, readequados ao mundo objetivo. A equação entre objeto e sujeito é reversível, e assim surgem instrumentos. Essa reversão da equação prova que se trata de uma equação correta. A ciência aplicada é um discurso que é a reversão das equações da percepção clara e distinta. O mundo da tecnologia, que é a prova empírica do racionalismo, é, nesse sentido, uma reversão do mundo objetivo. Com efeito, não fosse a ciência aplicável, já teria sido há muito abandonada como método de conhecimento. A sua absurdidade como teoria de conhecimento é tal que somente a sua potência como prática garante a sua continuidade. Somos talvez a primeira geração que começa a perceber, confusa e indistintamente, porque a ciência aplicada funciona a despeito da sua absurdidade como teoria. Começamos a perceber que se trata de um autêntico milagre, produzido pela fé na dúvida que o homem moderno nutre. E começamos a perceber, simultaneamente que, se for perdida essa fé, se for duvidada a dúvida, o milagre cessaria. Reservo, relutante, a discussão dessa superação da fé na dúvida, e o repentino colapso do milagre da ciência aplicada que a acompanha, para capítulos futuros. O presente contexto permite apenas a consideração seguinte: a razão, tendo estrutura "aritmética", consiste em algarismos rodeados de vacuidades, isto é, de conceitos mergulhados no nada e flutuando no nada. O mundo objetivo é uma invenção dessa razão para encobrir o nada, e é por isso supostamente compacto. Na medida em que a razão se procura adequar a esse mundo supostamente compacto da geometria, esvazia esse mundo. É verdade que o progresso da ciência consiste na coordenação de um ponto a cada algarismo, isto é, de um objeto a cada conceito. Mas não é verdade que esse progresso consiste na coordenação de um algarismo a cada ponto, de um conceito a cada objeto. Pelo contrário: pontos que escapam a séries aritméticas, objetos que não são captados pelos conceitos, simplesmente desaparecem. O mundo objetivo se torna progressivamente mais oco, e nesse sentido se adéqua efetivamente à razão discursiva. Pois bem: o mundo da tecnologia é esse mundo esvaziado progressivamente. É assim que a ciência aplicada funciona: esvazia progressivamente o mundo objetivo. A tendência é ultimamente quase palpável. Os instrumentos diminuem em seu tamanho e tendem para o total encolhimento. O instrumento invisível é a meta da tecnologia. A propaganda subliminar ou a parapsicologia como método de telecomunicação são sintomas desse desenvolvimento. É assim que a ciência aplicada funciona: substitui objetos (que foram inventados para parecerem compactos) por instrumentos (que foram inventados como resultado do esvaziamento dos objetos). Instrumentos são, portanto, resultados da descoberta progressista da vacuidade do mundo objetivo. Ou, reformulando, são o resultado da descoberta da estrutura da "razão" no fundo da superfície sensacional do mundo objetivo. Confesso, no entanto, que esse argumento não é satisfatório no presente contexto. Não pode abalar a fé na dúvida, que é o fundamento da fé na tecnologia. Procurarei, portanto, reformular esse argumento mais cuidadosamente em contexto diferente, quando a nossa geração for o tema discutido.

O Renascimento tardio, que presenciava a fusão do método empírico com a fé racionalista e dava assim à luz a ciência moderna, não podia nem conceber tipos de argumentos como esse. O problema não se apresentava dessa forma.

Tratava-se, pelo contrário, de enfrentar um mundo que se apresentava demasiadamente variável. O perigo não era o de um mundo vazio, mas de um mundo plano em excesso. A ciência como esvaziamento progressivo do mundo era, portanto, vivenciada como uma tendência "civilizadora" (no significado que procurei dar a esse termo mais em cima). A dúvida que propele a ciência é um resumo do desespero e da cobiça. No Renascimento o aspecto cobiçoso predominava, e o aspecto desesperado era recalcado. Atualmente predomina o aspecto desesperado porque o aspecto cobiçoso está em vias de realização perfeita. Devemos, pois, dizer que as velas da caravela que zarpou do porto medieval em demanda do Eldorado eram inspiradas no início da viagem pelos ventos da cobiça, e que mais tarde predominavam as brisas gélidas do desespero.

Reconsideremos a caravela. É uma nave construída nos estaleiros medievais do nominalismo e realismo, mas uma nave construída inversamente, isto é, cientificamente. As suas linhas externas são elegantes e permitem uma viagem rápida e confortável. Apenas um leve ranger no bojo trai uma falha fundamental nessa construção, uma falha que diz respeito à relação entre razão e realidade. As velas, infladas pelos ventos da dúvida, apontam dinamicamente as praias desconhecidas, mas conhecíveis, do Eldorado. E a humanidade embarca, e se embarcar, transforma-se em burguesia. E a caravela zarpa. E ei-la, pouco a pouco, envolvida pela neblina que surge dos mares nunca dantes navegados. Veloz e segura do seu curso, corta a caravela as ondas sempre mais cinzentas. O timoneiro despreza, soberano, a cerração que se torna sempre mais espessa. Confia nos seus mapas. Está em curso a viagem triunfal da Idade Moderna.

1.3.3. BÚSSOLA

Para compreendermos essa segurança do curso, e essa confiança nos mapas, devemos iluminar o Renascimento de um ângulo novo. A situação do homem renascentista, tal como tem sido esboçada no presente argumento, não explica o curso tomado. Rodeado de objetos prestativos que solicitam a sua atenção indiscriminadamente, parece pelo contrário o homem renascentista ora disposto a um curso errático e desorganizado. Essa predisposição para o aproveitamento imediato do acaso, para a captação da sorte e da fortuna, esse elemento lúdico e oportunista caracteriza a situação renascentista. Considerada de um ponto de vista moral, essa atitude se apresenta como a dissolução dos costumes. Desse ponto de vista moral o empirismo renascentista os apresenta como sensualidade, e o racionalismo como astúcia intrigante. O Renascimento é, desse ponto de vista, a época da intriga das alcovas, e o Ocidente se transforma, com efeito, desse ponto de vista, em favo de alcovas. O Renascentista não se assemelha, portanto, superficialmente, em nada com o burguês dos nossos dias. Mas essa primeira desorientação da humanidade ofuscada pela luz do mundo objetivo é logo corrigida. Não será permitido ao Ocidente dissipar a sua liberdade recém-adquirida em libertinagem. Surge, do próprio seio do Renascimento, uma tendência corretiva que fornecerá a bússola para o curso da Idade Moderna. Essa tendência se chama "Reforma".

Superficialmente é a Reforma uma reação ao Renascimento. Fundamentalmente, no entanto, o Renascimento culmina na Reforma. A Reforma é, com efeito, a culminação do primeiro ato da representação chamada "Idade Moderna". Conclui, de maneira consequente, os gestos e as poses do Renascimento. O gesto mais impressionante do Renascimento é a exclamação teatral "gregos e romanos!". A isso a Reforma responde, com demagogia ainda mais óbvia: "gregos e judeus!". Antes de considerar esse termo novo que surge, o termo "judeu", lancemos um breve olhar sobre o pomo da discordância entre Renascimento e Reforma, a saber, sobre Roma.

A Idade Média pode ser descrita como um arquipélago de cidades romanas num mar de vilania. Os vilões que habitavam as vilas nos subúrbios dos castelos eram, em tese, paisanos e pagãos, isto é, "filhos da terra". A Igreja romanizou esse mar de vilania apenas superficialmente. Mas esse mar não era uniforme. Uma linha divisória separava o norte do sul, e essa linha correspondia aproximadamente ao *limes* do Império Romano da antiguidade. Ao norte dessa linha os vilões eram bárbaros e o seu linguajar vulgar era germânico, com poucos elementos do latim bem ou mal assimilados. Ao sul dessa linha os vilões eram uma mistura de bárbaros e romanos, e o seu linguajar vulgar era um latim deturpado por elementos germânicos e celtas. O Renascimento tinha um efeito curiosamente revigorador sobre essa linha. A sua pretensa busca de inspiração nas raízes da latinidade desviou o acento do primeiro adjetivo para o segundo adjetivo do título "Igreja Católica Romana". E a Igreja, agora vista de fora, parecia conter uma contradição nesses adjetivos. O Renascimento, que é um movimento que se passa essencialmente ao sul da linha divisória, lançou assim um repto ao norte. A Reforma é a resposta do norte. Desafio e resposta fazem parte do nosso diálogo, já que inspirados pelo mesmo tipo de humanismo. Nas primeiras fases do diálogo o sul parece representar a ortodoxia, e o norte o protestantismo, e ambos parecem estar empenhados na Igreja. Mas o diálogo é parte da representação teatral da Idade

Moderna. Tem a Igreja apenas como pretexto. Com o progresso do diálogo o peso do argumento se transfere gradativamente para o norte. A germanização progressista da Idade Moderna é um outro aspecto do seu aburguesamento.

É óbvio que o dilema proposto pelo Renascimento e aceito pela Reforma é falso, e falso sob muitos aspectos. A Igreja medieval é "romana", porque Roma representa na Idade Média como na antiguidade tardia toda a humanidade da qual se tinha conhecimento. Os adjetivos "católica" e "romana", longe de serem contraditórios, são quase um pleonasmo. E se a qualidade "romana" define a Igreja, falo em oposição ao leste grego, nunca ao norte. O humanista lombardo é tão intensamente e tão falsamente latino quanto o é o humanista flamengo. E, perdida a fé, torna-se a pressão econômica da Igreja tão intolerável na Espanha como em Eisleben. Mas a falsidade do dilema não o torna menos virulento. O termo "Roma" adquire doravante um significado novo, linguístico e nacionalista.

O aspecto moral do Renascimento, aquilo que chamei de "transformação do ocidente em favo de alcovas", torna-se pretexto do ataque reformista. É contra essa "prostituição babilônica" de Roma que o norte se insurge. Cheios de indignação moral, clamam os reformadores da Igreja por uma nova pureza e singeleza. Com efeito, é pela pureza original da Igreja que clamam, por aquela pureza que caracterizava os cristãos primitivos antes de caírem cativos daquele Egito chamado "Roma". Os reformadores almejam o renascimento da Igreja pré-romana. Querem restaurar aquela fé inocente dos escravos judeus e gregos perseguidos pela prepotência romana. Aliás, a situação dos cristãos primitivos é muito semelhante à dos reformadores. Os escravos judeus e gregos são representados, na situação da Reforma, pelos povos da língua germânica, e a prepotência romana pelos prelados da Igreja. Derrubada Roma, será finalmente aberto o caminho para a mensagem libertadora do cristianismo.

É óbvio que a posição reformadora, se formulada assim, não resiste a uma análise de nenhuma de suas premissas. O fervor e o *engagement* violento que inspiram os reformadores não seriam explicáveis, se dissessem respeito apenas a esse amontoado de insinceridade. No fundo tem o movimento chamado "Reforma" motivos e metas inteiramente distintos daqueles que professa. São esses motivos e essas metas inconfessas que inspiram o ardor dos reformadores. Tratarei primeiro de dispor dos pretextos, para depois procurar esboçar aquilo que me parece ser o fundo genuíno.

A Igreja primitiva é o paradigma da Reforma, como o helenismo é o paradigma do Renascimento. É certo que os reformadores eram tão incapazes de sorver a vivência do mundo dos primeiros cristãos quanto eram incapazes os renascentistas de captar o mundo dos gregos. Os evangelhos são "boas-novas" no sentido de anunciarem o iminente fim do mundo. Este é o fundamento da cosmovisão dos cristãos primitivos. Cristo veio ao mundo para anunciar seu fim e para salvar a humanidade nessa catástrofe derradeira. É, portanto, inteiramente desinteressante o mundo, já que acabará dentro de poucos anos. O interesse todo está voltado para o mundo do além, para o qual as almas se dirigirão graças à fé em Cristo. Com um gesto de desprezo e de desinteresse entregam os cristãos primitivos todos aqueles últimos restos do mundo superado ao poder ridiculamente efêmero, a "César", inclusive os próprios corpos transformados em tochas. E preparam-se, em ritos singelos e de impacto imediato, para a viagem iminente na qual serão transformados. O cristianismo subsequente, aquele cristianismo que conhecemos como a força plasmadora do Ocidente, é consequência da decepção pelo fato de não ter sido destruído o mundo. O adiamento *sine die* do último juízo é a causa verdadeira das profundas problemáticas que acompanham a Idade Média e que procurei esboçar no argumento precedente. É responsável, em última análise, pelo fracasso daquela Idade. A escolástica, a alquimia e a cavalaria não conseguiram, em última análise, nem explicar a persistência do mundo, nem precipitar o último Juízo.

O Renascimento pode ser definido como uma resignação desesperada com a persistência do mundo. É, para parafrasear uma frase conhecida que diz respeito à bomba atômica: "Como aprender a viver com o mundo e como gostar dele". A Reforma continua, nesse sentido, inteiramente renascentista. É verdade que os seus pregadores não se cansam de descrever minuciosamente os horrores do último Juízo, mas o simples fato de que descrevem os seus horrores, em vez de descrever a delícia de ter se livrado a humanidade do mundo, prova o quanto é insincera a fé no fim do mundo, e o quanto são renascentistas os reformadores. Com efeito, ao tomarem essa posição ante o último Juízo, não são os reformadores nem cristãos no sentido de "cristãos primitivos", nem cristãos no sentido medieval do termo. São cristãos invertidos, voltados para o mundo, são cristãos humanistas. Procuram nos Evangelhos a justificativa da sua inversão, e é por isso que os elevam em última autoridade. E ressuscitam o Antigo Testamento com a mesma finalidade. Torcem as escrituras sagradas dos judeus e cristãos primitivos com a mesma intenção com a qual os renascentistas torcem as escrituras gregas. Também desse ponto de vista são renascentistas.

O interesse dos reformadores pelo Antigo Testamento e pelo estudo consequente do hebraico exige uma breve consideração desse elemento judeu que se rearticula com a Reforma. A cosmovisão judaica é, como a grega, uma das fontes do cristianismo. Ao abandonar a Igreja, procurou a cristandade, debalde, abandonar essas duas fontes.

O Renascimento professava que fazia renascer a herança grega, mas na realidade procurava libertar-se dela ao torcê-la. Os reformadores ensaiavam outro tanto com a herança judaica. Mas havia uma diferença. Os gregos não podiam protestar contra as violações do Renascimento, porque havia muito tinham desaparecido. Os judeus, entretanto, protestavam pelo simples fato de estarem presentes. Os Abraãos, Jacós e Moisés, humanistas que os Reformadores conjuravam das páginas do Antigo Testamento, eram vivencialmente refutados pelos Abraãos, Jacós e Moisés nos guetos. É, portanto, com a Reforma que começa aquele tipo violento de antissemitismo que caracterizará a Idade Moderna tanto quanto o nacionalismo, e que será uma medida do seu aburguesamento.

Não pode haver maior discrepância do que aquela que existe entre a cosmovisão judaica e a da Reforma. A religiosidade judaica, tal como se articula no Antigo Testamento, e se preserva na literatura talmúdica e pós-talmúdica no curso de toda Idade Média, é um serviço ao transcendente, ao intemporal, ao "Eterno". Esse serviço é de tal modo totalitário que pervade literalmente todas as atividades do homem. Não há uma atividade, um único gesto, por mais insignificante que seja de um ponto de vista não judeu, que não seja um rito no serviço ritual ao Eterno. Num mundo literalmente impregnado de Deus todo ato tem caráter ritual e sacramental, por mais mesquinho que seja aparentemente. Daí a impressão de extremo formalismo e ritualismo que a religião judaica causa no observador externo. É que a religiosidade judaica se realiza *in fieri*, nos atos diários e corriqueiros, muito mais que na especulação ou no "interior da mente".

Essa extrema ritualização da vida cotidiana pode parecer, à primeira vista, semelhante à ritualização mágica que caracteriza a vida dos chamados "primitivos". Mas ela é, com efeito, o exato contrário, e surgiu, historicamente, como reação à magia. Os ritos judeus, longe de tentarem sujeitar a divindade à vontade humana, são, pelo contrário, atos de submissão ao Divino. Podemos dizer que os ritos judeus são a própria antimagia. Essas poucas considerações bastam para opor o judaísmo violentamente à Reforma. Esta é, como procurarei demonstrar no argumento subsequente, a tentativa de desritualizar e interiorizar a religiosidade, e de criar assim um terreno sacro, doravante chamado de "consciência", e um terreno profano, doravante chamado aproximadamente de "campo da atividade manipuladora humana". E essa atividade manipuladora, que será doravante desligada do senso religioso, pertencerá à ciência, que é "magia" num significado exato do termo. Há muitos outros aspectos pelos quais o judaísmo, inclusive o bíblico, se opõe diametralmente ao protestantismo, mas estes são suficientes para o meu argumento. A Reforma mergulha para dentro do Antigo Testamento e traduz seu texto para a língua vulgar, não para ressuscitar essa religiosidade judaica e cristã primitiva, mas para estabelecer autoridade do seu tipo de religiosidade. A Bíblia, que será doravante o livro onipresente da parte "reformada" do Ocidente, é nesse sentido um livro inteiramente não judeu.

Procurei até agora mostrar o que a Reforma não é, a saber: não é um combate à Roma no significado do termo de acordo com os cristãos primitivos ou medievais. Não é um ressuscitar dos cristãos primitivos. Não é uma redescoberta do espírito do Antigo Testamento. E não é um movimento moralizador a purificar a libertinagem que invadiu a Igreja no Renascimento. (Se seu efeito foi efetivamente moralizador nesse significado burguês do termo, é um efeito correlato e subalterno.) Tentarei agora mostrar o que a Reforma é, e porque ela representa, a meu ver, a culminação do Renascimento.

Defini o humanismo como a situação na qual o homem se opõe ao mundo para encará-lo. Nessa situação o homem se transforma em sujeito indubitável, e o mundo, em seu objeto duvidoso. É a situação inversa daquela na qual o homem medieval se encontrava. Quando o Renascimento tomava consciência dessa nova situação, achava-se totalmente desorientado. Não sabia para onde dirigir a sua atenção, nem em que direção organizar as suas atividades. Faltavam-lhe "valores". Essa situação não era vivenciada como desespero, porque a situação era demasiadamente nova. A atenção se dispersava, mas não se perdia, porque tudo ainda despertava curiosidade. As atividades se diversificavam, mas não se futilizavam, porque em toda direção encontrava-se terra virgem. Assim surgiu esse clima de embriaguez que é caracterizado pelos termos "pseudopaganismo" e "dissolução dos costumes". É óbvio que sem uma orientação o homem iria se perder fatalmente nessa situação confusa. O seu olhar vagaria no nada, e sua atividade se perderia em óbvia futilidade. A Reforma veio para dar um "norte" a essa situação (em mais de um significado do termo), e para servir de bússola nos empenhos da Idade Moderna.

O homem renascentista era um artista que representava o papel de Deus. A Reforma conferiu a essa representação a marca, o conteúdo e a forma de religiosidade. O homem é um ser transcendente porque abriga, no seu íntimo, Deus. É na sua alma, na sua "consciência" que Deus habita. É na consciência humana que Deus se manifesta. É no coração humano que Cristo foi crucificado. O verdadeiro cristianismo é a adoração do Deus em meu íntimo, e é intimamente (*inniglich*) que comungo com Deus. Não necessito doravante dos ritos formalistas da Igreja, e mais especialmente não necessito da confissão e da absolvição dispensadas pela Igreja. Deus habita a minha consciência, e é perante ela que devo me confessar e será ela que me absolverá dos meus pecados. Não necessito de sacerdotes para construírem uma ponte entre mim e Deus, não necessito de pontífices, e muito menos de pontífices romanos. A ponte entre mim e Deus está na minha alma. Deus morreu na cruz para me redimir dos meus pecados, e é pela fé em Cristo que serei redimido. Essa fé é uma decisão íntima que tomo no meu coração, e independe de ritos externos ou "obras". A revelação das verdades divinas está contida nas escrituras sagradas e posso tomar consciência dessa revelação pela leitura dessas escritas na minha própria língua. Não necessito dos comentários da Igreja, que falsificam a pureza da revelação, nem necessito de padres para administrarem-me essa revelação em doses calculadas. Sou meu próprio juiz em questões teológicas, já que a minha consciência é a sede Divina.

Em tudo isso estou sendo verdadeiramente cristão, e com tudo isso estou reformando a Igreja. O papismo desvirtuou a Igreja ao secularizá-la e ao adaptá-la à forma externa do Império Romano. Paganizou o cristianismo. O culto das imagens e a quase divinização de Maria são provas desse neopaganismo. O catolicismo está, em virtude de sua secularização, comprometido com o mundo. A Reforma restabelecerá a verdadeira Igreja, que é o corpo místico do Cristo e do qual todo cristão em virtude tão somente da fé é membro. A cabeça desse corpo é o próprio Cristo que está em cada um de nós, e não em algum imperador romano chamado "Papa". Por estar secularizada, é a Igreja romana uma paródia indigna do cristianismo. A Igreja verdadeira e digna é a Igreja espiritual e invisível.

PÁG. 187 Algumas concessões a formas externas devem ser feitas no estágio atual e confuso da cristandade. Alguns poucos ritos devem ser conservados. Na extensão dessas concessões discordam os reformadores, e é por isso que a Reforma resulta em multiplicidade de seitas. Mas essa própria multiplicidade prova que a consciência se instituiu de juiz em questões de religiosidade.

A Reforma não é um movimento herético, já que não ensina dogmas. Pelo contrário, a ortodoxia católica é herética nesse sentido, porque é ela que vem acrescentando dogmas ao ensinamento puro e singelo das escrituras. É preciso remontar até as origens do cristianismo, pelo menos até Agostinho, para fazer renascer essa pureza. E em Agostinho encontraremos o ponto fundamental no qual a Igreja romana traiu o cristianismo. Agostinho ensinava a predestinação humana. Deus onisciente e onipotente, para o qual futuro e passado se confundem, ordenou irrevogavelmente o destino dos homens. Escolheu, em sua sabedoria incompreensível aos homens, aqueles que serão salvos e aqueles que serão perdidos. Nenhum outro ensinamento pode ser honestamente correlacionado com a onipotência Divina. A Igreja romana diluiu, em sua secularidade, esse ensinamento, ao admitir a eficácia das obras humanas para o salvamento das almas. É graças a esse subterfúgio que procura exercer a sua tirania sobre a cristandade. Mas destrói assim o grande mistério que é o cristianismo. Somente a fé humilde e a submissão à

1. CULPA / 1.3. ZARPAR / 1.3.3. BÚSSOLA

vontade incompreensível Divina são sinais da vida cristã verdadeira. E é essa atitude que a Reforma restabelecerá doravante.

Se formulada assim (e não duvido que os reformadores a formulariam assim com boa "consciência"), a Reforma se apresenta como um movimento muito semelhante com aquele iniciado por São Francisco. Mas o observador atual vê que sob análise a intenção da Reforma é exatamente inversa da intenção franciscana. A interiorização da fé não pretende, como em São Francisco, o mergulho em Deus, mas a justificação da "consciência" humana. A abolição dos ritos não pretende, como em São Francisco, uma vida monástica, mas a abertura para a vida profana. A insistência sobre a fé em detrimento das obras não pretende, como em São Francisco, o abandono da razão, mas a abertura de um campo para a razão no qual a religião não terá autoridade. Enfim a espiritualização da Igreja não pretende, como em São Francisco, a espiritualização da vida, mas a criação de um terreno secular no qual a Igreja não será admitida. Com efeito, o resultado da Reforma é o seguinte: edifica um templo a Deus que é o íntimo do homem, e retira do alcance da religião todo aquele mundo objetivo que cerca o homem-templo. Dessa santificação do homem até a sua deificação é apenas um passo, que será dado no século XVIII. Assim é a Reforma, o humanismo em sua forma cristã, isto é, cristianismo invertido. E assim fornece uma bússola ao Renascimento cujo norte é a consciência humana.

A divergência entre os ensinamentos pretensos e fundamentais da Reforma explica os paradoxos aparentes que surgem ao seu redor imediatamente. Os reformadores ensinam uma dessecularização da Igreja, e imediatamente aliam as suas seitas aos Estados protonacionais na Alemanha e Inglaterra. Ensinam o desprezo das obras, e iniciam, quase que imediatamente, o surto da manufatura. Ensinam a primazia da fé, e iniciam, imediatamente, um movimento racionalizador dos seus próprios ensinamentos. Ensinam a humildade, e iniciam os primeiros movimentos do imperialismo. Enfim, ensinam a interioridade e a intimidade, e iniciam aquela expansão que caracterizará a Idade Moderna.

A situação estabelecida pela Reforma na cena do Ocidente possibilitava a estruturação progressiva do humanismo caótico do Renascimento. A história da Idade Moderna é a realização progressiva do humanismo projetado pela Reforma. Reconsideremos essa estrutura. No centro da situação está o homem, em cuja consciência habita Deus. Ao redor do homem gira o mundo dos objetos e forma o seu horizonte. Mas o homem não é o sol desse sistema planetário, já que foi lançado para cá do além, e já que para esse além se dirige. E ele, pelo contrário, um cometa que atravessa, fugaz, o palco do mundo objetivo em trajeto predestinado por Deus. Nada daquilo que acontece nesse palco poderá influir sobre esse trajeto. Do ponto de vista do além, o mundo objetivo não interessa. É como se não existisse. A relação do aquém e além é reversível. Do ponto de vista do mundo objetivo o além não interessa. É como se não existisse. Há uma separação nítida entre o mundo sacro e profano, de forma que um não existe para o outro. O homem participa, é verdade, de ambos esses mundos. Mas a sua participação do mundo sacro é inteiramente passiva. Toda a atividade humana se dirige para o palco do mundo profano. De modo que podemos dizer que a origem transcendente e o destino transcendente do homem servem apenas de guindaste para elevar o homem a uma posição dominadora no mundo objetivo. Já que o mundo sacro está soberanamente desinteressado no mundo profano, pode o homem exercer o seu domínio sobre ele de maneira desinibida. A Idade Moderna é a realização progressiva desse domínio desinibido. O grande mérito da Reforma era o de estabelecer um nicho reservado ao sacro. Esse nicho está dentro do homem e forma os horizontes da sua existência no mundo objetivo. Mas no aquém desses horizontes o sacro é existencialmente desinteressante. O grande mérito da Reforma era tornar existencialmente desinteressante o sacro. Doravante todo interesse pode dirigir-se rumo ao profano. E pode fazê-lo de maneira automática e ordenada já que tem por ponto de referência esse santíssimo desinteressante que é a consciência humana. Eis o grande feito da Reforma: transformar o Deus do cristianismo em ponto de referência em si desinteressante, mas útil enquanto bússola do comportamento humano. Esse Deus desinteressante é útil e será identificado, mais tarde, com o próprio homem. O humanismo pode ser definido, portanto, como uma cosmovisão na qual o homem ocupa o lugar de um Deus desinteressante e útil. Isso explica o aparente paradoxo, ao qual assistimos atualmente: a realização total do humanismo pode dispensar perfeitamente o homem, como já dispensou Deus. O homem deixará de ser útil neste último estágio, e como é desinteressante, poderá ser eliminado. A transformação do mundo objetivo em instrumentos automáticos enquadrados num superaparelho automatizado, e a transformação da humanidade em funcionalismo aposentado é a realização perfeita do humanismo na estrutura que lhe foi imposta pela Reforma. Essas transformações são, portanto, a meta do Ocidente a partir da Reforma. O ponto de partida do Renascimento é a oposição do homem ao mundo. A sua meta confusa é a de adequar o homem ao mundo. A Reforma sistematiza esse empenho e confere-lhe rumo claro e distinto: o homem será adequado ao mundo numa situação, na qual o mundo será transformado em aparelho automático, e o homem em funcionário aposentado. Todos os estágios da Idade Moderna apontam para a situação visada. Do lado do homem podemos observar, grosso modo, os estágios seguintes: o homem que se transformou em burguês na virada fatídica contra o mundo assume primeiro a máscara do grande personagem realizador de obras monumentais em louvor a si mesmo. A segunda máscara, a barroca, será a do homem iluminado pela razão a dirigir a máquina do mundo como mecânico iluminado. A terceira máscara, a romântica, será a do homem sentimental a imprimir a sua vontade vital sobre o mundo inerme como capitão de indústria inspirado por sentimentos violentos. A quarta máscara, a derradeira, será a do especialista proletário aburguesado a administrar o mundo obediente para que jorre produtos. De personagem o burguês se transforma, portanto, em personalidade, em seguida em pessoa, e finalmente em funcionário especializado. A sua meta é a aposentadoria. Do lado do mundo podemos observar, grosso modo, os estágios seguintes: o mundo que se transformou em conjunto de objetos na virada fatídica do homem contra ele apresenta-se primeiro como massa plástica inarticulada a ser moldada em monumentos. No segundo estágio, no barroco, apresenta-se como mecanismo a ser desmontado e recomposto razoavelmente. No terceiro estágio, no romântico, apresenta-se como matéria bruta a ser processada pela força vital da vontade em produtos manufaturados. No quarto estágio, no atual, apresenta-se como conjunto de camadas de virtualidades que se realizam graças ao trabalho progressivo na forma de aparelhos. A sua meta é a automação desse trabalho.

É óbvio que em todos esses estágios o homem representa um papel, e o mundo não passa de biombo fictício nessa representação humana. É óbvio, e está contido no projeto do humanismo, tal como tem sido formulado pela Reforma. Toda atividade humana é um fazer de conta, já que não interessa do ponto de vista do destino transcendente. E o mundo objetivo é uma ficção, já que não interessa de um ponto de vista religioso. Mas esse clima do fazer de conta, e essa vacuidade do mundo objetivo, embora sempre óbvios ao observador atual, eram, de fato, recalcados no curso da Idade Moderna.

A nossa geração é a primeira na qual esse recalque se tornou virtualmente impossível, dado o grau de realização alcançado. Os recalques do passado assumiam diversos nomes, por exemplo, "beleza" e "aventura" no Renascimento, "justiça" e "virtude" no barroco, "liberdade" e "nação" no romantismo, e "segurança" e "consumo" atualmente. Os próprios nomes dos recalques traem a pose da qual nasceram.

Os assim chamados "ideais", dos quais enumerei alguns a esmo, são, com efeito, tentativas de mascarar a futilidade da representação que é o humanismo. Essa futilidade não é, atualmente, recalcável, e transparece pelos próprios ideais que pretendem mascará-la. Isto é, por si mesmo, sinal de que a caravana da Idade Moderna está se aproximando do seu porto de destino. Guiada seguramente pela bússola da Reforma, a nave do Ocidente já vislumbra, através da névoa espessa, os contornos da sua meta: os rochedos do Eldorado. Surgiram repentinamente diante da proa, e estão tão próximos que podem ser distinguidos a despeito da névoa: são o aparelho automatizado e o funcionalismo aposentado. América está à vista. E está se tornando óbvio que atracar significa naufragar nesta viagem curiosa neblina adentro. Mas está surgindo a esperança nos corações dos viajantes de que o naufrágio derradeiro faça com que se dissipem as névoas, e que o choque faça com que despertem os viajantes daquilo que, talvez, não passou de pesadelo.

1.3.4. NAVIO FANTASMA

No Renascimento, surge o mito do holandês errante. O capitão Van Straaten é condenado, pela culpa da blasfêmia, a errar pelos sete mares sem jamais alcançar porto. Capitão, tripulação e navio são transformados em fantasmas. Mas a maldição não é irrevogável. Algo pode acontecer que rasgue o encanto e devolva realidade ao navio fantasma. Os poetas românticos identificavam esse algo com uma mulher amorosa que se sacrifica. Mas o mito original desconhece esse desfecho sentimental e obviamente falso. Nós, a última geração da tripulação amaldiçoada, podemos intuir o desfecho genuíno: será o naufrágio da caravela. Esse desfecho está ainda abrigado no seio do futuro. Embora já vislumbremos os rochedos a surgir das brumas que nos envolvem, e embora já possamos distinguir claramente o ranger das pranchas que se desfazem, ainda flutua a nossa caravela, e ainda parte poderosamente e em curso rapidamente acelerado pelas ondas, demandando os rochedos. Ainda somos fantasmas. A descrição da viagem fantástica da caravela amaldiçoada será o tema do argumento seguinte.

2. MALDIÇÃO

2.1. RELÓGIO

Os cascos dos cavalos do apocalipse batem o chão da Europa durante trinta anos. Durante trinta anos Reforma e Contrarreforma procuram degolar-se mutuamente. Quando ambas caem, desfiguradas e esgotadas, sobre o campo sangrento, e quando as aves de mau augúrio chamadas "pestilência", "vulgaridade" e "rapacidade" sobrevoam o campo da batalha abandonada, o barroco e a linha torta e torturada desfraldam a sua bandeira sobre o Ocidente. Os lobos uivam nas cidades da Europa central, o cheiro de carne queimada das bruxas, dos judeus, dos hereges e dos papistas impregna o ar da Europa Ocidental, detonações de pólvora anunciam a descoberta da América e da África e a conquista da Ásia pelos mercenários seguidos de mercadores de materiais e almas, e a bandeira anuncia o lema da época nova: "Morte à linha reta!". *Cuius regio eius religio* é a fórmula na qual esse brado procura disfarçar-se. É uma fórmula tipicamente barroca. As quatro palavras que a compõem ilustram maravilhosamente o espírito que se apoderou do Ocidente. (Digo "ilustram", e digo "maravilhosamente", porque ambos estes termos são caros ao barroco.) As quatro palavras formam dois pares. A primeira palavra do primeiro par é repetida, levemente modificada, pela primeira palavra do segundo par, e as duas formam, portanto, um grupo. O mesmo se dá com as duas segundas palavras de ambos os pares. A fórmula toda gira à maneira dos sistemas planetários e das rodas de engrenagem. As palavras *"cuius"* e *"eius"* giram em redor das palavras *"regio"* e *"religio"* como satélites de planetas, e as palavras *"regio"* e *"religio"* descrevem órbitas congruentes em planos diferentes. As palavras *"cuius"* e *"eius"* são as rodas da engrenagem do ponteiro de minutos, e as palavras *"regio"* e *"religio"* as rodas da engrenagem do ponteiro de horas no mostrador do relógio do barroco. O tique-taque dessa fórmula com sua monotonia mecânica e com sua inflexibilidade impiedosa é a medida, a norma e a régua da época nova. A sua clara e distinta racionalidade, e a sua límpida simplicidade, são resultados da complexidade retorcida e da tortuosidade labiríntica dos impulsos que o produzem. Assim é construído o relógio do barroco: o seu mostrador é límpido e simples, e representa a superfície clássica do barroco; o seu mecanismo é intricado e complexo, e representa o âmago maneirista do barroco. Classicismo e maneirismo são dois termos que designam os dois aspectos do mecanismo da razão humana. Em sua interação dialética resultam esses dois aspectos em misticismo niilista. O tique-taque da razão tritura impiedosamente o mundo. O barroco é a Idade da Razão nesse sentido. O presente capítulo terá este relógio diabólico por tema.

O significado da frase *Cuius regio eius religio* é tão simples na superfície e tão complexo no âmago quanto o é a sua forma. Na superfície a fórmula admite simplesmente uma derrota. Não foi possível salvar-se a unidade do Ocidente. A Reforma falhou na sua tentativa de reformar a Igreja de dentro. E a Igreja falhou na tentativa de reabsorver os protestantes. A fórmula admite o escândalo da desunião como fato consumado. E admite que a consequência da desunião religiosa é a fragmentação do Ocidente em Estados que são diádocos do Santo Império Romano. Esses Estados profanos serão doravante as autoridades que determinarão a religião dos súditos obedientes: "A religião será aquela que o governo determina". Esse o significado superficial da fórmula barroca.

É óbvio que essa interpretação não esgota o significado da frase. Os seus múltiplos significados iam se tornando visíveis com o desenrolar da Idade Moderna. É inteiramente possível que essa riqueza de significado não tenha se esgotado até hoje, e que a Idade Moderna não poderá ser superada até a exaustão total, por realização, de todos esses significados. O governo como o fator que determina a religião pode sofrer toda uma série de aplicações, que se realizam historicamente, a começar pelo príncipe que determina os ritos a serem observados nas igrejas, e a terminar, provisoriamente, pela administração do aparelho governamental que determina as opiniões, as emoções e as ações dos súditos transformados em funcionalismo. O problema diz respeito aos conceitos da soberania e da razão de Estado. E esses dois conceitos têm âmbito que ultrapassa de muito longe o contexto político e social no qual

PÁG. 200 se originaram. Com efeito, o verdadeiro campo desses dois termos é a ontologia. A fórmula barroca articula, de maneira barroca, a primazia ontológica do campo profano sobre o campo sacro. É o profano que doravante determinará o sagrado. Como se vê, é o barroco um progresso considerável sobre o Renascimento. O Renascimento separa o terreno sacro do terreno profano e dirige a sua atenção, difusamente, sobre o profano. A Reforma da estrutura é essa atenção ao localizar o terreno do sacro na consciência, isto é, no interior do homem. O barroco dá o passo seguinte: a consciência como terreno do sacro é ontologicamente posterior ao profano. A fórmula barroca identifica esse fundamento ontológico do profano com o Estado. O Estado é soberano ontologicamente, e tem suas razões que a razão desconhece. Nesse sentido, podemos dizer que com o barroco triunfa a Reforma. Na superfície, é verdade, a Reforma não saiu vitoriosa. Grandes partes do Ocidente continuam católicos superficialmente, e a Reforma não se apoderou da Igreja. Mas essencialmente foi alcançada a meta da reforma. O Ocidente confinou o terreno do sacro em quarentena. E o humanismo pela Reforma começa a delinear, no barroco, em linha tortuosa e destinada a muitas voltas, revoltas, revoluções e involuções, o seu desfecho e transformação do homem de "realidade" em "fantasma". É verdade que esse desfecho está apenas esboçado no barroco. É posta em causa "apenas" a primazia da consciência individual do súdito em favor da consciência individual do soberano. E esse desenvolvimento culminará na declaração dos direitos humanos, na qual aparentemente o súdito se torna soberano. Mas o próprio termo "direitos humanos" desmente a aparente reviravolta. Direitos humanos em contrastes com outros direitos? A Revolução Francesa não responderá a essa pergunta. O humanismo, que é uma alienação do homem, tem o aniquilamento do homem por consequência inelutável.

A fórmula *"cuius regio eius religio"* tem, ostensivamente, a religião por tema. Com efeito, se procurarmos visualizar o barroco, serão em primeiro lugar igrejas que estaremos evocando. Mas em segundo lugar evocaremos teatros. E verificaremos, ao comparar essas duas imagens, que se confundem. Convido o leitor para um passeio pelas ruas de uma cidade barroca. Caminhará por entre biombos. Sombriamente grandiosos, por certo, e de um atrativo irresistível, porque apelam para a imaginação da razão e do intelecto, mas, não obstante, grandiloquentes. As fachadas das igrejas, dos teatros e dos palácios são formações petrificadas de gestos. Gestos belos e nobres, por certo, mas gestos. E se disse que são gestos "petrificados", já permiti que um truque barroco me engane: são, na realidade, de estuque. O que interessa nos leões poderosos que guardam os portões das igrejas não é o leão, e muito menos a igreja, mas é a organização intricadamente geométrica da juba. O que interessa na estátua do santo que domina a fachada da igreja em pose de ator dramático representando o papel de santo não é o santo, e muito menos a santidade, mas é a queda complexa das dobras do manto com seu jogo sugestivo de luzes e sombras. E se penetrarmos por trás das fachadas, se entrarmos nas igrejas, nos teatros e nos palácios para descobrir o que as fachadas encobrem, encontraremos outras fachadas. Encontraremos titãs a carregar candeeiros, nos quais não interessa nem o titã, nem o candeeiro, mas o jogo dos músculos no dorso. Encontraremos anjos de ouro a voarem em redor do altar aparentemente sem suporte e em desafio à gravitação, e o que interessa não é o anjo nem o altar, mas esse desafio. A cidade barroca é o lugar do gesto grande, do gesto solene, do gesto redondo e belo, mas do gesto vazio. A beleza do gesto barroco está justamente na sua falta de significado. É esta falta de significado que torna o gesto formalmente perfeito. É uma beleza fria. A luz sombria que o gesto emana é a luz fria e calculada do intelecto. A cor do barroco é o negro e o escarlate. É a cor da nova religiosidade, e a cor do misticismo. O barroco é a idade da razão, e é nesse sentido que é também a idade da religião e do misticismo. Religião e misticismo como gesto, portanto. Como representação solene e grandiosa. O rito religioso passa a ser cerimônia, e o cerimonial passa a ser o clima da vida.

A beleza cerimonial gélida do gesto barroco estabelece uma ordem solene no mundo objetivo que cerca o homem. Com profunda reverência e amplo gesto redondo do braço que segura um chapéu plumado, estabelece o homem barroco um universo solene e frio. A reverência e o gesto obedecem a um cerimonial em tudo equivalente ao cerimonial da corte dos Habsburgos. E o universo que surge dessa reverência e desse gesto é uma Madri e uma Viena universalizadas. É o universo da física e da astronomia. A física e a astronomia são a expressão máxima da religiosidade barroca. O gesto frio, solene, redondo e grandioso dos planetas, a dança intrincada, mas rigorosa, das reverências mútuas e cerimoniais das forças no paralelogramo são articulações de uma religiosidade sombria. De uma religiosidade, com efeito, que tem por centro o intelecto humano. Deus não está mais na consciência, como na Reforma, mas está na razão especulativa. "Deus é matemático", diz Newton, o que equivale dizer que a matemática é Deus. O gesto carece de significado, e a reverência nada reverencia. Sem significado giram os planetas solenes, sem significado inclinam-se as forças uma diante da outra. Mecanicamente inerte é o universo redondo que o homem barroco estabelece com seu gesto religioso solene. E o mecanismo da pose.

A religiosidade sombria do cerimonial espanhol realiza-se num gesto redondo e fechado sobre si mesmo. Desconhece o gesto linear, o gesto aberto e expansivo. O gesto aberto exprime amor, mas no gesto redondo e fechado sobre si mesmo é o ódio que se articula. É uma religiosidade do ódio a religiosidade barroca. Não inspira entusiasmo, mas fanatismo. É óbvio que seja assim, já que o sacro é localizado dentro do próprio intelecto. É uma religiosidade invertida e introvertida a religiosidade barroca, e é fanática em consequência disso. O gesto é amplo e grandioso, e sugere, portanto, em certas fases um movimento extrovertido. Mas como tudo no mundo barroco, é isto uma ilusão enganadora. Pelo cerimonial rigoroso que rege o gesto, este termina onde se iniciou: no íntimo da mente. É fanático o gesto, porque é mecânico, e porque carece de significado. Esse gesto fanático de religiosidade invertida resulta, no campo da religião propriamente dita, em intolerância sectária e na proselitização violenta. No campo da economia resulta em mercantilismo. No campo da sociologia em particularismo. No campo da política em absolutismo. No campo internacional em imperialismo. No campo da arte em classicismo. No campo da filosofia na construção de sistemas. E no campo da ciência resulta no universo da física e da astronomia. Em todos esses campos o gesto redondo e fanático do ódio estabelece mundos amaldiçoados. Esses mundos redondos e fechados, esses mundos sem janelas, batem, com seu tique-taque mecânico, o compasso do barroco. São relógios leibnizianamente sincronizados esses mundos. Mas a religiosidade barroca hierarquiza esses relógios, e eleva um entre eles à dignidade de cronômetro padrão, em obediência ao qual os demais relógios medem os períodos sem significados. É o relógio da ciência exata. É na ciência que a religiosidade barroca mais claramente se articula. É a harmonia da ciência que sincroniza os relógios, já que é a natureza que preestabelece essa harmonia. É nesse sentido matemático que a predestinação da Reforma se transforma em harmonia preestabelecida. É nesse sentido matemático e intelectual que a natureza é Deus, e a natureza passa, portanto, a ser uma projeção do intelecto humano. A ciência da natureza passa, portanto, a ser o campo da religiosidade.

É pela ciência da natureza que o mecanismo do relógio do mundo objetivo pode ser identificado com o intelecto humano. A ciência desmonta e destrói o relógio da natureza, para provar que é ela o relojoeiro. É nesse sentido que devemos interpretar a frase *"Deus sive natura"*, e a frase *"Retournons à la nature"* se enquadra no mesmo contexto. Consideremos, pois, esse mecanismo do relógio barroco.

2.1.1. MECANISMO

A natureza como objetivo das pesquisas das ciências naturais é consequência da virada fatídica que caracteriza o Renascimento. Consiste, em virtude dessa virada, em coisas extensas. As ciências naturais são pesquisas das coisas extensas, e é apenas nesse sentido que pesquisam a natureza durante o barroco. Por que consiste a natureza em coisas extensas? Por que a natureza é o campo da geometria. E por que é a natureza esse campo? Por que apenas a geometria permite à razão percepções claras e distintas. E como se dão essas

percepções claras e distintas? Pela adequação dos conceitos (algarismos aritméticos) às coisas (pontos da geometria). A dicotomia razão/natureza que domina o barroco é uma maneira barroca de formular a dicotomia aritmética/geometria. Mas é óbvio que a natureza como conjunto de coisas extensas, e a razão como conjunto de algarismos aritméticos, são invenções *ad hoc*, e que foram inventadas com intenção de produzir percepções claras e distintas. Isso é óbvio, porque a vivência imediata que temos da nossa circunstância desmente o seu caráter geométrico, e porque a vivência imediata que temos do nosso íntimo desmente o caráter aritmético daquilo que intuímos. Em outras palavras: é óbvio que o mundo concebido como algo encerrado entre os parênteses da razão aritmética e da natureza geométrica é um preconceito. Visualizemos a estrutura desse preconceito que domina o barroco. É esta: "(=)".
O primeiro "(" simboliza a razão, o segundo ")" simboliza a natureza, e o "=" simboliza o conhecimento e todos os demais acontecimentos históricos que resultam desse conhecimento. Se formalizarmos dessa maneira o problema fundamental do barroco, verificaremos que haverá três pontos de vista possíveis sobre este mundo. O primeiro concentrará a sua atenção no "(", e procurará penetrar e dominar o mundo a partir do lado esquerdo da fórmula para solucioná-la. Chamarei esse ponto de vista de "racionalismo". O segundo concentrará sua atenção no ")", e procurará penetrar o mundo a partir do lado

direito da fórmula, para reduzi-la a zero. Chamarei esse ponto de vista de "empirismo". E o terceiro concentrará sua atenção no "=", e procurara fazer explodir a fórmula de dentro para fora. Os dois primeiros pontos de vista, embora opostos um ao outro, tem isto em comum: procuram transcender a situação que a fórmula estabelece. Serão, portanto, chamados de pontos de vista da filosofia. O terceiro ponto de vista está inteiramente englobado e empenhado na situação, e será chamado de científico *sensu stricto*. O barroco estabelece, pela primeira vez, uma distinção nítida entre ciência e filosofia. É, portanto, no barroco que surge a ciência *sensu stricto*. Podemos definir desde já a ciência nesse sentido. É uma atividade que tem por campo aquele terreno posto entre parênteses pela filosofia.

O problema que o mundo fictício estabelecido pela fórmula propõe ao ponto de vista do racionalismo é o seguinte: já que o mundo é uma projeção da razão, terá ele realidade independente do pensamento? O racionalismo é o autor da fórmula, e é, portanto, óbvio que o racionalismo saiba, melhor que qualquer outro, da sua problematicidade. Necessariamente, pelo próprio caráter ficcional do mundo que inventou, desemboca o racionalismo num idealismo radical que culmina com Espinosa, Leibniz, Wolff, enfim, um devorar da natureza pela razão, a aritmetização da geometria. O problema do ponto de vista do empirismo é outro. O empirismo é uma reação ao racionalismo. Aceita a fórmula inventada pelo racionalismo, mas apenas para reduzi-la a zero. Já que a razão é o lugar no qual a natureza se realiza (diz o empirismo), já que, portanto, ser é ser percebido, o que é essa *tabula rasa* que chamamos "intelecto"? Nada mais que um amontoado daquilo que a natureza imprime sobre ela. A realidade não passa de um amontoado de impressões que a razão procura, debalde, organizar em percepções claras e distintas. Necessariamente, pelo caráter ficcional do mundo inventado pelo racionalismo, desemboca o empirismo num idealismo radicalmente cético de um Hume, por exemplo. A fórmula renascentista do mundo se dissolve em nada nas análises barrocas, sejam elas empreendidas do lado direito ou do lado esquerdo. Ambas essas análises a desvendam como invenção *ad hoc*, como pose, embora o racionalismo dê a esse desmascaramento o sabor otimista de uma solução, e o empirismo o sabor pessimista de uma dissolução desesperada. Deveríamos, portanto, supor que o barroco liquida com essa loucura que é o mundo fictício inventado pelo Renascimento. Sabemos da história, no entanto, que isso não se deu. No fim do barroco surgiu Kant e "salvou" essa cosmovisão perversa. Como o fez, é um problema do qual tratarei num capítulo subsequente, já que inauguro, dessa forma, uma nova fase do caminho do Ocidente rumo ao abismo. Mas é preciso perguntar por que Kant fez esse esforço gigantesco. Para salvar a ciência, essa atividade que se desenvolve nesse barroco entre os parênteses do racionalismo e do empirismo.

O fenômeno incrivelmente curioso, para não dizer

o milagre, do barroco é que a ciência progredia como se não soubesse da problematicidade do seu campo de atividade. Totalmente empenhada na situação estabelecida pela fórmula cartesiana, declarava-se a ciência soberanamente desinteressada no fundamento ontológico do seu campo. Admitia assim, implícito, que era uma atividade sem significado. Mas essa própria admissão era uma insinceridade. Pelo contrário, a ciência vinha preenchendo, paulatinamente, o lugar vago da religião no conjunto da cultura. É movido pelo horror a esse vácuo que Kant submeteu a razão à sua crítica "salvadora". E é, portanto, à ciência que devemos dedicar a nossa atenção no argumento seguinte.

A fórmula "razão:natureza" foi cunhada para permitir percepções claras e distintas. Com efeito, foi cunhada para permitir que razão e natureza se unam em percepções claras e distintas. Percepções claras e distintas são, a rigor, razão naturalizada e natureza racionalizada. A ciência é o método do progresso da naturalização da razão e da racionalização da natureza. Surge, de início, a seguinte pergunta: qual é o motivo desse processo? *Prima facie*, o motivo parece ser puramente estético, e os próprios termos "clareza" e "distinção" apontam para o terreno da arte. A razão deve ser naturalizada, e a natureza deve ser racionalizada, porque resultarão em clareza e distinção, isto é, em beleza. A ciência se apresenta, *prima facie*, como disciplina artística, como disciplina criadora de beleza. No Renascimento são os artistas *sensu stricto* os iniciadores dessa disciplina. São os pintores que investigam as regras da perspectiva; os escultores, as regras da alavanca; os compositores, as regras da oscilação de cordas. E mesmo quando os investigadores não são artistas *sensu stricto*, sente-se no seu empenho em prol da ciência embrionária uma procura de beleza. É que no Renascimento ainda é perfeitamente sorvível o caráter artificial e ficcional da fórmula que estabelece o mundo. No barroco é relegado para segundo plano. Não se deixa de perceber. É óbvio, que os resultados das investigações científicas têm atração estática inconfundível. Que, por exemplo, as chamadas leis de Newton têm uma qualidade estática em tudo comparável com aquela que se desvenda no *Cravo bem temperado*. Mas essa qualidade estática não é mais vivenciada como o motivo do cientista. Pelo contrário, essa qualidade estética é agora aceita com gratidão e surpresa como um acidente agradável, mas inesperado, da pesquisa. O seu motivo confesso é agora a descoberta do mecanismo fundamental do mundo. *Was die Welt im Innersten zusammenhaelt*[1] é a meta do empenho cientista doravante. A ciência passa a ser uma disciplina metódica que produz conhecimento, e esse conhecimento diz respeito ao mecanismo do mundo. É apenas a nossa geração que começa a reapreciar a ciência de um ângulo aproximadamente renascentista. A nós ela volta a apresentar-se como disciplina artística em sua essência mesma. Mas nós, herdeiros do barroco, sentimos nessa

[1] "O que sustenta o âmago do mundo", Goethe, J.W.V. *Fausto I*, 1808.

reavaliação da ciência o sabor da derrota. A ciência passa a ser "meramente" artística, e nisso somos exatamente o contrário dos renascentistas.

Para dar um exemplo: as leis de Newton se nos apresentam, a nós, como grandiosas, porque conseguem reduzir a algumas poucas equações simples e econômicas fenômenos tão complexos e díspares como o é a queda da maçã e a órbita da luz. Admiramos nessas leis a força criadora, artística, da mente humana e é nessa qualidade artística que sentimos o progresso havido de Galilei e Kepler para Newton. Mas essa admiração nossa significa para nós, herdeiros do barroco, uma tácita admissão de que Newton supera Kepler "apenas" esteticamente. Porque o barroco acreditava que as leis de Newton representavam um progresso "real", num sentido de maior penetração nos "segredos" da natureza. E este é, pois, o motivo da pesquisa científica no barroco: progredir e penetrar natureza adentro. Devemos, para poder compreender esse espírito e essa mentalidade progressista e agressiva, procurar intuir a situação do cientista. Somente depois de intuída essa situação, poderemos enquadrar o movimento progressivo e agressivo no conjunto do gesto redondo.

A natureza se apresenta à razão como um enigma, mas não como um mistério indecifrável. Não é uma esfinge, é uma charada. Foi projetada com o propósito de ser decifrada. Mas simultaneamente foi projetada com o propósito de oferecer obstáculos ao deciframento. Do contrário não seria divertido procurar decifrá-la. A natureza é uma charada difícil, e é por isso que é divertida. Esse é, pois, no fundo o motivo da razão ao projetar a natureza, e esse é no fundo o motivo da razão ao decifrar a natureza: divertir-se. Mas divertir-se com quê? Com a certeza da morte definitiva, que veio substituir a esperança da vida eterna desde o Renascimento. É como diversão, portanto, que a ciência preenche o lugar vago pela religião durante o barroco.

A decifração progressista da charada que é o enigma da natureza exige esforço. É um esforço semelhante ao do detetive. A ciência investiga, com efeito, um crime chamado "natureza". A observação, primeiro estágio de investigação, fornece os dados da cena do crime. Quanto mais minuciosa for essa observação, tanto mais dados terá o cientista para construir pistas. A construção dessas pistas, chamadas "hipóteses", é possível pelo fato de o cientista dispor de uma chave quanto à identidade do criminoso: é muito semelhante ao próprio cientista. Com efeito, é a mesma razão que inspira o cientista aquela que perpetrou o crime. A partir dos dados que a observação da situação lhe fornece o cientista se põe, portanto, na situação do criminoso e se faz a pergunta: como teria agido eu em semelhante circunstância, como teria agido se fosse eu o criador da natureza? É óbvio como teria agido, dada a estrutura fundamental da razão cartesiana. No fundo teria agido de maneira clara e distinta, e teria depois introduzido complicações para despistar a razão investigadora. Mas essas próprias complicações teriam o seu método, não seriam fortuitas e irracionais, embora pareçam sê-lo. Em outras palavras: o crime chamado "criação da natureza" foi um processo metódico que progredia do simples para o complexo. E o progresso da ciência que investiga o crime deve ser, forçosamente, inverso: deve partir do complexo em busca do simples. É esta, pois, a hipótese mestra que caracteriza o método da ciência barroca: o mundo aparentemente complexo da natureza é fundamentalmente simples, e descobrindo essa simplicidade saberei como o mundo da natureza gira.

É quase incrível, ao contemplarmos a situação do cientista barroco, que este não deu o último passo que a sua cosmovisão parece querer impor espontaneamente. A despeito do seu progressismo, não chegou o barroco a formular o evolucionismo. Admitia que a criação da natureza era processo progressivo do simples em direção do complexo, mas presumia tacitamente que esse processo já estava, havia muito, terminado. No seu estágio atual a natureza se apresenta como mecanismo perfeito. A criação da natureza era, com efeito, um acontecimento do passado. Uma vez perpetrada a natureza, e introduzidas nela as complicações necessárias para despistar a razão investigadora, foi ela abandonada à sua própria sorte. E essa sorte consiste na eterna repetição dos movimentos dos corpos extensos nos quais a natureza consiste. A natureza é mecanicamente inerte. No fundo é essa sua inércia idêntica à clareza e à distinção que a têm projetado originalmente. É, portanto, na descoberta progressiva dessa inércia que consiste a meta da ciência barroca.

O barroco não chegou a conceber a evolução, que a sua cosmovisão parecia querer lhe impor, porque era incapaz de conceber o progresso. E era incapaz de conceber o progresso, porque encarava a natureza como projeto de geometria. Trata-se de um problema ontológico no qual é preciso demorar-se por um instante. A geometria estabelece um campo de "realidade" no qual os "seres" (os pontos) estão localizados. Se algo está localizado nesse campo, então esse algo é um ponto ou um conjunto de pontos, senão não. Em outras palavras: algo é, ou não é, e essas duas formas são as únicas formas de ser concebíveis. É inconcebível uma forma de ser que seja e não seja simultaneamente. É inconcebível a forma do vir-a-ser, do tornar-se. É, portanto, inconcebível o processo. É verdade que dentro do campo da geometria pontos se deslocam constantemente uns em relação aos outros e em relação aos eixos coordenantes, e formam destarte sempre novos conjuntos de pontos. Mas esses novos seres que assim surgem não passam de transformações mecânicas de conjuntos. Não são novas formas de ser, mas apenas novas formas de seres. São reagrupamentos de elementos "reais" imutáveis ontologicamente, sejam esses elementos

PÁG. 215 chamados de "átomos" ou de "mônadas" ou simplesmente de "pontos". Como vemos no argumento anterior, a filosofia pode duvidar da "realidade" desses elementos tanto de um ponto de vista empirista como racionalista. E a ciência pode pôr entre parênteses essa dúvida filosófica a respeito dos elementos com os quais opera. Mas o que o barroco não pode é conceber a fluidez ontológica desses elementos, mesmo quando aceitos como sendo "realidades". Esse próximo passo no caminho da dissolução da natureza em campo de processos, e da realidade em fantasmas, será reservado ao romantismo. A incapacidade barroca de conceber o vir-a-ser é responsável pelo otimismo curioso do Iluminismo como fé no progresso, podendo apenas distinguir entre o ser e o não ser, entre o positivo e o negativo, tende o barroco para o positivismo ou o negativismo, e será o positivismo que triunfará provisoriamente. O romantismo demonstrará a relativa ingenuidade tanto do positivismo como do negativismo, ao demonstrar a força positiva da negatividade no processo evolutivo.

Disse que a ciência barroca tende para o positivismo e negativismo, e que será o positivismo que triunfará provisoriamente. E chamei de "otimismo curioso" e de "ingenuidade relativa" essa tendência barroca. Procurarei elaborar essas afirmativas. A natureza é, para a ciência barroca, um enigma do tipo "charada", isto é, um enigma razoável. O otimismo do barroco reside no feito de acreditar que o enigma tem solução nítida, e de que essa solução pode ser

2. MALDIÇÃO / 2.1. RELÓGIO / 2.1.1. MECANISMO

encontrada progressivamente. Mas é um otimismo relativo, porque o barroco sabe que a solução encontrada resultará na transformação da natureza em mecanismo inerte. A ingenuidade do barroco reside no fato de acreditar que o enigma da natureza pode ser resolvido pela razão discursiva. Mas é uma ingenuidade relativa, porque o barroco sabe que a solução encontrada resultará na transformação da natureza em razão aplicada. O aspecto positivista do barroco reside nesse otimismo e nessa ingenuidade. O aspecto negativista do barroco reside nessa relatividade do seu otimismo e da sua ingenuidade. O triunfo provisório do positivismo sobre o negativismo está ligado com o êxito pragmático da ciência no fim do barroco. A progressiva solução da charada da natureza resulta em máquinas, essa prole incrivelmente fértil e numerosa do mecanismo que é a natureza barroca. Essas máquinas, que são a materialização da inércia, os espectros materializados do espírito inerte que faz com que a natureza gire, mudam o clima existencial da ciência radicalmente. A ciência deixa de ser mero divertimento no fim do barroco e começa a alterar profundamente a vida cotidiana. A humanidade fica mesmerizada pelas máquinas que entoam, com seu canto mecânico, o hino em louvor da inércia toda poderosa. Isso deixou de ser brincadeira, esses teares que vomitam automaticamente tecidos. Já não são mais aqueles autômatos do começo do barroco, que abanam cabeças ou tocam piano para divertir os espectadores. Doravante as máquinas trabalharão, e começarão a substituir o trabalho humano.

PÁG. 217

A ciência, de divertimento, passa a ser magia. E é essa qualidade mágica da ciência que deslumbra as mentes. Ela é responsável pelo recalque do aspecto negativo da ciência e pelo triunfo provisório do positivismo.

A lanterna mágica pode servir de símbolo do desenvolvimento da ciência barroca. Os estudos de óptica resultam na invenção desse aparelho que diverte as multidões com sua magia ingênua e aparentemente inocente. Projetam fantasmas ridículos sobre telas, e provoca um riso acompanhado de uma sensação fria na espinha. Mas, pouco a pouco, esses fantasmas na tela começam a adquirir uma espécie de realidade, porque adquirem autonomia. As máquinas são esses fantasmas projetados pela lanterna mágica da ciência barroca. Deixam, pouco a pouco, de divertir, deixam de provocar riso. Mas deixam também, pouco a pouco, de provocar a sensação fria na espinha, porque se comportam de maneira servil e prestimosa. As máquinas são espectros obedientes. Por serem obedientes, são espectros que não causam medo. O medo virá muito mais tarde. A ciência é máquina, porque produz espectros obedientes. No fundo é este o positivismo barroco: o resultado positivo do decifrar da charada da natureza resulta em espectros obedientes. Diante desse resultado prático toda a problemática teórica da ciência é relegada a segundo plano. O negativismo é relegado a segundo plano e o barroco desemboca no triunfo da ciência aplicada.

2. MALDIÇÃO / 2.1. RELÓGIO / 2.1.1. MECANISMO

PÁG. 218

No capítulo que tratou da Idade Média procurei discutir a magia. Descrevi essa disciplina como a tentativa de descobrir a primeira matéria que fundamenta todas as coisas e para a qual todas as coisas se dirigem, em outras palavras: como a tentativa de descobrir o destino. A descoberta do destino equivaleria à superação do destino e resultaria em liberdade. A distinção entre magia branca e negra (distinção difícil) residirá no motivo e na meta dessa tentativa. O motivo da magia branca seria a transcendência das coisas, e a sua meta seria a salvação da alma nas coisas. O motivo da magia negra seria a imanentização da alma nas coisas, e a sua meta seria o poder sobre as coisas. A ciência barroca, considerada como magia, exige a reformulação dessas definições e uma substituição de termos. A matéria-prima que fundamenta todas as coisas é doravante a extensão, isto é, geometria. O destino de todas as coisas é o movimento inerte do mecanismo, portanto, a cadeia circular da causa e do efeito. A distinção entre magia branca e negra é doravante inoperante. A "alma" (doravante, a coisa pensante) não pode ser salva nas coisas extensas, nem pode se imanentizar nas coisas, porque a elas está oposta. Pode apenas libertar-se das coisas aniquilando a natureza. A aniquilação da natureza é inteiramente possível, porque a natureza (no significado barroco do termo) não passa de projeção da coisa pensante. A transformação das coisas em máquinas é a aniquilação das coisas. A ciência como o método dessa transformação é uma aniquilação da natureza e, nesse sentido, uma libertação da coisa pensante de si mesma. É nesse sentido que a ciência barroca é magia. Não é, portanto, nem branca nem negra, mas cinzenta. O seu gesto não é linear como o é da magia branca, a saber, através das coisas rumo a Deus. Nem é linear como o da magia negra, a saber, a partir da alma rumo às coisas. Mas é um gesto amplamente redondo, a saber, parte da razão, abarca a natureza das coisas extensas, e as varre para dentro da coisa pensante para aniquilá-las. Faz, portanto, explodir a fórmula "(=)" de dentro.

Lancemos um rápido olhar sobre a natureza barroca, tal como a razão a estabeleceu. Num espaço euclidiano coordenado pelos eixos cartesianos giram corpos extensos que têm a forma aproximada de esferas. Giram em órbitas aproximadamente elípticas, em cujo foco está o sol, o maior deles. Ao redor desse mecanismo planetário o espaço da geometria tridimensional se estende infinitamente, e nele estão localizados conjuntos de pontos fixos chamados astros. O nosso sol é um desses astros. A nossa terra é uma das esferas que gira elipticamente. Todos os corpos extensos estão unidos entre si por elásticos invisíveis chamados forças. São esses elásticos que formam a estrutura da natureza. Essa estrutura pode ser articulada pela razão em poucas equações aritméticas simples. Nessas equações a natureza torna-se racionalidade. O princípio básico dessa estrutura, a força fundamental de todas as forças, é a inércia, isto é, a mecanicidade repetitiva de todos os movimentos dos corpos extensos. É, portanto, fundamentalmente clara e distinta a estrutura da natureza. Mas na Terra ela se complica aparentemente. São tantas as forças que agem na Terra, e a sua interação é tão barroca, que resultam em movimentos aparentemente fortuitos e desordenados. Esse caráter aparentemente gratuito dos movimentos cria no observador da natureza (na coisa pensante) a ilusão de terem resultado de uma vontade livre. Por exemplo: a observação de um cachorro caçando um gato cria a impressão na coisa pensante que cachorro e gato se movimentam espontaneamente. Mas uma análise das forças que se coligaram para resultar nos movimentos do cachorro e do gato desvendará a simplicidade fundamental dessa complexidade aparente. Traduzidos os movimentos do cachorro e gato para a linguagem da geometria analítica, descobrirá a coisa pensante que cachorro e gato se movimentam razoavelmente, isto é, automaticamente. Com efeito, a caça do cachorro ao gato obedece a mesma inércia à qual obedece o movimento dos planetas. Trata-se do mesmo mecanismo.

Descoberto o mecanismo simples que faz girar a natureza, duas coisas se tornam possíveis para a razão discursiva: pode prever o futuro, e pode simplificar e racionalizar os movimentos complexos. A primeira possibilidade tornará a razão discursiva progressivamente onisciente. A segunda possibilidade vai torná-la progressivamente todo-poderosa. Estas são, pois, as duas metas da ciência barroca como disciplina mágica que substitui a religiosidade. Essas duas metas em seu conjunto transformarão a coisa pensante em Deus e terão assim realizado a Reforma no campo do profano. O barroco não conseguiu realizar integralmente as metas. Conseguiu prever o futuro, mas somente no caso dos movimentos simples, por exemplo, no caso do movimento das plantas ou das pedras. E conseguiu simplificar a natureza, mas apenas superficialmente, por exemplo, podando árvores ou treinando cavalos. A caça do cachorro ao gato continuava imprevisível em seus detalhes e complexa em seus movimentos. A coisa pensante era o Deus dos planetas, das pedras, dos jardins e dos picadeiros, mas ainda não o era dos cachorros e gatos. Mas isso não desanimava os *savants* barrocos. A razão discursiva tinha despertado tão recentemente das trevas medievais que o progresso realizado, embora limitado, autorizava um otimismo ilimitado para o futuro. Tratava-se simplesmente de continuar perseguindo a mesma pista. E a garantia empírica desse otimismo eram as máquinas produzidas pelo avanço da razão contra a natureza. Quando os autômatos complexos como cachorros e gatos forem substituídos por autômatos racionalizados como teares e máquinas a vapor, a razão humana será onisciente e todo-poderosa.

Pois é nesse sentido que a natureza é o mecanismo do relógio barroco. Com suas rodas e engrenagens aparentemente complexas, labirínticas e maneiristas, causa o movimento claro, distinto e classicista dos ponteiros. A ciência, ao descobrir o mecanismo do relógio, transforma a razão em relojoeiro. A ciência é a religião do barroco.

2.1.2. PONTEIROS

Temos, nós do século XX, uma vivência caótica do tempo. Ora os instantes se precipitam, em queda furiosa e desenfreada, e nos arrastam consigo rumo à morte. Não temos literalmente tempo. Ora os instantes estagnam no pântano do tédio e criam em nosso redor um *nunc stans* que nos esmaga. Devemos literalmente matar o tempo. O tempo que cai, gota por gota e minuto por minuto, o tique-taque claro e comedido do relógio barroco, aquele tempo cadenciado que anda de peruca e toma rapé, não é o nosso tempo e não podemos vivenciá-lo. Mas o nosso tempo é insuportável e dilacera as nossas entranhas. Procuramos, desprezados, o tempo perdido. Esse *recherche du temps perdu* explica o atual renascimento da música barroca. Quando forçamos os nossos discos à rotação infernal de 78 voltas por minuto, ou quando, para frearmos o tempo e economizarmos o tempo, diminuímos a rotação para apenas 33 rotações por minuto, o espectro do tempo barroco nos envolve qual saudade. Despimos, nesses instantes libertadores, as nossas camisas românticas ensopadas pelo suor quente da angústia e pelo suor frio do tédio, e submetemo-nos, voluntariamente, ao rigor civilizado do tempo barroco. Os nossos alto-falantes histéricos interrompem, por um instante, o berro precipitado dos *speakers* que relatam, *à bout de souffle*, a última corrida de cavalos, e o ar ressoa, por um instante, com o ritmo de um *concerto grosso*. O cavalo, o violoncelo, a viola d'amore nos tomam suavemente pela mão e nos ensinam, seres cansados e desiludidos, os passos graves e sérios da dança barroca. Conduzem-nos, em suas voltas sábias e aparentemente repetitivas, até o pianíssimo, quando a voz apenas audível do violino tece em nosso redor o tecido da beleza da razão humana. Depois de um disco de música barroca, não é possível ouvir, já não digo os berros dos Beatles, mas mesmo os lamentos do romantismo. Seria experimentar na própria carne a perda progressiva do otimismo que é a história do Ocidente depois do barroco. O disco barroco nos convence vivencialmente de que a época que vai da Guerra dos Trinta Anos até a Revolução Francesa é a única época civilizada no significado moderno desse termo. É a única época durante a qual o homem se comporta razoavelmente.

Mas como, se é a época das superstições, do mesmerismo, do ardor místico e das Münchauseadas? Insisto, no entanto, em minha afirmativa, por paradoxal que seja. É, com efeito, barroca a minha afirmativa, o que prova que é existencialmente apropriada. O lótus nasce do lodo. É tão eminentemente razoável e civilizado o barroco, justamente por nascer do irracionalismo. É tão eminentemente iluminada a culminação do barroco, justamente por nascer do obscurantismo.

2. MALDIÇÃO / 2.1. RELÓGIO / 2.1.2. PONTEIROS

É tão eminentemente tolerante a culminação do barroco, justamente por nascer do fanatismo. Com efeito, o racionalismo barroco é irracional, o iluminismo barroco é obscurantista, e é fanática a tolerância barroca. Pois é justamente esse o caráter do barroco, a linha torta, o gesto redondo. Pois é justamente esse o movimento dos ponteiros no relógio barroco que medem, comedidos, os minutos graves do tempo. São dois estes ponteiros: o ponteiro do maneirismo e o ponteiro do classicismo. Não nos deixemos iludir por quaisquer considerações cronológicas ao contemplarmos os movimentos desses dois ponteiros. Ponhamos os conhecimentos catalogadores da história didática entre parênteses fenomenológicos em nossa tentativa de descobrir o *eidos* do barroco. Serão contemporâneos para nós maneirismos e classicismo, como também se confundem para nós barroco e rococó, pois brotam do mesmo húmus. É verdade que com o progresso do tempo histórico o gesto solene e grave se torna precioso e ridículo, e que o cerimonial se transforma em etiqueta. É verdade que o que era aumentativo se transforma em diminutivo. É verdade que a peruca se transforma em rabicho, a bota em botina, e o vinho em leite. É verdade que Descartes se transforma em Voltaire, Locke em Franklin, e Newton nos fisiocratas. Mas é o mesmo mecanismo que propele os ponteiros. É a mesma dicotomia "razão/natureza" que estabelece a fórmula do mundo que é o relógio barroco. Consideremos, pois, esses ponteiros.

Tentemos intuir, o melhor que podemos, a situação existencial de quem existe encarando um mecanismo. Uma situação de quem pensa, se movimenta e age em função de um mecanismo. Em breve: tentemos intuir a situação existencial de um ponteiro. Somos invadidos, logo no início dessa tentativa, por uma sensação insuportável de claustrofobia. Sufocamos nesse espaço fechado e ordenado, nessa "unidade de lugar, tempo e ação", para falarmos em termos que caracterizam o teatro classista. Mas essa angústia que nos invade ao contemplarmos a situação existencial do barroco falsifica o sabor daquilo que procuramos captar com nossa simpatia. Se lemos Leibniz, por exemplo, não podemos sequer imaginar que a sua cosmovisão que consiste em celas sem janelas pode ter sido vivenciada por ele como o melhor dos mundos possíveis. Então essa penitenciária habitada por prisioneiros mantidos incomunicados é o melhor dos mundos? E essa disciplina penal, chamada "harmonia preestabelecida", em obediência à qual todos os prisioneiros despertam ao mesmo tempo, almoçam sincronizadamente, e vão dormir em perfeito acorde sem jamais se verem uns aos outros, é prova da excelência desse mundo? Mas devemos aceitar a palavra de Leibniz, e de Racine, e de Bach, que aquilo que se apresenta a nós como sendo inferno geométrico era vivenciado por eles como situação perfeitamente suportável, senão agradável. A nossa tarefa será, portanto, a de tentar compreender como era possível essa atitude tão diferente da nossa. Essa tarefa pode ser ensaiada em dois planos diferentes: podemos aceitar as explicações fornecidas pelos homens do barroco, ou podemos procurar por motivos que se escondem por detrás das explicações oferecidas. Recorrerei a ambas as alternativas.

Se consultados sobre a sua vivência do mundo, os homens do barroco não negarão, talvez, a estreiteza desse seu mundo. Mas afirmarão que é justamente na limitação que a perfeição é alcançável. A limitação é a condição da perfeição, e a obra perfeita é aquela que se mantém nos limites de poucos elementos e regras rigorosas. Longe de ser um defeito a estreiteza do mundo, é ela sinônimo da distinção e clareza. Um mundo "rico e aberto" (no significado romântico desses termos) seria um mundo bárbaro e caótico, portanto um mundo indigno e feio. Dignidade e beleza são possíveis somente em mundo estreito. O mundo como mecanismo é a condição do homem e da alma bela. A dignidade do homem e a beleza da alma são os dois "ideais" do homem que enfrenta o mecanismo. O homem digno é aquele que governa os seus instintos caóticos pela razão, e assim se liberta dos seus instintos. A alma bela é aquela cuja natureza harmônica resulta em pensamentos nobres e ações razoáveis. Ambos, dignidade do homem e beleza da alma, são ideais alcançáveis pela educação do pensamento. Com efeito, o homem digno e a alma bela são sinônimos do homem educado e civilizado. Mais exatamente: o homem digno e a alma bela são sinônimos do burguês perfeito. O melhor método didático, a melhor educação do gênero humano, é a arte. Na arte a aparente complexidade da situação é reduzida para o seu mecanismo simples, e é nesse mundo artificialmente empobrecido que o homem aprende a ser digno, e a alma aprende a ser bela. O mundo da arte, embora artificial, não é um mundo falso. Pelo contrário, simplificando a complexidade aparente, desvenda a arte o "verdadeiro" mecanismo do mundo. Se a ciência é a religião do barroco (por ser a sua magia), a arte é a educação do barroco (por ser reveladora).

Mas o que é aquilo, afinal, que a arte revela? A natureza do homem. Se o leitor acompanhou o presente argumento com atenção, a expressão "natureza do homem" deve ter lhe causado surpresa. Se a natureza foi definida como aquele mecanismo ao qual o homem está oposto, o que significa "natureza do homem", a não ser, talvez, "corpo humano como autômato inerte"? É óbvio que a arte não revela a natureza humana nesse significado do termo. Não, o termo "natureza do homem" é resultado da circularidade do gesto barroco. Em consequência dessa circularidade a coisa pensante varre, para dentro de si, o mundo das coisas extensas, e se adéqua a ele. É isso que o barroco chama de "conhecimento". E nessa adequação a própria coisa pensante se mecaniza. Trata-se de um fenômeno tipicamente barroco. A coisa pensante projeta um mundo fictício, chamado "natureza", e depois se adéqua a essa ficção sua, e assim surge a "natureza humana". A natureza humana é, portanto, uma ficção de segundo grau, e é essa ficção que a arte barroca revela.

A natureza humana, no significado barroco do termo, é quase exatamente o contrário da nossa noção correspondente, a saber, da psique. Para nós, filhos do romantismo, a psique tem uma camada superficial, clara e distinta, chamada "intelecto", e múltiplas camadas profundas, obscuras e indistintas, chamadas "subconsciente". E há uma relação dinâmica e fluida entre os fenômenos da psique: a psique é um processo. Para o homem barroco a natureza humana é fundamentalmente simples, clara e distinta. O homem "natural" é digno e belo. Mas na superfície agem os apetites indignos e corruptos que são os detritos desnaturalizados da natureza humana. Essa desnaturalização é consequência do irracionalismo que imperava durante centenas de anos na sociedade. Por incrível que pareça, o barroco parece não perguntar como e de onde surgiu o irracionalismo. Basta, no entanto, retornar à natureza humana, para que essa camada corrupta desapareça. Isso não é difícil, porque a natureza humana é razoável. É, com efeito, uma réplica da natureza mecânica das coisas extensas. É preciso educar os homens para que redescubram a sua própria natureza, e é pela arte que essa redescoberta pode ser feita. A arte significa o homem e torna bela a alma, porque revela a natureza humana digna e bela. E os homens educados pela arte a serem dignos e belos constituirão sociedades razoáveis, isto é, simples e claras, em uma palavra: civilizadas.

Civilização não é, portanto, o contrário da natureza. É a realização digna e bela da natureza humana. O contrário da natureza são a barbárie e o caos. O contrário da natureza são a indignidade e a feiura. Em outras palavras: o inatural é o pecado. Nesse sentido, é a arte como educação do gênero humano para a sua própria natureza uma purificação, e complementa a ciência como religião do barroco.

Não podemos suprimir um sorriso ao contemplarmos a ingenuidade otimista da resposta que provocamos do nosso interlocutor barroco. Mas esse nosso sorriso desaparecerá se formos contemplar as obras de arte que resultarem, pretensamente, dessa cosmovisão estreita e simplista. Poderá realmente explicar essa cosmovisão o impacto que sobre nós exerce o *Cravo bem temperado*? Um Espinosa ou Leibniz dirão que sim, já que o *Cravo bem temperado* torna fenomenalmente sorvível a profunda dignidade e beleza do pensamento humano, isto é, revela a natureza humana. É por essa revelação (dirão) que a música de Bach nos educa. Mas nós sentimos que algo se esconde por detrás dessa explicação, algo inconfesso pelo barroco. Pois não caracteriza o barroco que sua superfície simples esconde um complexo obscuro? É por isso que eu disse, logo no início desse argumento, que a tarefa de intuir a situação existencial do barroco é dupla. É preciso ouvir o que dizem os homens do barroco, mas é também preciso ouvir o que não dizem, por não ousar dizê-lo. Tentemos essa segunda alternativa.

PÁG. 230

O mundo estreito, geométrico e monadicamente isolado é o melhor dos mundos possíveis, mas mesmo assim é um mundo maldito e amaldiçoado. Paira sobre esse mundo a maldição pela culpa que a humanidade cometeu ao abandonar a fé num mundo "melhor" transcendente. Que o mundo das aparências é um mundo mau, um vale de lágrimas, é uma convicção cristã da qual a Idade Moderna não se desvia, embora não quisesse sempre confessá-la. A Idade Média não tinha motivo de minimizar a profunda maldade do mundo aparente, já que esse mundo não passava de uma escola para o outro. Mas a Idade Moderna não tinha mais o outro autenticamente, já que a Reforma tinha esterilizado esse outro mundo, ao colocá-lo para dentro da consciência humana. O mundo fundamentalmente mau era o único mundo que lhe restava. O Renascimento, para o qual esse mundo fundamentalmente mal representava uma libertação das algemas medievais, aceitava a sua maldade de bom grado. Daí a impressão de crueldade e maldade pura que a contemplação do Renascimento transmite. A Reforma combatia, na aparência, a maldade do mundo, já que tinha surgido, na aparência, para reformar a Igreja invadida pela maldade do mundo. Mas, na realidade, minimizava essa maldade ao professar a fé na inoperância das obras. O mundo aparente é mau, dizia, mas inoperante. O barroco é o primeiro passo para a aniquilação do mundo maldito. A própria definição barroca do mundo como "o melhor possível" é uma admissão da sua profunda maldade e é, simultaneamente, a expressão da resolução de acabar com ele. Por que é o mundo como mecanismo e como conjunto de celas sincronizadas e incomunicáveis o melhor dos mundos possíveis? Porque é o mais pobre e o mais reduzido dos mundos possíveis. Todos os demais mundos possíveis, por serem mais abundantes, são ainda mais horrendos. O barroco não pode imaginar um mundo mais vazio de que era o seu, e era por isso que o chamava de melhor mundo possível. Nós que estamos acostumados a mundos infinitamente mais exaustos sentimos claustrofobia no mundo barroco. Mas o homem do barroco se sentia relativamente mais liberto na prisão das mônades e do amor intelectual de que na selva bárbara e horrenda dos impulsos e instintos. Se a escolha de mundos é resumida a duas alternativas: selva e prisão, a prisão é o melhor dos mundos possíveis. É preferível ser ponteiro a ser joguete de forças escuras. Esta é, pois, a decisão existencial do homem barroco em prol do projeto de ser ponteiro. É uma decisão em prol da realização do melhor dos mundos possíveis. E é a partir dessa decisão existencial que podemos tentar intuir as articulações barrocas.

A força com a qual se apodera da nossa mente o *Cravo bem temperado*, ou uma tela de Rembrandt, ou um drama de Racine, ou o sistema espinosano, não brota daquilo que essas obras dignas e belas articulam, mas daquilo que suprimem. Essas obras são majestosas e monumentais não pelo que criam, mas pelo que aniquilam. Surgiram, como esculturas, de um esforço gigantesco e destrutivo, durante o qual o cinzel era a razão disciplinada. A simplicidade e a clareza da estrutura das obras barrocas vibram com a tensão da obscuridade complexa daquilo que a razão aniquilou para poder articular-se. A simplicidade da fuga de Bach nos arrebata, porque atesta a violência do esforço disciplinador que cinzelou o caos poderoso do qual a fuga se projeta. As cores sombrias e disciplinadas e o contraste organizado entre luz e sombra nas telas de Rembrandt nos cortam a respiração, porque atestam a multidão caótica do oceano de cores suprimidas do qual essas telas surgiram. A clareza da organização dos dramas de Racine e a linguagem rigorosamente escandida das suas personagens nos comovem e perturbam, porque atestam a riqueza e a brutalidade dos instintos e sentimentos dos quais surgiram e os quais suprimiram. O amor intelectual e pálido que Espinosa professa por essa sombra de Deus, que é a natureza mecânica e a maneira geométrica com a qual ele trata da ética, entusiasma as nossas mentes, porque atesta o amor violento pelo Deus de Abraão, e a ânsia violenta e desesperada da graça que essa filosofia suprimiu para articular-se. A simplicidade comedida dos movimentos, pelos quais os ponteiros medem o tempo, é empolgante, porque atesta a complexidade labiríntica e fantástica das rodas e engrenagens que os propelem. O barroco é uma época digna e bela, e uma época amaldiçoada, porque a sua grandeza reside no gesto que aniquila. O barroco é o estilo do aniquilamento redondo.

Não fosse o barroco, a época das bruxas e de Cagliostro não teria sido a época de Leibniz e Espinosa. É por sentirmos a superação das bruxas em Leibniz e de Cagliostro em Espinosa que os reconhecemos como gigantes. É por isso que o barroco é a única época verdadeiramente civilizada. Num gesto redondo e aniquilador disciplinava o caos. E não é esta a própria essência de civilização: aniquilar o caos num gesto? O barroco é um teatro esplêndido, porque por detrás de seus biombos razoáveis borbulha o absurdo. O barroco é um gesto pomposo e grandiloquente, porque procura encobrir com suas palavras dignas e belas um terror suprimido. Mas se formos comparar essa pompa e grandiloquência com os gestos que caracterizarão épocas futuras, essas futuras épocas se nos apresentarão como desprezíveis. Os gestos românticos e as poses da atualidade carecem da dramaticidade teatral do gesto barroco, porque diminui progressivamente a pressão que faz com que a humanidade ocidental represente o papel de Deus. Sob esse aspecto representa o barroco o ponto culminante da Idade Moderna. É no barroco que a razão humana alcança a sua maior dramaticidade como gesto de aniquilamento. É no barroco que a razão humana desvenda mais poderosamente o seu aspecto demoníaco como espada do homem na sua luta contra Deus. E esse aspecto demoníaco explica o misticismo barroco.

"*Ich Weiss, dass ohne mich Gott nicht ein Nu kann leben*" ("Sei que sem mim Deus não pode viver sequer um instante"). Este verso terrível de Angelus Silesius articula o sentimento místico do barroco. Não é o misticismo medieval que procura na união mística a dissolução e a salvação da alma em Deus. Não é o misticismo renascentista que procura na união mística (como Santa Teresa) e como quase sensual da alma possuída por Deus. Procura, pelo contrário, incorporar, no gesto redondo mais abarcador, chamado "união mística", Deus no homem para aniquilar Deus. E Angelus Silesius continua: "*Werd ich nicht, Er muss von Not den Geist aufgeben*" ("Se eu me tornar nada, Ele deverá necessariamente render o espírito"). No supremo gesto barroco, que é o misticismo racional, o nada se articula pela primeira vez na história do Ocidente como o fundamento da realidade. O homem moderno encara o nada a partir do Renascimento. Estabelece em seu redor o mundo objetivo para encobrir esse nada. A ciência e a arte barroca mecanizam o mundo objetivo, para fazer dele o melhor dos mundos possíveis. O misticismo barroco penetra num gesto abarcador para o além desse mundo-biombo e desvenda o seu fundamento, a saber, o nada. Shakespeare articula, num relâmpago de autenticidade, a exuberância renascentista em face desse biombo: é obra de um idiota. O misticismo barroco articula essa idiotice que é o mundo objetivo: representa o nada. Não é, portanto, o Deus cristão a meta dos místicos do barroco, é muito mais o nada do budismo. Mas não é o nirvana. Os místicos barrocos são cristãos invertidos. Com seu fervor místico demandam o contrário do Deus do cristianismo. Na união mística que procuram comungam com aquilo que é o oposto de Deus. O nada que desvendam na sua experiência extrema é o que a Idade Média chamava de "diabo". Os místicos barrocos são bruxas. E assim se fecha o grande gesto redondo e aniquilador que é o barroco. Parte da bruxaria se desemboca na bruxaria. Parte da adoração do diabo se desemboca na adoração do diabo. A clareza e a simplicidade disciplinada da ciência e da arte barroca não passam da grande volta que estes dois ponteiros dão no seu movimento redondo que parte da meia-noite da magia para se reencontrar na meia-noite do misticismo. É por isso que tanto arte como ciência barroca são caracterizadas pela clareza obscura e pela simplicidade complexa. Essa afirmativa barroca que acabo de formular é uma tentativa de articular a situação existencial dos ponteiros. Ponteiros existem em função de um mecanismo. Os seus movimentos aparentes são comedidos, dignos e pomposos. Mas se formos observar esses movimentos de perto, verificaremos que os ponteiros vibram, apenas perceptivelmente, com os impulsos descontínuos que recebem do mecanismo complexo em função do qual se movimentam. E os ponteiros estão presos ao mecanismo. Em virtude desse aprisionamento dos ponteiros, apontam nada. O seu movimento digno e pomposo nada aponta, é insignificante. É uma máquina diabólica o relógio do barroco. Gira sem propósito e sem esperança no nada. Mede mecanicamente o tempo circular do inferno. Oscila entre a razão vazia e a natureza vazia. O otimismo aparente que caracteriza o fim do barroco na forma da fé no progresso é na realidade uma abdicação definitiva a toda esperança de poder libertar-se do mecanismo. É na realidade a decisão existencial de fazer do inferno o melhor dos mundos possíveis. Diz, com efeito: "Já que me encontro em situação do ponteiro, resolvo-me a ser um ponteiro progressivamente mais perfeito". O barroco é uma época amaldiçoada.

Os ponteiros, impulsionados pelo mecanismo, progridem em seu curso redondo predeterminado e apontam para as cifras do mostrador sobre o qual estão montados. O mostrador é o significado aparente dos ponteiros. Os ponteiros se movimentam a fim de apontar para as cifras que o mostrador ostenta. As cifras são os acontecimentos ostensivos dos ponteiros. Consideremos, pois, o mostrador do relógio barroco.

2.1.3. MOSTRADOR

A época que separa a Guerra dos Trinta Anos das revoluções americana e francesa tem, em retrospectiva digamos "política", um aspecto mestre. Pela primeira vez na história da humanidade uma única sociedade apodera-se do globo terrestre e prepara-se para eliminar todas as demais sociedades pelo método de aniquilação ou de assimilação forçada. O desmoronamento do edifício imperial erigido pelo barroco, ao qual estamos assistindo atualmente, desnuda para nós, geração pós-moderna, os seus alicerces. Superado o primeiro choque que esse desmoronamento nos causa, lidos e ruminados os lamentos e epitáfios do tipo Spengler e Toynbee, podemos começar a investigar desapaixonadamente o fenômeno deslumbrante do trajeto meteórico da sociedade ocidental pelo globo terrestre. Em pouco mais de quatrocentos anos, isto é, num espaço de tempo insignificante, se comparado com a história da cultura (para não falar na história da humanidade), a sociedade que habita as extremidades ocidentais da península europeia abarca num gesto fulminante toda a superfície da Terra, para esgotar-se e entrar em colapso. Comparado com esse fenômeno perde mesmo o avanço do Islã em assombro, já que as suas conquistas são menos amplas e mais duradouras. Creio que esse fenômeno incrível se torna compreensível apenas se for interpretado a partir da virada fatídica que se deu no Renascimento. A manipulação do mundo objetivo pelo sujeito que está oposto a ele resulta no domínio do mundo pelo sujeito, e esse domínio se desmorona quando o mundo objetivo for inteiramente manipulado, revelando assim a sua vacuidade. Nessa frase está esboçada a história política da Idade Moderna.

A existência do homem barroco como ponteiro que gira em redor do mostrador impelido pelo mecanismo realiza-se politicamente pelo estabelecimento do império absoluto do Ocidente. Também desse ponto de vista é o barroco o ponto culminante da Idade Moderna. Os duzentos anos que se seguem a ele não passam de elaboração progressiva do projeto barroco. O aspecto absolutista desse projeto é elaborado progressivamente até degenerar na ditadura burocrática e na massificação da "gente". O aspecto imperialista desse projeto é elaborado até degenerar na polarização do poder imperial em dois polos extremos que se digladiam no momento mesmo do seu desmoronamento. Toda história do Ocidente moderno é barroca nesse sentido: é consequência da mecanização do mundo externo ("imperialismo"), e da racionalização do mundo interno ("absolutismo"), e da adequação entre esses dois mundos pelo dinheiro ("mercantilismo"). Esses três termos que estão postos entre aspas serão, portanto, as três cifras do mostrador barroco que procurarei considerar no presente tópico. O homem ponteiro, essa existência burguesa, aponta, no seu percurso ciclicamente redondo e mecanicamente repetitivo, para essas três cifras. A consideração das três cifras equivale a um decifrar do significado da vida burguesa.

O imperialismo é a atitude que resulta do esforço de racionalizar a sociedade, se esta for concebida como coisa extensa. O absolutismo é a atitude que resulta do esforço de racionalizar a sociedade, se esta for concebida como coisa pensante. Em seu conjunto representam as duas atitudes a posição do humanismo, mas de um humanismo que passou pela Reforma. Procurarei elaborar essa afirmativa no curso do argumento seguinte. Quero primeiro

PÁG. 239 chamar a atenção para a posição ontologicamente dúbia e ambivalente que a sociedade ocupa no mundo barroco. Na ontologia barroca temos de um lado a "natureza", isto é, aquele conjunto mecânico de coisas extensas, ao qual pertencem também os animais e os corpos dos homens. Opostamente a esse conjunto está a "razão", isto é, aquela coisa que apreende, compreende e manipula a natureza. A razão apreende, compreende, manipula a natureza pela ciência, isto é, "impera" na natureza. E a razão apreende, compreende e manipula-se a si mesma pela arte, isto é, "absolutiza-se" a si mesma descobrindo a "natureza humana". Mas onde se localiza, nesse esquema, a sociedade? Como todos os esquemas elaborados pelo barroco, este também prima pela sua clareza e simplicidade aparente, e pela complexidade reprimida. Mas o esforço racionalizador reprimiu a complexidade tão perfeitamente que os pensadores barrocos não se davam conta do problema ontológico que a sociedade representa. Foi apenas a partir do romantismo que a sociedade começou a ser concebida como uma "realidade", tão real, ou talvez mais real, que a razão e a natureza, mas de toda forma como uma realidade autônoma e irredutível. No esquema barroco a sociedade deve ser enquadrada em uma das gavetas pré-fabricadas: ou é coisa extensa, ou é coisa pensante: ou é "natural", isto é, um mecanismo automático a ser apreendido, compreendido o manipulado, ou é "racional", isto é, resultado de algum contrato entre "razões" para melhor apreenderem, compreenderem

2. MALDIÇÃO / 2.1. RELÓGIO / 2.1.3. MOSTRADOR

e manipularem a "natureza". Essa alternativa resulta, obviamente, em duas concepções opostas da sociedade. Mas o dilema não é vivenciado pelo barroco, porque as duas concepções são congruentes. Em ambos os casos a sociedade se apresenta ao pensamento barroco como algo aparentemente complexo, mas fundamentalmente simples. No primeiro caso é o mecanismo simples das forças da natureza que "explica" os movimentos aparentemente complexos da sociedade. No segundo caso são as cláusulas simples do contrato social primitivo que assim os "explica". No primeiro caso é razoável e, portanto, bom, digno e belo descobrir as forças mecânicas para manipular a sociedade e realizar "a melhor sociedade possível". No seguindo caso é razoável e, portanto, bom, digno e belo reformular o contrato social de maneira iluminada pela razão, e realizar assim "a melhor sociedade possível". A primeira alternativa resulta em imperialismo, a segunda em absolutismo. Estando velado, para o pensamento barroco, o problema ontológico oferecido pela sociedade, é óbvio que as sociedades estranhas e exóticas são enquadradas na gaveta "coisa extensa", e a própria sociedade na gaveta "coisa pensante". As sociedades exóticas devem ser, portanto, manipuladas de forma "imperial", e a própria sociedade deve ser racionalizada de forma "absoluta". Não há, para o pensamento barroco, nenhum problema ético na diferença de comportamento do homem burguês, digamos, na França e no mesmo homem na Louisiana. Ambos os comportamentos são razoáveis e, portanto, bons, dignos e belos, se tenderem, no primeiro caso, a racionalizar o contrato social, e no segundo caso, a natureza.

Aliás, para simplificar uma situação já por si fundamentalmente simples, existe uma escala exata que mede o valor de toda atividade. É o dinheiro. Pelo menos em tese. Uma sociedade razoável, isto é, uma sociedade manipulada pela razão, funciona automaticamente como mecanismo que atribui a toda atividade uma quantia de dinheiro equivalente ao valor dessa atividade. É verdade que a sociedade barroca não é, ainda, perfeitamente razoável. Ainda existem tendências irracionais que desvirtuam a sociedade e destroem a escala do dinheiro. Mas, grosso modo, podemos dizer desde já que o homem bom, digno e belo é aquele que tem muito dinheiro, e que uma atividade boa, digna, e bela é aquela que é recompensada por uma quantidade alta em dinheiro. Bem entendido, todo esse argumento está se passando no terreno profano. Estou falando em "valor" num terreno profano. A Reforma provou que nada tem "valor transcendente" nesse terreno. Mas a Reforma provou também que posso desconsiderar o sacro nesse terreno. A Reforma justifica o dinheiro como medida de valores profanos, isto é, de valores *tout court*, existencialmente falando. A Reforma ensina que o significado da vida profana (as cifras do mostrador), isto é, o significado da existência enquanto ponteiro, é inteiramente insignificante para o transcendente. Ser rico significa ser bom digno e belo no mundo profano, e nada significa no mundo da eternidade. O pobre pode ter sido eleito, pela predestinação inescrutável, para uma vida de felicidade eterna, e o rico pode ter sido condenado para o sofrimento eterno. No sentido da transcendência, todo aquele gesto redondo do ponteiro chamado "vida no corpo" é insignificante. Por ser insignificante assim, é autônomo, e deve ser vivenciado nesta sua autonomia. O mercantilismo é a consequência dessa vivência da autonomia do mundo profano. A contabilidade dos bancos é o equivalente da justiça Divina, e o saldo credor ou devedor do burguês é o equivalente da salvação e da danação da alma. O acúmulo de capital é o equivalente da conquista da felicidade e a transmissão do capital aos herdeiros é o equivalente profano da imortalidade. O burguês mercante e mercenário está empenhado no dinheiro da mesma forma como o monge medieval está empenhado na alma. A perda de capital é tão terrível quanto o era a perda da alma, e a falência é uma desgraça equivalente à queda ao inferno. Mas há uma diferença que caracteriza justamente a diferença entre a Idade Média e a Moderna: o monge está empenhado na alma sem reserva mental; o burguês faz de conta que o seu empenho no dinheiro não tem significado transcendente. Esse aspecto teatral do mercantilismo, essa profunda desonestidade existencial do burguês, vai se tornando sempre mais óbvia com o decorrer do tempo. O capitalismo, o socialismo, o neocapitalismo vão demonstrando progressivamente que o gesto barroco de acúmulo de capital (ou dos seus equivalentes mais recentes) é ulteriormente insignificante, e que é um gesto que gira na vacuidade do nada. E que a transmissão do capital pela herança (ou pelas "fundações", ou pelo *Welfare State* ou pelo Estado socialista) é ridicularmente desproporcional ao fato brutal da morte. A imortalidade do capital (individual ou coletivo) não substitui, dado esse fato brutal, a imortalidade da alma. A morte é desvendada, pelo progresso da Idade Moderna, como o ulterior significado da vida. O mercantilismo, o capitalismo, o socialismo e os demais ismos da atualidade são um decifrar progressivo das cifras do mostrador como sendo cifras que significam a morte. Também nesse sentido são as épocas posteriores apenas elaborações do barroco.

Mas essa atividade decifradora das cifras é apenas iniciada pelo barroco. A morte paira ainda, nessa época, no horizonte da existência do homem-ponteiro, e ele não a encara conscientemente a todo instante, como o homem funcionário da atualidade. O dinheiro representa, no barroco, ainda algo mais que mistificação do fato da morte. E este "algo mais" é articulado pelos termos "absolutismo" e "imperialismo". Consideramos primeiro o absolutismo. O termo será usado, no presente contexto, como significando aquela racionalização da sociedade, em virtude da qual o burguês virá a ser "cidadão", isto é, soberano. Mas preliminarmente é necessário considerar rapidamente o termo em seu significado mais amplo, como oposto de "relativismo". Nesse significado mais amplo "absolutismo" significa uma espécie de fé em algo que seja autônomo e que não seja dependente de algo. Absolutismo é a fé (autêntica ou pretensa) em algo soberano. "Relativismo significa a perda dessa fé, e é, portanto, uma cosmovisão desiludida. Para o relativismo nada é soberano, já que tudo está relacionado com tudo e, portanto, tudo está subordinado a tudo. Um relativismo radical corrói todos os valores, e cria um clima de vida insuportável. A época atual é caracterizada por esse relativismo, o que torna difícil a intuição de todo absolutismo, inclusive daquele absolutismo pretensioso que caracteriza o barroco. A Idade Média é absolutista porque crê na soberania de Deus. É Ele o absoluto. O Renascimento está em perigo de cair no relativismo ao dar as costas a Deus. Desse perigo o Ocidente se salva pelo humanismo informado pela Reforma. Doravante será o homem, ou mais exatamente a consciência humana, o soberano absoluto. O barroco reformula a fórmula reformista: o soberano absoluto é a razão em oposição à natureza. A razão é o absoluto e natureza, o relativo. Não é o absolutismo autêntico, porque a razão é a soberana "pela graça de Deus". O absolutismo barroco é, como tudo no barroco, um gesto grandioso e grandiloquente que instala a razão no trono central do mundo. Uma crítica dessa razão, empreendida por nós, posteriores, desvenda esse absolutismo como fuga desesperada do relativismo. A "graça de Deus" que estabelece como suporte do seu trono é desvendada por nós como cerimônia sem significado, e o trono paira sobre o abismo do nada. Mas essa inautenticidade do absolutismo barroco se torna óbvia apenas mais tarde.

O absolutismo barroco no significado mais restrito do termo é uma consequência do seu significado mais amplo. O rei soberano absoluto "pela graça de Deus" é uma personificação da razão, e é nesse sentido que o rei personifica a razão do Estado. E, personificando a razão, personifica, com efeito, a burguesia. É por isso que o absolutismo é uma racionalização da sociedade. O obscurantismo medieval obscurecia a simplicidade fundamental da sociedade, introduzindo nela movimentos complexos como o são a aristocracia e o clero. O cavaleiro e o monge desvirtuam a sociedade, já que esta surgiu de um contrato entre burgueses. Os burgueses, seres razoáveis que são, fizeram entre si um contrato pelo qual contrataram uma personificação da sua razão comum, que é a razão do Estado. Essa personificação contratada é o soberano. A imagem é de uma geometria clara e distinta: o soberano é o lugar geométrico das razões burguesas. Nessa situação geometricamente clara (a qual por ser geométrica e mecânica, é a "natureza da sociedade"), ocorrem os movimentos irracionais, portanto não naturais, da aristocracia e do clero. É preciso restabelecer a ordem natural da sociedade, é preciso racionalizar a sociedade, e o absolutismo barroco é esse esforço racionalizante. A aristocracia e o clero devem retomar o seu lugar natural no sistema planetário do Estado, no mecanismo daquele relógio chamado "sociedade". O soberano é o sol do sistema planetário, em redor do qual os planetas "aristocracia" e "clero" orbitam de acordo com leis equivalentes as newtonianas. O soberano é o princípio mecânico do mecanismo automático, no qual as engrenagens "aristocracia" e "clero" giram mecanicamente. A burguesia, "o terceiro Estado", orbita aparentemente a uma distância maior do sol, mas a aparência engana. Na realidade o sol representa a burguesia, porque dela se condensou "naturalmente". A burguesia são os ponteiros do relógio da sociedade, e a engrenagem complexa da máquina do Estado tem o movimento simples dos ponteiros por meta. O absolutismo desvenda a simplicidade fundamental da sociedade (que é a estrutura geométrica do contrato entre burgueses) e representa, portanto, a melhor sociedade possível. A não ser que o progresso da razão possa descobrir uma simplicidade ainda mais simples, portanto ainda mais fundamental, que dispense da aristocracia, do clero e finalmente do soberano personificador da razão do Estado. Essa sociedade ideal, que será o absolutismo total, é no barroco apenas tendência, em cuja realização o barroco se superará a si mesmo.

O soberano absoluto personifica o denominador comum dos burgueses, e esta é a sua legitimidade. Se, por algum mau funcionamento do mecanismo, deixar de representar esse denominador comum, o soberano trai o contrato pelo qual foi contratado.

Mas como o soberano é absoluto, ele não depende do contrato que o contratou, mas se confunde com ele. Ele é a própria razão do Estado e, portanto, tem razão sempre. Um mau funcionamento do Estado absoluto é, portanto, inconcebível. E, no entanto, ocorre. É inconcebível que o soberano absoluto não seja legítimo, e, no entanto, muitos dos seus atos têm o estampo da irracionalidade, isto é, de ilegitimidade. Para nós, seres relativistas, esse problema parece ser artificial e muito malposto. Mas para o pensamento barroco o problema é terrível. Uma revolta contra o soberano é o equivalente do maior dos pecados, porque vai contra a natureza da sociedade, e, no entanto, em muitas ocasiões parece ser razoável essa revolta. Já não podemos sorver o desespero que propulsiona as especulações aparentemente racionalistas dos teóricos do Estado barroco, e que explica a violência e o fervor da Revolução Francesa. Pois o mau funcionamento do Estado absoluto revela existencialmente o meu funcionamento do melhor dos mundos possíveis e abre uma fenda na cosmovisão barroca que ameaça desvendar o nada que envolve o mundo barroco. É por essa razão ontológica que o empenho político vai assumindo, pouco a pouco, o clima do empenho religioso. Não se trata, no fundo, na política, de simplificar e racionalizar progressivamente a sociedade, como nos fazem crer os pensadores barrocos. Trata-se de provar experimentalmente que a razão é soberana, sob pena de ter que admitir que toda a concepção barroca do mundo é falha (ou pecaminosa, já que esse termo ainda tem certo significado no contexto barroco). Quando a derradeira racionalização da sociedade resulta em revolução que depõe o soberano, irrompe, portanto, o irracionalismo. O fundamento irracional da razão é desvendado de forma dramática e aterrorizante.

O absolutismo político do barroco é consequência da sua absolutização da razão, e as falhas do absolutismo político ameaçam o absolutismo ontológico que fundamenta o barroco. As revoluções, conduzidas em nome da razão e para confirmá-la, resultam, portanto, no reino de terror do irracionalismo. Mas há ainda outra consideração que milita, desde o início do barroco, contra o absolutismo político e problematiza assim a razão como monarca absoluto. E a pluralidade das monarquias na qual o Ocidente está fragmentado. A Reforma explodiu definitivamente a unidade (amplamente teórica) do Ocidente como Império romano, e substituiu essa unidade por um mosaico de reinos. Cada reino impõe a religião aos seus súditos, e é nesse contexto que a fórmula *"cuius regio eius religio"* adquire o seu pleno significado. Todo soberano é absoluto, no sentido de representar a razão absoluta, e é, portanto, nesse sentido, que representa a religião do reino. A pluralidade de reinos demonstra experimentalmente a pluralidade das razões, e, nesse sentido, a relatividade de uma religião que tem a razão absoluta por Deus. O absolutismo barroco demonstra, paradoxalmente, a sua própria relatividade. Não é um absolutismo autêntico, como o era o medieval, e a pluralidade de soberanos o prova. Se o empenho político vem adquirindo, no decorrer do barroco, o clima da religiosidade, isso se deve em parte ao problema ao qual estou aludindo. A fragmentação do Ocidente é intolerável, não por razões estritamente políticas, mas por razões religiosas, no significado "profano" do termo. Já que a religião no significado "transcendente" do termo está se tornando progressivamente desinteressante no curso do barroco, vem adquirindo o empenho político a carga emocional da religiosidade.

Trata-se, nesses empenhos, de estabelecer uma autêntica monarquia para substituir a sociedade de monarcas que paradoxalmente reina no Ocidente. Trata-se, em outras palavras, de estabelecer um "imperador", mas não um imperador "santo", e não um imperador razoável. Não um imperador que seja o vigário mundano de Deus, mas um imperador que seja a personificação da razão burguesa absoluta. Nesse sentido, é o barroco, todo ele, prenhe de Napoleão Bonaparte. Mas esse bonapartismo embrionário é mascarado pela cosmovisão mecânica que caracteriza o barroco. Formulado nessa cosmovisão, o bonapartismo se articula aproximadamente da seguinte forma: aparentemente está o Ocidente fragmentado em reinos soberanos, cada qual representando, aparentemente, uma razão diferente. Mas essa complexidade aparente é fundamentalmente simples. Cada reino soberano não passa de uma peça de um mecanismo chamado "equilíbrio político", e o seu movimento é mecanicamente determinado pelas forças que tendem para esse equilíbrio inerte. Há atritos entre reinos, e isso é o aspecto superficial, irracional e antinatural da cena. Mas pela própria natureza do mecanismo os atritos tendem a restabelecer o equilíbrio bom, digno e belo. É, portanto, razoável descobrir esse equilíbrio pela razão, e assim os atritos, as "guerras", serão evitados. Já agora as guerras são, aliás, muito razoáveis e não causam muitos estragos. Prova que afinal este é o melhor dos mundos possíveis. Em outras palavras: o equilíbrio político é a razão absoluta das razões "soberanas", e a inércia mecânica é o embrião de Napoleão Bonaparte.

É óbvio que tudo isso é pose, um típico gesto barroco. A realização do gesto pela Revolução Francesa desmascarará essa pose e desnudará o fundamento irracional sobre o qual esse absolutismo racionalista as apoia. O trono imperial da razão flutua no mesmo vácuo no qual flutuam os tronos dos soberanos "absolutos", e o contrato tácito entre soberanos que estabelece o império é tão fictício quanto o é o contrato entre burgueses que estabelece o reino. Quando esse "império" se realiza bonapartisticamente, irrompe o terror irracional na forma do nacionalismo. O conceito do mundo político como sistema planetário no qual soberanos orbitam em redor de um equilíbrio imperial, que é a razão absoluta, sofre da mesma vacuidade que caracteriza todo barroco. É um conceito digno, belo e civilizado como toda obra barroca, é claro e distinto, e nos comove pela sua aparente ingenuidade. É equivalente das obras de Newton e Bach, e a sua clareza racional trai uma profunda tensão emocional reprimida. Esse conceito é o embrião dos paraísos terrestres que épocas subsequentes iriam projetar e quase realizar atualmente. A mesma nostalgia pelo *ancien régime* se apodera de nós ao tentarmos intuir a cosmovisão política do barroco, a qual nos comove quando contemplamos a física newtoniana ou a música barroca. E essa absolutização da razão estabelecida em império universal é o ponto de partida indicado para a consideração do imperialismo.

Este termo tornou-se atualmente palavra feia. Procuraremos, no entanto, sorver-lhe a sua original beleza e dignidade. Imperialismo é, originalmente, a atividade civilizadora pela qual a razão se impõe sobre a natureza. Não é uma violação da natureza, bem entendido, é, pelo contrário, uma atividade que elimina aqueles fenômenos irracionais que desvirtuam a natureza para que seja revelada em toda a sua simplicidade mecanicamente bela. Vejam por exemplo aqueles pobres selvagens que habitam as regiões infelizes recém-descobertas. São vítimas de superstições irracionais, e essas superstições desvirtuam a sua natureza. Comportam-se de forma grotesca, são canibais, ou adoram estátuas, ou meditam possessivamente. Em breve, não se comportam como burgueses. No fundo, obviamente, são dignos e bons, como é toda a natureza neste melhor dos mundos. De certa maneira são até melhores que os civilizados, já que de certa forma são mais próximos da natureza. São como crianças, precisam ser educados. O método educativo para esses selvagens é o imperialismo.

E há outro aspecto. As terras recém-descobertas se oferecem como palcos para o estabelecimento de sociedades razoáveis, porque não são desvirtuadas. Os burgueses mais radicais, os calvinistas, podem, nessas terras virgens, estabelecer sociedades modelos, já que lá não sofrerão as perseguições das superstições irracionais que ainda infelizmente desvirtuam as civilizações europeia. Para isso será preciso eliminar alguns selvagens que atrapalham o projeto, mas isso não é muito lamentável. Afinal, os selvagens não são racionais e fazem parte da natureza. Eliminar selvagens que se recusam a serem civilizados é como eliminar erva daninha. É uma atividade razoável. O estabelecimento das sociedades-modelo no Novo Mundo é facilitado também pelo seguinte: a África é habitada por seres, os negros, que são prova vivencial da afirmativa cartesiana de que o corpo humano é uma máquina que faz parte do mundo extenso. Essas máquinas podem ser aproveitadas na construção das sociedades perfeitas, a serem construídas nas terras americanas. Não há nenhum problema ético na escravização dos negros. Como seres irracionais, fazem os negros parte da natureza e é como tal que a razão civilizada os aproveita. Como seres que possuem alma são, obviamente, predestinados à salvação ou à danação eterna. Devem ser, portanto, batizados. Mas a Reforma provou que as atividades profanas não influem em nada na predestinação das almas. A escravidão não prejudica a alma dos negros, e é, portanto, razoável que sejam aproveitados. Pelo contrário, como escravos os negros são forçados a se comportar razoavelmente e deixam de ser selvagens. A escravidão é, também, uma medida educativa. Problemas éticos da escravidão surgem apenas no romantismo, quando a razão for substituída pelo sentimentalismo. O barroco os ignora.

Isto é, portanto, imperialismo: a racionalização de sociedades primitivas, ao iluminá-las pela razão civilizada, e aproveitá-las para a obra civilizadora. A meta do imperialismo é digna e bela: estabelecer o império da razão absoluta na face da Terra. É, com efeito, a mesma meta do absolutismo. É transformar a sociedade humana num mecanismo simples no qual o burguês pode ser razoavelmente compensado pelas suas atividades. E essa conjunção de absolutismo, imperialismo e mercantilismo é tão poderosa que garantirá, quando transformada pelas revoluções que se seguirão imediatamente, o império absoluto do dinheiro ocidental sobre toda a face da Terra. Porque é no fundo esse dinheiro aquele equilíbrio que rege o movimento das soberanias particulares, e aquele fator racionalizante que ilumina e aproveita os selvagens. O dinheiro é a medida e o denominador comum de todas as atividades políticas, e nesse sentido é o dinheiro a cifra da razão imperial absoluta.

É curioso observar que grande parte da sociedade ocidental é marginalizada e como que eliminada da consciência barroca. É aquela maioria da população que será futuramente chamada "o quarto Estado". É como se não existisse. E, com efeito, essa parte da população parece não ter sido atingida pela reviravolta renascentista. Nas aldeias do Ocidente continua imperando a Idade Média imperturbada, ou quase imperturbada. A Reforma varreu as formas externas da sua religiosidade naquelas partes da Europa nas quais resultou politicamente vitoriosa. Mas toda população aldeã continua firmemente enraizada na realidade medieval, e a sua vida é regida pelo ciclo das festas religiosas. Serão as revoluções que arrancarão essa população das suas raízes, para transformá-las primeiro em proletariado, e depois para aburguesá-las. Mas o barroco não vê problema no "quarto Estado". O gesto grandioso do barroco conota esta ficção: o "quarto Estado" não existe. Mas na sua busca da simplicidade mecânica da natureza, os pensadores barrocos recorrem às vezes a essa população para ilustrar pedagogicamente as suas teses. Mas estão tão alienados desse substrato reprimido e recalcado da sociedade que suas ilustrações parecem, para nós posteriores, caricaturas. É portanto, também de um ponto de vista social, que o gesto barroco grandioso do absolutismo imperial da razão dinheirificada se desenvolve no vazio.

Pois é esse o mostrador do relógio barroco, e são essas as cifras que o burguês na sua existência como ponteiro aponta: o interesse existencial está todo no mostrador que é o mundo profano. A existência se realiza nacionalmente, apontando as cifras do absolutismo, do imperialismo e do dinheiro. A meta da vida humana é acumular capital para poder transmiti-lo aos seus herdeiros e destarte imortalizar-se. Esse acúmulo de capital exige uma forma razoável de sociedade que seja um mecanismo absoluto e imperial a abranger a Terra. É, portanto, nesse tipo de sociedade que o burguês se imortaliza. A ciência e a arte possibilitam o estabelecimento desse tipo de sociedade. O empenho nesse estabelecimento é, portanto, progressivamente revelado como empenho religioso em prol da imortalidade.

Mas toda essa atividade mecânica do homem-ponteiro na face rasa e plana do mostrador é problematizada pela vacuidade que ronda o relógio barroco. No fundo nada disso tem significado para a salvação ou a danação da alma. É verdade que essa salvação ou danação são existencialmente desinteressantes, e não se pense nelas. Mas essa própria vacuidade de interesse invade a pretensa plenitude da existência profana. O otimismo barroco e sua fé no progresso são viciados por essa sensação constante de futilidade, que é o equivalente do misticismo. Também na superfície plana da política e da economia se anuncia o nada que irá caracterizar as épocas posteriores. Os ponteiros do barroco apontam para as cifras do mostrador que sabem, sem confessá-lo, serem todas elas zeros.

2.1.4. TIQUE-TAQUE

Duas ressalvas precisam ser feitas, para que o leitor possa interpretar a exposição precedente. Empreguei o termo "barroco" num significado vago e amplo, para abranger aquela fase do pensamento ocidental que se inicia com o fim das guerras religiosas e termina com a revolução industrial e a independência americana. Não me ocorreu outro termo que melhor possa caracterizá-la. E procurarei caracterizar essa fase como uma época amaldiçoada. Mas embora essa caracterização tenha sido a minha linha condutora do argumento, e embora continue convencido, exposto o argumento, de que essa interpretação é fundamentalmente válida, deixei-me levar, em certos momentos, pelo entusiasmo contagioso que essa época emana. Pois é preciso confessar que, embora representação teatral, pose grandiloquente e insinceridade fundamental, é o gesto barroco o mais belo gesto do Ocidente. Nunca antes e nunca depois alcançou o Ocidente realizações tão grandiosas, e isso em todos os terrenos concebíveis. A maldição que pesa sobre a civilização ocidental depois que esta traiu a sua realidade fundamental, produziu no barroco flores do mal de extrema beleza. E nisso reside um dos perigos para quem, como eu, procura captar-lhe o aroma. O outro perigo para quem procura interpretar essa época de distância histórica e irônica é a sua extrema riqueza, quando pensamos que captamos um fenômeno típico e procedemos a generalizar as suas propriedades, logo se oferece outro de caráter exatamente inverso. Mas creio que não preciso, a essa altura do argumento, justificar as escolhas deliberadas e tendenciosas que selecionaram os exemplos a partir dos quais estou argumentando. O meu ponto de vista é polêmico, e a objetividade não é uma meta que estou almejando. A validade do meu argumento (se houver validez) é subjetiva. Mas sendo o meu ponto de vista subjetivo resultado de uma situação na qual muitos se encontram atualmente, a subjetividade do argumento não o invalida necessariamente.

Admitida e confessada a atitude que informa o presente argumento, convido o leitor a saborear comigo o aroma do barroco, antes de "superá-lo" hegelianamente e antes de "ir além" (no sentido irônico que Kierkegaard dá a esse termo). É um teatro sombriamente grandioso. As suas cores são o preto, o vermelho e o ouro. As suas formas são a linha curva, a espiral, o círculo, a elipse. O seu clima é solene. Nesse palco cerimonial é representada a tragédia clássica que tem por herói a razão e por heroína a natureza. É uma representação, nobre, digna e artisticamente perfeita, e comove e entusiasma o expectador que assiste na poltrona funcional do século XX. Mas é uma representação, não obstante. As personagens são atores mascarados, e atrás das máscaras sentimos o ser humano nu e desprotegido no espaço gélido dentro do qual se lançou depois de ter abandonada a sua autêntica pátria, a fé no transcendente. Os gestos solenes e nobres não conseguem disfarçar o tremor desse abandono. O pano cairá dentro em pouco, e assistiremos a um espetáculo diferente. Mas nunca mais veremos uma apresentação tão perfeita. Nunca mais conseguirá a humanidade ocidental disfarçar tão perfeitamente a situação angustiosa na qual se encontra desde o Renascimento.

Voltemos para a imagem que serve de alegoria no capítulo presente: o relógio barroco. O seu tique-taque mecânico mede comedidamente as gotas do tempo sem significado e chama a isso "progresso". Mas nesse ritmo claro, distinto e razoável consegue o ouvido atento perceber os restos suprimidos, reprimidos e sublimados dos soluços daqueles que se sabem perdidos. Este é o barroco.

2.2. EVOLUÇÃO

Quando nos afastamos em nossa corrida desenfreada em busca de nós mesmos, do nosso ponto de partida, como está distante já a nossa pátria esquecida, a cidade medieval com seus mistérios escuros e obscuros, e como está tudo claro e transparente ao nosso redor, e como progredimos. Longe estão as florestas e os lugares ermos nos quais um passado pagão ameaça o viajante civilizado, derrubados e conquistados pela ação razoável do progresso. Passeamos, dignos e comedidos, por entre árvores geometricamente dispostas e sabiamente podadas em forma de esfera e cubo. E a magia secreta e segregada que nos fez tremer e rezar foi transformada em lente na mágica que nos causa *frisson* e risada. Somos deveras seres iluminados.

Mas para que estou procurando enganar o leitor e a mim mesmo? Não é, afinal, a primeira vez que estamos percorrendo esse caminho em direção a nós mesmos. Já lhe conhecemos as voltas. Sabemos que, dobrando a esquina na qual nos encontramos agora, penetraremos em paisagem que está progressivamente mais tenebrosa, lúgubre e ameaçadora. Dentro em breve a atmosfera límpida terá sido poluída pela fumaça dos fornos, e a lanterna mágica projetará monstros vorazes contra aquele pano de fundo que é o nosso horizonte. E já agora podemos pressentir que os raios que de vez em quando rasgam as nuvens que começaram a se acumular no céu servem apenas como experiências para os papagaios de Franklin. É uma tormenta que se prepara. Por enquanto tudo está calmo e silencioso na luz clara da paz do meio dia. Talvez demasiadamente calmo e demasiadamente silencioso. A atmosfera pesa sobre nós, desmentindo assim a paz que aparentemente reina, e a brisa que se eleva, suave e esporádica, não nos refresca do calor sufocante. Algo nos ameaça.

Mas isso é ridículo e indigno. Quem ou o que pode nos ameaçar? Somos, afinal, seres razoáveis, e não permitiremos que um medo irracional de uma mera tormenta nos invada. Sabemos que as forças que se acumulam no céu são ameaçadoras, apenas aparentemente, e que no fundo não passam de resultantes de um processo mecânico simples. Os raios que partem das nuvens são a mesma eletricidade com a qual nos divertimos nas nossas experiências cientificamente disciplinadas. E a atmosfera que sobre nós pesa já tem sido barometricamente racionalizada. O espírito mau que parece rondar a cena e cuja voz jacobina é levemente perceptível no trovoar longínquo, pode ser facilmente desarmado pelo *esprit* sorridente que nos caracteriza. Tudo isso não passa de fenômenos naturais cuja mecanicidade já está sendo descoberta para que sirva a nossos propósitos progressistas. Tudo está para o melhor no melhor dos mundos possíveis, e é ridículo acreditar que algo de "sobrenatural" esteja acontecendo. Afinal, o sobrenatural nada tem a ver conosco, e, portanto, não existe. E mesmo se existir, porventura (fábula superada), que mal lhe fizemos? Não somos todos bons cristãos, e não nos confirma isso qualquer *abbé* no nosso próximo *cercle*? Não, não temos motivos para o medo.

Devemos, confessar, é verdade, que esses círculos que frequentamos têm uma tendência para o encolhimento. Algo em nossa situação está mudando, e essa mudança aponta a diminuição e o diminutivo. Não que a nossa situação tenha se alterado em sua estrutura. Continuamos, seres razoáveis que somos, a racionalizar progressivamente a natureza, e o progresso da ciência, a refinação da arte e a expansão da civilização ocidental provam vivencialmente que estamos no caminho acertado. Mas, a despeito desse aumento acumulativo dos resultados alcançados, há uma diminuição curiosa do nosso horizonte. Quanto maiores são os nossos conhecimentos, tanto menores se tornam os nossos gestos. O gesto originalmente amplo, cerimonial, patético e solene tende para o gesto restrito, elegante, irônico e sorridente. Os nossos palácios tendem a transformar-se em palacetes, os nossos leões de pedra em cachorrinhos de porcelana, os nossos titãs em *amourettes*. As nossas cores, que eram o negro, o escarlate e o ouro, tendem para o branco de leite, o cor-de-rosa e o prateado. A representação dramática da qual participamos como atores no papel de Deus (isto é, a nossa atividade como seres razoáveis) tende a transformar-se de tragédia grandiosa em comédia íntima e sofisticada. Estamos nos transformando, progressivamente, de representantes de heróis em comediantes.

Isso talvez seja uma prova segura do nosso progresso. A tendência para a diminuição e o diminutivo talvez seja sinal de que estamos nos civilizando. O pó de arroz e o perfume de violetas são certamente sintomas de uma civilização maravilhosamente avançada. Mas é demasiadamente óbvio que pó de arroz e perfume de violetas são métodos altamente civilizados de encobrir algo. O que encobrem? A pele nua e o suor do corpo. São métodos demasiadamente superficiais e frágeis de disfarce para que neles possamos ter confiança segura. A tempestade que se prepara no horizonte ameaça dispersar brutalmente a fina camada de pó de arroz que nos protege e dissipar violentamente a fragrância de violeta que nos envolve. A tempestade que se prepara para abater-se sobre a cena civilizada ameaça desnudar a pele e revelar que sua. Ameaça revelar que o nosso corpo, além de mecanismo automático, é organismo vivo. Ameaça revelar a vida, portanto justamente aquilo que os nossos gestos civilizados procuram encobrir pudicamente. É este talvez o motivo do nosso medo.

Deixemos de ser, por um instante, cavalheiros rococó, e voltemos a ser, provisoriamente, seres do século XX. Ou, melhor ainda, procuremos assumir uma posição esquizofrênica, e sejamos simultaneamente rococó e funcionalistas. Como se apresentará, dessa posição difícil, o momento que procuro captar, isto é, aproximadamente o ano de 1750? Se quisermos caracterizar a cena que esse momento descortina diante de nós numa única palavra, essa palavra seria o termo "seco". Com efeito, o gesto barroco é um expandir do suco da vida tanto daquilo que chama "natureza", como daquilo que chama "razão", para poder reduzir ambos à geometria. Assim poderemos compreender a tendência desse gesto para o diminutivo. E a tendência progressiva de expandir o suco da vida sempre mais radicalmente. Torce e torce a "realidade" sempre mais, para torná-la seca, e recorre portanto a gestos mais reduzidos. A mecanicidade e a artificialidade da "natureza" e da "razão" rococó são consequências dessa tendência progressiva, e é nesse sentido que a cena que contemplamos é tão civilizada. As ondas quentes e obscuras da vida foram expelidas tanto da "natureza" como da "razão" e represadas no além do horizonte da situação civilizada. A tormenta que se prepara é a ameaça dessas ondas de romperem os diques da civilização e inundar a cena com sua torrente. É a vida que ameaça e começa a rebelar-se contra o melhor dos mundos possíveis. E essa vida é terrível. É terrível, porque o barroco conseguiu expeli-la da "natureza" e da "razão", e transformou-a assim numa força irracional e destruidora. A geometrização da natureza relegou as forças vitais da natureza para o limbo da brutalidade, e a aritmetização da razão relegou as forças instintivas para o limbo do infrahumano. E é esta besta brutal e infra-humana que ameaça levar de roldão a civilização artificial que o gesto rococó estabeleceu.

A história do Ocidente a partir de Rousseau até Hitler, e da física e astronomia até a biologia e a psicologia da profundidade, é a história da torrente atroz que inunda a cena civilizada, e das devastações caóticas que causa nessa cena. É a história da luta entre a "natureza" geométrica e a "razão" aritmética contra as forças vitais desnaturalizadas, e contra o instinto do irracionalismo. E nisso talvez resida a maldição que pesa sobre o barroco: de ter desnaturalizado a vida e de ter irracionalizado os instintos. Nessa luta feroz que será doravante a história do Ocidente, ambos os contendores estão, de antemão, condenados à derrota. A "natureza" e a "razão" civilizadas barrocamente estão condenadas, porque não passam de ficções do pensamento cartesiano. E as forças vitais e os instintos irracionais estão condenados, porque não passam de reações a essas ficções, e são, portanto, fictícios eles mesmos. A civilização racional do século XVIII é tão fictícia quanto o é a barbárie do século XX, e a barbárie do século XX é consequência inexorável da civilização do século XVIII. São duas frases da mesma maldição que pesa sobre a nossa civilização desde o Renascimento.

A psicanálise freudiana nos conta um pouco como funciona aquele romper dos diques que protegem a razão contra as "forças ocultas". Se os diques cedem em poucos lugares isolados, as ondas obscuras do irracional se infiltram na cena da superfície em correntes isoladas e mascaradas razoavelmente. É este o caso da segunda metade do século XVIII. Duas dessas correntes do irracional disfarçadas razoavelmente são, por exemplo, a Revolução Industrial e a Revolução Francesa. Solapados os diques e rompida toda defesa, as ondas do irracionalismo inundam a cena de forma desenfreada e surge aquele estado de coisas chamado clinicamente de "loucura". É o caso da primeira metade do século XX. A revolução industrial corresponde, nesse estágio, à automação e ao surgir de instrumentos devastadores, e a Revolução Francesa corresponde ao nazismo. Mas trata-se do mesmo fenômeno que resultou da repressão e do recalque. É a realização da maldição que sobre nós pesa. A quem Deus quer perder, enlouquece.

A época que pretendo descortinar diante do leitor no presente capítulo não é uma época de loucura. Mas os sintomas de loucura futura já se delineiam nela. Para determinar essa época aproximadamente, proponho as datas de 1750 a 1850. Não me deixarei aprisionar por essas datas, e não permitirei que a mera cronologia encarcere o meu argumento. Como o fiz no capítulo precedente, darei a essa época um nome que será em larga medida deliberado. Chamarei essa época de "romantismo". Será um uso tão heterodoxo, ou talvez mais ainda, quanto o era o meu uso do termo "barroco" no capítulo precedente. O meu uso do termo "romantismo" me forçará a aparentes paradoxos. Por exemplo, Kant será romântico nesse uso do termo. Peço que o leitor não se choque. O argumento provará, assim o espero, que há uma unicidade orgânica (para usar um termo caro à época que estou considerando) que une todos os fenômenos a serem considerados, o que une, portanto, Kant a Marx, para dar dois exemplos extremos. E com estas considerações preliminares volto ao ponto de partida do meu argumento.

Passeamos civilizadamente por entre árvores geometricamente dispostas. As nossas existências são protegidas das forças irracionais da natureza e da mente pela disciplina da ciência e da arte, e são mantidas pelo quarto Estado recalcado, contra o qual nos protege a disciplina da máquina da sociedade. Assim protegidos podemos cultivar a arte da conversação, que é a arte da luta sublimada no diminutivo. Nessa luta afiamos sempre mais as armas da razão discursiva, que se torna florete ágil e elástico que procura atingir o adversário com movimentos rápidos, pequenos e elegantes. É óbvio que uma razão assim não será muito profunda, já que não desterrará temas muito ocultos. Mas conseguirá circunscrever temas mais facilmente acessíveis, e é em redor desses temas que a convenção desenhará os seus círculos e suas espirais graciosas. No entanto, a temática cultivada da nossa conversação será infiltrada pela tempestade que se acumula no horizonte de forma ominosa. O ardor e o fogo das massas incandescentes reprimidas aparecerão qual relâmpagos no curso da nossa conversação para iluminá-la. É nesse sentido ominoso que somos iluminados. Brincamos com o fogo. Procuramos, é óbvio, minimizar o período daquilo com que brincamos. Escolhemos termos diminutivos para tratar dele. Somos "tolerantes" com esse perigo e tratamos de "emancipá-lo". Em outras palavras, procuramos educar a massa incandescente de tudo aquilo que temos recalcado, para poder enquadrá-lo na fórmula "(=)" que é o nosso mundo. A nossa conversação como brincar com o fogo é uma válvula de escape que procura diminuir a pressão que se acumula por baixo dos nossos pés explosivamente. É um minueto espirituoso e perigoso que estamos dançando.

No entanto, por baixo dos nossos pés e no horizonte da nossa situação, o processo explosivo evolui inexoravelmente. Forças titânicas, telúricas e brutais continuam a aglomerar-se. A própria nomenclatura à qual sou forçado a recorrer para descrever o processo demonstra o quanto tudo isso é contrário ao rococó civilizado. Algo evolui romanticamente. E é sobre essas evoluções, revoluções, voltas e reviravoltas que pretendo dirigir a atenção dos leitores no capítulo presente.

2.2.1. EVOLUÇÕES

Reconsiderem comigo os leitores o mecanismo daquilo que o barroco chamava de "natureza", tal como procurei esboçá-lo no tópico 2.1.1. do capítulo precedente. Não resiste a uma análise filosófica, seja ela empreendida de um ponto de vista racionalista ou empirista. Ambas essas análises desvendam o fundamento fictício da cosmovisão barroca. Mas as ciências da natureza funcionam nesse terreno fictício que é o mecanismo tanto teórica (produzem conhecimentos) quanto praticamente (produzem instrumentos). Não fosse o funcionamento das ciências, o Ocidente teria abandonado provavelmente essa cosmovisão no decorrer do século XVIII. Se as ciências naturais não tivessem trazido resultados teóricos e práticos, talvez tudo aquilo que chamamos "Idade Moderna" não teria passado de um episódio superficial e passageiro da história do Ocidente. Nesse caso hipotético os séculos XVI e XVII se apresentariam talvez a um observador de um século XX não tecnologizado como séculos de "Renascimento" em tudo equivalente ao "Renascimento carolíngia" dos séculos VIII e IX, ou ao "Renascimento fredericiano" do século XIII. Um historiador hipotético desse século XX hipotético falaria talvez em "Renascimento tardio" num esforço de distingui-lo dos anteriores. Mas as ciências naturais funcionavam no século XVIII, e continuam funcionando no século XX (embora algo tenha mudado na maneira como funcionam). Esse funcionamento é o dado central da Idade Moderna. O poder magicamente transmutador das ciências naturais é o feitiço que encanta o Ocidente a partir do século XVIII, e todas as considerações teóricas, éticas e estéticas devem ceder a esse encanto. As objeções que a filosofia barroca formula ao mecanismo com o qual as ciências funcionam não podem ser consideradas e muito menos aceitas. Põem em perigo o funcionamento do feitiço, e isso seria intolerável. A existência burguesa, e existência civilizada, depende desse feitiço, e as objeções filosóficas põem em perigo a burguesia, a própria civilização, portanto. O barroco procura, portanto, recalcar essas objeções e afastá-las para além do seu horizonte. A ciência funciona, diz o barroco, e é o hiato o que importa. Não é saudável querer saber por que funciona.

Mas a fome metafísica, aquele movimento na mente humana que teima em perguntar "por quê?", não admite que seja facilmente amordaçada. Perguntas metafísicas continuam a serem formuladas. Esses filósofos admitem que a ciência vence, mas não que convence. E como não podem mais saciar a sua fome metafísica com aquela realidade que a fé cristã fornece (ou pelo menos não podem fazê-lo autenticamente), mergulham num ceticismo que ameaça o edifício da civilização barroca. E fazem-no barrocamente, isto é, de maneira razoável. É preciso pôr um ponto-final nessa tendência perigosa; é preciso proibir a metafísica definitivamente. E é preciso fazê-lo de uma maneira civilizada, isto é, de uma maneira razoável. É preciso dizer gentil e tolerantemente: "Deixem de bobagens, amigos. A metafísica não é razoável. Não perguntem mais 'por quê?'. E contentem-se com o 'como'. Não veem que é somente assim que progrediremos?". Essa tarefa sanadora de proibir a metafísica cabe a Kant, a figura central da Idade Moderna. Em Kant a Idade Moderna se articula mais perfeitamente. E com Kant começa aquele processo que vai mergulhar a Idade Moderna no abismo do nada. Kant é a culminação do barroco, porque representa a mais alta expressão da razão e a mais perfeita articulação da natureza. Mas Kant é também pós-barroco, porque, para exprimir a razão, vê-se forçado a submetê-la a uma crítica que será ulteriormente destruidora. E para articular a natureza, vê-se forçado a uma reformulação da natureza que será ulteriormente aniquiladora. Consideremos essa figura titânica do ponto de vista deste livro.

O racionalismo barroco ameaça a civilização moderna, porque tende a reduzir o conhecimento a um jogo intelectual fechado sobre si mesmo. O empirismo barroco ameaça a civilização ocidental porque tende a negar a possibilidade de conhecimento. As ciências provam que existe conhecimento (o que desvaloriza o empirismo) e que existe conhecimento progressivo (o que desvaloriza o racionalismo). É óbvio que algo está errado com a filosofia. Onde está o erro? Talvez descobriremos esse erro, se submetermos o termo "conhecimento" a uma análise mais cuidadosa. Para Descartes o conhecimento reside na adequação da razão aritmética à coisa geometricamente extensa. Esse conhecimento é progressivo, porque é discursivo, isto é, a razão aritmética coordena progressivamente os seus símbolos aos pontos. Em outras palavras: concebemos a natureza progressivamente. Os conhecimentos que acumulamos são uma cadeia de juízos, são argumentos, e esses argumentos adquirem distinção e clareza quando vertidos na linguagem da geometria analítica, que é a própria adequação do intelecto à coisa. Pois bem: o racionalismo afirma que esse progresso do conhecimento é uma ficção, porque a geometria não passa de uma projeção da aritmética, e a geometria analítica não passa de uma elucidação daquilo que a aritmética prefigura. E geometria analítica é uma cadeia de juízos analíticos, isto é, de juízos que predicam algo dos seus sujeitos que já estava neles contido. Leibniz chega a formular expressamente essa ideia arrasadora que condena todo pensamento à tautologia, embora não a publique porque é um burguês pudicamente civilizado. É o nosso Russell quem vai publicar impudicamente esse assalto ao senso comum dos burgueses. Mas o empirismo, com Hume, é menos inibido. Afirma ele que a aritmética é uma consequência passiva e inerte da geometria. Os símbolos aritméticos (os "conceitos") não passam de impressões de pontos geométricos sobre a lousa vazia da mente. A geometria analítica cartesiana não passa de uma cadeia de juízos *a posteriori*. Não traz conhecimento no sentido de adequação de algo à coisa, mas é apenas um reflexo passivo. Conhecimento no sentido cartesiano é uma ilusão criada pela estrutura mecânica e repetitiva da natureza. Todos os nossos

PÁG. 272

juízos são *post hoc, ergo propter hoc*, portanto carecem de valor epistemológico, não são conhecimentos.

Reformulemos essas duas posições, diz Kant, para ver onde erram. O racionalismo afirma que a geometria analítica é um argumento que consiste em juízos analíticos *a priori*. Por serem *a priori*, são certos, mas por serem analíticos, não progridem. O empirismo afirma que a geometria analítica é um argumento que consiste em juízos sintéticos *a posteriori*. Por serem sintéticos, progridem, mas por serem *a posteriori*, não são certos (não são conhecimentos). É óbvio, portanto, que para haver conhecimento progressivo, deve haver juízos sintéticos *a priori*. O funcionamento da ciência prova que a geometria analítica é um argumento que consiste em juízos sintéticos *a priori*. Os seus juízos são *a priori*, porque são prefigurados pela aritmética (como afirmam com razão os racionalistas). E os seus juízos são sintéticos, porque resultam de impressões recebidas paulatinamente (como afirmam com razão os empiristas). Mas para podermos compreender esse aparente absurdo (o de serem os juízos da geometria analítica simultaneamente prefigurados aritmeticamente, e consequentes da geometria), devemos reformular os conceitos "razão" e "natureza".

Comecemos pela razão e vejamos como funciona. Primeiramente: percebe. Não recebe passivamente algo que sobre ela se precipita, como pensam os empiristas. Nem projeta algo de si mesma, como pensam os racionalistas. Percebe, isto é, informa algo que recebe no instante mesmo de recebê-lo. Com efeito, imprime duas formas sobre tudo que recebe, a saber, tempo e espaço. A razão percebe tudo nessas duas formas, e tudo que ocorre à razão tem essas duas formas. É um defeito grave Descartes ter concentrado a sua atenção na forma "espaço". O progresso futuro deverá iluminar a outra forma, a saber, o aspecto dinâmico e processual de tudo aquilo que a razão percebe. Chamemos de "fenômeno" tudo aquilo que aparece na razão dessas duas formas. E chamemos o conjunto desses fenômenos de "natureza". É ingênuo querer perguntar o que fundamenta esses fenômenos, e qual é a "realidade" da natureza. Os empiristas têm razão ao afirmar que "ser" é "ser percebido". A coisa em si que supostamente fundamenta a natureza é inatingível pela razão discursiva, e nesse sentido têm razão os racionalistas ao dizer que a razão está fechada sobre si mesma. Mas não nos deixemos amedrontar por esses dois radicalismos. A natureza como conjunto dos fenômenos é a nossa realidade como seres razoáveis. O resto é "metafísica", portanto um esforço irracional condenado, por sua própria estrutura, ao malogro. E essa natureza fenomenal que é a nossa realidade não é um círculo fechado, como pensam os racionalistas, já que novos fenômenos nela aparecem constantemente. E nessa natureza fenomenal a razão não é passiva. Como pensam os empiristas, já que é ela uma das fontes informadoras da natureza. Porque depois de ter percebido fenômenos, a razão pode categorizá-los. Ela dispõe de compartimentos, chamados "categorias", e pode fazer passar os fenômenos por esses compartimentos. Nessa passagem ela se adéqua aos fenômenos, e os fenômenos se adéquam a ela. A passagem dos fenômenos pelas categorias é "conhecimento". A articulação desse conhecimento são juízos, que são sintéticos, porque dizem respeito a fenômenos sempre novos, e não *a priori*, porque informados pela estrutura da razão mesma. A ciência é um argumento que formula juízos desse tipo. Para atingir clareza e distinção, deve traduzir-se para a linguagem matemática, que tem a estrutura exata das categorias da razão pura. A ciência é um discurso que traz conhecimentos progressivos. *Quod erat demonstrandum.*

Quem lê Kant pela primeira vez fica boquiaberto. Que prestidigitação, que maravilhosa destreza! Tão rápidos são os movimentos do seu argumento, e tão tecnicamente perfeitos, que esquecemos, no fim, que a meta do argumento era preconcebida desde o seu começo. Que o argumento todo foi construído para resultar em apologia da ciência como fonte de conhecimento. Tão autêntico e organicamente crescido se apresenta o argumento que parece, *prima facie*, concludente. Mas, sob reconsideração, descobriremos a maneira deliberada pela qual o argumento está sendo conduzido. Isso fará aumentar ainda mais a nossa admiração pela genialidade de Kant, mas essa nossa admiração passará a ser estética, e deixaremos de nos convencer. Lamentaremos que o público de Kant seja mais restrito que o de Mozart, já que o prazer estético que ambos emanam é comparável. Mas ao vivenciarmos Kant assim, já teremos escapado ao seu feitiço.

O que é que Kant nos conta? Um mito. Um mito, com efeito, que é a inversão do mito platônico da caverna. Platão diz que estamos acorrentados na caverna e nela vemos apenas sombras, e que precisamos nos libertar da caverna para podermos ver o sol da sabedoria. Kant diz que devemos abandonar a tentativa ilusória de sair da caverna, e que devemos perseguir progressivamente as sombras (os "fenômenos"), já que nessas perseguições reside conhecimento. E constrói a sua caverna de tal maneira que a ciência possa funcionar nela. A razão que Kant constrói é uma entidade mística, com suas formas de perceber e suas categorias fabulosas. E a natureza que Kant constrói é outra entidade mítica com seu fundamento misterioso e com seus fenômenos obedientes. E esses dois seres míticos foram construídos por Kant para serem adequáveis um ao outro de forma exatamente apropriada à ciência com seus métodos indutivos e dedutivos. O mito kantiano é um mito deliberado, preconcebido e *ad hoc* construído. Mas é tão genial esse mito que a ciência passa a transformá-lo progressivamente em "realidade". A física einsteiniana é uma realização do mito kantiano. Aplicando a razão "pura" kantiana consegue a física transformar a natureza em sombras transparentes, em "campos", dos quais a "coisa em si" se evaporou definitivamente. Essa natureza esvaziada e puramente fenomenal é articulável em equações da quarta potência, portanto, em formas nas quais as três dimensões do "espaço" e a dimensão do "tempo" se fundiram nas quatro dimensões que representam as duas *Anschauungsformen* kantianas. Essa realização do mito kantiano pela física evidencia vivencialmente para nós, seres do século XX, a qualidade do *conhecimento* kantiano. Terei oportunidade de discutir essa qualidade mais tarde neste livro.

A filosofia kantiana é uma ancila deliberada da ciência, como o fora a filosofia medieval da teologia. Mas a diferença existencial desses dois empenhos salta aos olhos. A filosofia medieval parte de mitos recebidos da tradição, e faz de conta que os prova dedutivamente. Kant parte de mitos *ad hoc* construídos e faz de conta que os prova dedutivamente. Kant não tem, portanto, a mesma fé que os escolásticos tinham nos seus próprios mitos. É impossível que consiga convencer a si mesmo, no decorrer dos seus argumentos, mas essa convicção não pode ser comparada com a fé religiosa. Em outras palavras: a escolástica é a apologia de uma fé religiosa, a filosofia kantiana é a apologia de uma convicção oportuna. Ambas essas filosofias são caracterizadas por aquela falta de espontaneidade que é consequência daquela posição preconcebida, atualmente chamada "empenho": ambas são filosofias empenhadas. Mas o empenho da escolástica é autêntico e sem reservas, o empenho kantiano é oportunista. Não se trata de um oportunismo óbvio e raso, não se trata de falta de honestidade. Trata-se de oportunismo desesperado, a saber, de um empenho em prol do mal menor, para evitar o mal supremo. O mal supremo seria a queda no ceticismo, com a consequente barbarização cínica e destruidora. Para evitar esse mal, Kant se empenha na ciência, já que o empenho religioso não lhe é honestamente possível. Embora, portanto seja deliberada a argumentação kantiana, e seja elaborado *ad hoc* e oportunisticamente o mito kantiano, é Kant um pensador inteiramente honesto. A tragédia do pensamento kantiano não pode ser vislumbrada do esquema esboçado que dei do seu pensamento, porque limitei minhas considerações ao aspecto epistemológico da sua obra. O seu aspecto ético ultrapassa o escopo deste livro. É a tragédia do cristianismo invertido.

Embora seja excessivamente superficial e esboçada a minha discussão de Kant, é ela excessiva no conjunto deste trabalho. Demorei-me talvez demasiadamente nessa figura, porque creio que podemos saborear nela o primeiro surgir daquilo que chamarei "romantismo". Para esquematizar radicalmente esse movimento complexo, direi que o romantismo é a tentativa de sublimar as tendências reprimidas pelo barroco em forma de mitos deliberados, com a meta consciente ou inconsciente de evitar que essas tendências inundem desinibidas a cena. O romantismo mitologiza deliberadamente as tendências irracionais que o barroco reprimiu, para incorporá-las assim à civilização burguesa. Daí o cunho intelectualista, cientificista e esteticista do seu sentimentalismo. Daí a posição irônica na qual o romantismo se coloca. Cria mitos inteligentes, científicos e belos, para poder crer neles e empenhar-se neles, mas nunca pode esquecer inteiramente que se trata de mitos deliberados. O romantismo é o primeiro movimento do Ocidente que se sabe, a si próprio, deliberado. O romantismo é o primeiro movimento irônico do Ocidente no significado trágico do termo "ironia".

Em Kant não há, ainda, sentimentalismo. É por isso que não vivenciamos a sua cosmovisão como romântica *sensu stricto*. Mas há nele aquela ironia romântica que é o empenho num mito deliberado. É ele o início de uma evolução que irá ironizar tragicamente a situação do Ocidente. É uma evolução que aponta para o absurdo. Há uma linha reta que vai de Kant a Camus, do empenho deliberado ao empenho sisífico, e do cientista ao *beatnik*. O propósito deste tópico é traçar as primeiras fases dessa linha reta.

O fator mais importante dessa evolução me parece ser a superação da cosmovisão mecanicista pela introdução, na conversação ocidental, do termo "processo". Precisamente nisso reside a modificação radical da cena ao passarmos do barroco para o romantismo. O cosmos deixa de ser concebido circularmente, e passa e ser concebido vetorialmente. O mundo não é, mas o mundo tende. Não é uma realidade, mas uma realização progressiva. O fenômeno kantiano, esse elemento do qual o mundo se compõe, não é um *algo*. O fenômeno é um *como* se realiza um *algo*. E o *algo* que fundamenta o *como* e que se realiza no *como* é doravante eliminado da conversação do Ocidente. A ingenuidade de querer conhecer a realidade é definitivamente ultrapassada, já que o termo "realidade" é revelado como isento de significado. O campo do conhecimento é a realização, o processo. E o processo é um vetor, uma flecha, uma linha reta.

Procurem sorver a mudança do clima existencial, quando o círculo se rompe, quando a sua linha se estica, quando se transforma em flecha. É como que um romper das paredes de uma cela circular na qual a humanidade tinha se encarcerado. É como uma explosão libertadora e uma repentina ampliação de horizontes. Os *cercles* pequenos, graciosos e preciosos do rococó são violentamente perfurados ao se esticar o círculo em flecha, e a conversação se transforma brutalmente em discurso. A conversação é uma forma circular da língua e consiste em trocas de sentenças entre parceiros de acordo com regras estáticas bem estabelecidas. O seu clima é a civilidade. O discurso é uma forma vetorial da língua que consiste em sentenças sucessivas, uma propelida pela outra de acordo com regras dinâmicas e evolutivas. O seu clima é a brutalidade. A conservação é a forma linguística do barroco, o discurso é a forma linguística do romantismo. Comparem a conversação entre enciclopedistas com o discurso de Danton na Assembleia. Na conversação o assunto é fixado em conceitos, e a sua meta é um catálogo de todos os conceitos, é a enciclopédia. A enciclopédia ideal é o conhecimento total da realidade. No discurso o assunto é desenvolvido em estruturas sucessivas, e a sua meta é a superação do assunto, a solução do assunto. A solução ideal é a realização total de todos os assuntos possíveis. A meta da conversação é, portanto, o conhecimento total alcançado por nomenclatura. No fundo o barroco é uma catalogação de nomes. A meta do discurso é a realização total alcançada por predicação exaustiva. No fundo o romantismo é uma verbalização de nomes. O círculo barroco é o nome, e a diminuição do círculo no rococó é a definição de nomes. A flecha romântica é o verbo, e o seu perder-se no espaço vazio da atualidade é a verbalização de todos os assuntos.

O que o romantismo introduziu na conversação ocidental é o tempo dormente nos verbos. Introduziu, em outras palavras, a dimensão histórica do mundo. E isso requer um instante de consideração mais profunda. É óbvio que o barroco também operava com verbos. Definir nomes requer uma predicação, isto é, verbalização, de nomes. Mas todos os verbos barrocos são reduzíveis ao verbo "être". Uma árvore é uma planta. Essa é a forma ideal de uma sentença barroca. É nesse sentido que se faz a história da natureza no barroco: unindo nomes pelo verbo "être". É, portanto, curioso para nós o significado do termo "história" que o barroco emprega. No romantismo, no entanto, todos os verbos passam a ser reduzíveis ao verbo "*werden*" ("*devir*"). A semente se torna árvore. Essa é a forma ideal de uma sentença romântica, e é nesse sentido que se fará doravante história da natureza: unindo nomes pelo verbo "*werden*". A conversação ocidental traduz-se, no romantismo, do francês para o alemão, e será o espírito da língua alemã que dominará no romantismo. Em certo sentido podemos dizer que o romantismo é consequência da tradução do barroco francês para o alemão, e Kant seria, desse ponto de vista, o primeiro tradutor do barroco. Se a Idade Moderna é, toda ela, a consequência da tradução do latim para línguas vulgares, é o renascimento, portanto, uma tradução do latim medieval para um latim pseudoclássico e para o italiano; o barroco uma tradução do italiano para o francês: o romantismo uma tradução do francês para o alemão; a época imediatamente anterior à nossa uma tradução do alemão para o inglês; e a nossa época uma tradução do inglês para esse espectro de língua chamado "simbolismo lógico". Embora eu saiba que esta minha afirmação é uma simplificação radical e contrariada por muitos detalhes, ofereço esta ideia para a meditação dos leitores.

A tradução do "*être*" por "*werden*", a transformação do círculo em flecha, modifica radicalmente a estrutura do mundo e do pensamento, e a fórmula barroca "(=)" não mais se aplica. O homem não se encontra mais oposto ao mundo e procurando

PÁG. 282

adequar-se a ele pela geometria analítica, pela adequação de conceitos a pontos. Agora o homem passa a ser o lugar para o qual o mundo tende para adequar-se à sua estrutura. A estrutura, que estava até agora no mundo, passa a localizar-se no homem. O homem passa a ser a realização suprema do mundo. O mundo deixou de ser uma coisa extensa duvidosa, para passar a ser uma virtualidade que tende a realizar-se no homem. Os últimos vestígios de um mundo real se diluíram. Não é mais possível nem duvidar-se dele. É apenas possível realizá-lo, isto é, humanizá-lo. O tema da conversação passa da física para a antropologia. O homem com a sua estrutura (que é a língua discursiva) passa a ser a ponta da flecha virtual que é o mundo. E o mundo passa a ser o cabo irreal da ponta da flecha que é o homem. Mas nem mesmo no homem é possível falar-se em realidade. É ele apenas um momento no discurso, um instante no processo histórico, pronto a ser imediatamente superado por esse processo. O próprio homem é apenas um passo em direção da realização derradeira, e nesse sentido carece de realidade. Como ponta da flecha que é, aponta para a realidade, mas estando em evolução, isto é, imerso na corrente histórica que é mera virtualidade, participa dessa qualidade irreal própria de todo processo. É realidade imperfeita. E este é o lado anverso do verbo "*werden*". A história é um discurso que emprega os verbos no imperfeito. A história é contada no imperfeito, porque é o próprio imperfeito. Assim teremos doravante dois tipos de discurso: aquele que emprega o verbo "*werden*" será o discurso das ciências da natureza, e aquele que emprega o verbo "*war*" ("era") será o discurso das ciências da cultura. As ciências da natureza contarão, doravante, como a natureza se realiza no homem, como ela se torna. E as ciências da cultura contarão doravante como o homem emerge da natureza pela sua realização imperfeita. Ambos os discursos serão antropológicos no sentido de terem o homem como assunto exclusivo. Mas, por isso mesmo, deixarão de ser conversações humanísticas, porque para o humanismo o homem representa a realidade indubitável, portanto não discursiva. O homem se torna doravante assunto do discurso, portanto o homem passa a ser o duvidado. Isso é óbvio, porque, não se podendo mais duvidar do mundo, já que ele é irreal, passa-se a duvidar do homem. Se a conversação recorrerá doravante ao termo "humanismo", como o fará o marxismo e o existencialismo, é preciso notar que esse termo adquiriu agora um significado alheio ao humanismo do Renascimento. No fundo do conceito "homem" se abre, já agora indisfarçável, o abismo do nada. Esse é o clima do romantismo do qual trata o presente capítulo.

O homem, este ser duvidoso, como ponta da flecha de um mundo meramente virtual, e que realiza essa mera virtualidade ao adaptá-la à sua própria estrutura — essa é a visão kantiana. É uma visão na qual todas as dúvidas ontológicas levantadas pelo barroco contra a ciência são superadas. São superadas porque nossa visão da ontologia simplesmente não cabe. Nessa situação perguntas que demandam o ser passam a carecer significado. A ciência não é uma pesquisa do ser, mas um método de realizar virtualidades. A ciência não é uma conversação definidora, mas um discurso predicativo. É por isso que a ciência passa a ser doravante não um conhecimento de algo real dado, mas a transformação desse algo, já agora irreal, pelo conhecimento. Não se deve mais perguntar se é real aquilo do qual a ciência trata, e se a ciência é verdadeira na medida em que espelha esse algo. Mas deve-se perguntar se a ciência realiza nos seus enunciados parcelas crescentes do conversável, e se é verdadeira na medida em que torna manipulável essas parcelas. E essas perguntas têm, obviamente, respostas afirmativas. Se o homem é a realização do mundo virtual, a ciência passa a ser o método dessa realização no instante histórico no qual a humanidade se encontra agora. O homem é a ponta da flecha da história enquanto cientista. Essa concepção fundamental do romantismo será mais tarde modificada em diversas voltas e reviravoltas. Mas ela continua como o fundamento da nossa cosmovisão até os dias de hoje.

É óbvio que esse clima violento faz explodir os círculos bem-comportados que o barroco tem construído em redor da humanidade na forma de uma civilização estreita e formalizada. Os sistemas planetários em miniatura, nos quais a sociedade e o pensamento tinham se cristalizado, não resistem a essa investida. Uma série de revoluções românticas fará com que a cena mude radicalmente. Dessas revoluções tratará o tópico seguinte.

2.2.2. REVOLUÇÕES

Superada está, portanto, a oposição barroca entre razão e natureza, e invertida está a relação do homem com o mundo. O homem é a suprema realização da natureza, e esta realização se processa pela adequação da natureza à estrutura humana. A conscientização desse fato revolucionará a circunstância humana, porque permitirá que a estrutura humana seja imposta à natureza de forma deliberada e progressiva. Deliberada e progressivamente será doravante adequada a natureza ao homem, e esse método de realização se chamará "tecnologia". É da Revolução Industrial que estou falando.

Neste ponto do argumento é preciso introduzir-se uma retificação da perspectiva. A Revolução Industrial que se inicia na segunda metade do século XVIII é, da nossa perspectiva, o acontecimento mais importante da história da humanidade, porque acelera geometricamente o seu fluxo, de modo que dez anos da atualidade correspondem a mil anos do neolítico, e de modo que o ano 2000 esteja mais distante de nós que o ano 2000 a.c. Com efeito, a Revolução Industrial, em cuja cachoeira vertiginosa estamos imersos e cujas ondas espumantes nos arrastam consigo, é um processo que oblitera na nossa circunstância todas as demais influências que porventura ainda sobre nós agem. É, portanto, óbvio que, do nosso ponto de vista, sejam as primeiras manifestações da tecnologia no romantismo incipiente o acontecimento central, porque vibram com o significado futuro. Este não é o ponto de vista do século XVIII. Os teares mecânicos não são vivenciados como uma ruptura revolucionária no tecido da natureza, e as tecelagens não são vivenciadas como uma ruptura revolucionária no tecido da sociedade. Os teares mecânicos não são vivenciados como o intelecto humano tornado fenômeno, e as tecelagens não são vivenciadas como germes de uma nova sociedade de funcionários em redor de um aparelho. As revoluções políticas e sociais, como a americana e a francesa, não são vivenciadas como meros correlatos da revolução industrial, de modo que nelas o soberano é transformado em aparelho e o homem em cidadão, isto é, funcionário *in statu nascendi*. Não se dá conta o romantismo de que a revolução industrial está transformando o Estado em processo a desembocar no *Processo* kafkiano, e por não se dar conta disso procura o romantismo ainda barrocamente constituir Estados em assembleias constituintes. Não podemos, obviamente, esquecer o nosso ponto de vista. Mas podemos tentar recapturar a vivência romântica da tecnologia, para explicar como esse fenômeno incrível se deu. É este o propósito das observações seguintes.

A verdade da ciência reside no seu método de realizar a natureza pela sua adequação à estrutura humana. Eis que surgiu um novo conceito da verdade. Para a Idade Média a verdade era um tesouro cunhado por Deus e administrado pela

PÁG. 287 Igreja. Para o Renascimento e o barroco a verdade era a adequação progressiva do pensamento à coisa. Para o romantismo a verdade passa a residir na realização, no fazer, no processar, na arte. Keats formula esse conceito da verdade ao contemplar uma urna grega. É óbvio que essa mudança do significado da verdade tenha se dado. Na Idade Média existia uma realidade transcendente, e a verdade era função dessa realidade. No Renascimento e no barroco existia a realidade (embora duvidosa) da coisa extensa, e a verdade era função dessa realidade. No romantismo cessou toda realidade que foi substituída pela realização, e a verdade passa a ser função dessa realização, portanto. A suma realização, a suma arte, é a ciência aplicada, é a tecnologia. O próprio termo "tecnologia" o sugere.

É, portanto, na tecnologia que reside a verdade, e é nos instrumentos que ela se manifesta. Os instrumentos da tecnologia são os depositários e os testemunhos da verdade. Disse que no barroco a ciência teórica substitui a religião, porque adéqua a razão à natureza e fornece a verdade. No romantismo passa a ciência aplicada a preencher esse papel substitutivo, porque adéqua o processo do vir-a-ser à estrutura humana e fornece a verdade. No romantismo se torna, portanto, evidente aquele traço de paganismo invertido que caracteriza a Idade Moderna: a adoração de ídolos fabricados pelo homem, mas uma adoração que se sabe, intimamente, pecaminosa. É, pois, como idolatria que a revolução industrial incipiente é vivenciada no romantismo.

O que são máquinas e instrumentos? São cópias do modelo barroco do mundo. São, portanto, no barroco, teoria fenomenalizada. Não tem função na circunstância, a não ser a função de tornar a teoria palpável. São, desse ponto de vista, uma espécie de divertimento, um brinquedo da ciência pura. As máquinas barrocas são ontologicamente equivalentes dos diversos modelos do átomo dos nossos dias. Mas com a revolução industrial esse aspecto ontológico das máquinas muda radicalmente. As máquinas se inserem, repentinamente, na circunstância e adquirem autonomia. Em outras palavras: as máquinas "funcionam". Chupam avidamente natureza, que passa a ser chamada "matéria-prima", e vomitam copiosamente artigos de consumo, que passam a ser chamados "produto acabado". Dispõem-se as máquinas a acabar com a matéria-prima, inclusive no significado alquimista desse termo. E chupam, com avidez igual, aquele quarto Estado que formava o horizonte da sociedade barroca, e o despejam, transformado, no centro da situação social na forma do proletariado. Deixaram de ser modelos estáticos as máquinas, para transformarem-se em processos. Com efeito, máquinas passam a ser campos cujo raio de ação ultrapassa de longe a sua localização geométrica e tende a abarcar a totalidade da cena. A natureza passa a ser o campo de virtualidades das máquinas, e a cultura passa a ser o aglomerado dos seus excrementos. As máquinas passam a ser deuses no significado pré-cristão do termo. São *weltaspekte*, aspectos do mundo. Nelas e por elas se realiza a natureza no processo industrial, e nelas e por elas se formula e reformula a sociedade.

Essa transformação romântica da máquina pela introdução dos conceitos de processo e do funcionamento não oblitera, no entanto, o seu aspecto barroco. Ao seu fundo continuam as máquinas a ser articulações de teorias, e uma análise fenomenológica da máquina revelará sempre a teoria como seu *eidos*. Com efeito, é de teorias em evolução que continuam as máquinas a emergir e a cristalizar-se. As máquinas são, portanto, deuses que surgem da espuma da estrutura humana, e é nesse sentido que são *weltaspekte*. O romantismo ainda não analisa essa estrutura, e não sabe, como nós, que ela é a estrutura da língua. O romantismo ainda não sabe que as máquinas são articulações da língua, são sentenças teóricas fenomenalizadas. Mas de certa maneira o romantismo sabe que as máquinas são sentenças, porque sabe que são verdadeiras. As máquinas funcionam, isto é, são verdadeiras. E a verdade é uma função das sentenças e exclusivamente de sentenças. O fenômeno não é verdadeiro, mas apenas a sentença tem qualidade da verdade. A verdade medieval eram as sentenças da fé reveladas pelo transcendente. A verdade do barroco eram as sentenças da teoria conseguidas pela adequação do intelecto à coisa extensa. A verdade romântica são as sentenças da indústria (as máquinas), conseguidas pelo processamento do vir-a-ser (da matéria-prima). A verdade da fé é indubitável. A verdade da teoria é refutável. A verdade da indústria é superável. Esse é o efeito da revolução industrial no campo da epistemologia, e prenuncia Hegel.

As revoluções políticas e sociais que marcam a transição do barroco para o romantismo nos nossos livros escolares (embora os termos "barroco" e "romantismo" não tenham a mesma extensão nesses livros com o tom no presente trabalho) são em parte frutos da mesma mudança da cosmovisão que resultou na Revolução Industrial, e em parte já são seu efeito. O romantismo vivenciava as revoluções políticas e sociais de uma maneira muito mais violenta que a Revolução Industrial, embora, do nosso ponto de vista, a Revolução Industrial seja a mais profunda. Esse curioso mal-entendido da apreciação da sua situação pelo romantismo requer um instante de meditação mais cuidadosa. Volto para Keats e para a sua formulação revolucionária da verdade. A verdade está na arte e, portanto, a verdade é beleza. O homem, ao adequar a natureza à sua própria estrutura, cria beleza, e é nesse sentido que cria verdade. A urna grega o comprova. Mas as máquinas não o comprovam. Pelo contrário, pela primeira vez na história da humanidade começa a acumular-se uma fealdade hedionda nas cidades do Ocidente. A indústria romântica é de um aspecto estático repulsivo, superado apenas pela fealdade do fim do século XIX. E o proletário que surge pela transformação do quarto Estado em operariado industrial é uma humanidade feia. Aqui reside um problema que marcará todo romantismo. Se, de um lado, as máquinas são verdades e são feias, e se, do outro lado, é a verdade beleza, algo está fundamentalmente errado. Creio que nesta sensação do *"etwas stimmt da nicht"* ("algo está errado"), deve ser procurada a razão das voltas e das reviravoltas antirracionais e anticientíficas que caracterizarão o romantismo. Há uma desconfiança profunda do romantismo nos ídolos industriais que criou e, portanto, uma desconfiança por si mesmo, e é isso que o termo "ironia romântica" pretende. E o fundamento existencial dessa desconfiança é a fealdade das máquinas e dos instrumentos. É, portanto, preciso minimizar a importância da revolução industrial, e maximizar a importância das revoluções políticas e sociais, porque estas, sim, são vivenciadas como belas. A retificação dessa perspectiva distorcida será feita por Marx no fim do romantismo.

Por que são belas as revoluções do fim do século XVIII? Porque consistem em belos discursos. E estes discursos consistem em belas palavras. Considerem as três mais importantes dentre elas: "liberdade", "igualdade" e "fraternidade". Essas palavras empolgam ainda hoje os nossos corações, a não ser que as analisemos. Ainda hoje sentimos o seu ardor, porque no fundo ainda somos românticos, embora românticos desiludidos.

2. MALDIÇÃO / 2.2. EVOLUÇÃO / 2.2.2. REVOLUÇÕES

PÁG. 292 Analisemos primeiro o significado dos termos, para depois inseri-los no seu contexto.

Duas perguntas se impõem, obviamente, diante do problema da liberdade. Liberdade de quê e liberdade para quê? A segunda pergunta é também obviamente a mais significante. A existência se encontra em situação determinada, e procura libertar-se dessa determinação, para poder projetar-se. A libertação da determinação requer uma superação da situação, e uma decisão para um projeto requer meta. Pois é característico do romantismo que o primeiro aspecto da liberdade, o da libertação, é violentamente salientado, e o segundo aspecto, o do projeto, é relegado ao esquecimento. Esse fato distorce totalmente o conceito romântico da liberdade, porque o aspecto projetivo da liberdade é o mais significante. Mas essa distorção se explica. O romantismo sabe claramente de que situação pretende libertar-se, porque a supera pela revolução que se processou no pensamento. É a situação circular do barroco que pretende destruir revolucionariamente. Mas o romantismo não conhece metas, a não ser a da realização fortuita e progressiva. Isso confere às revoluções do século XVIII esse clima negativo e retórico que uma leve análise revela.

No entanto, não pretendo negar a atração e o fascínio que a liberdade exerce sobre as mentes mesmo nesse sentido negativo. Os pequenos círculos graciosos e supercivilizados do rococó caem diante do furor vetorial do brado da liberdade, e com eles desaparecem as poses e a etiqueta. Caem por terra os rabichos, as bengalinhas de marfim se quebram, o pó de arroz se dissolve no sangue, e as tintas decadentes do creme e da prata são substituídas pelas cores berrantes, mas reluzentes, do azul, branco e vermelho. Com o braço estendido que carrega a bandeira apontando qual flecha para o futuro, e com os seios desnudos, rompe a revolução o minueto da gentileza redondinho. Abaixo a gentileza, e viva a honestidade. Abaixo a reverência e viva a franqueza. Abaixo a conversa fiada, e viva a demagogia. Abaixo a tirania, e viva a liberdade. De um ponto de vista existencial, é a igualdade um termo muito mais duvidoso que a liberdade. Como existência jogada no mundo e procurando afirmar-se nele vivencio a ânsia da liberdade no meu cerne. Mas o ideal da igualdade já é consequência de uma tomada de consciência na situação que me cerca. Verifico que estou cercado por outros, e que estes outros obstruem a minha liberdade. A situação se me apresenta como uma corrida na qual estou competindo com outros. E os outros mais avançados me barram o caminho. Encontro-me, portanto, em situação viciada, porque já encontro sempre outros na minha frente. São os privilegiados. O ideal da igualdade é a abolição desses privilégios, e a reformulação da situação para uma estrutura na qual todos os outros comecem comigo a corrida a partir da mesma linha. Igualdade, no romantismo, significa igualdade de oportunidades.

Isso não é o significado que o termo tem na situação presente. Para nós a situação na qual nos encontramos não é da corrida. É uma situação na qual nos encontramos à boca das máquinas e à espera dos produtos que jorram dessa boca. Quem corre não somos nós, mas são as máquinas em seu curso desenfreado. Igualdade significa, portanto, para nós, distribuição de produtos. O ideal da igualdade é para nós uma situação, na qual as vacas mecanizadas tenham tantas tetas quanto são as bocas que chupam, e é em prol desse ideal que se empenha tanto o neocapitalismo quanto o socialismo. O neocapitalismo procura alcançá-lo pelo aumento do número das tetas, e o socialismo pelo seu relacionamento. Mas arte ideal é própria do consumidor que somos, e não do cidadão que é o revolucionário do romantismo. O cidadão se distingue do consumidor pelo seguinte: o cidadão é o burguês que varre da cena a aristocracia barroca e assume, de pleno direito, o lugar na sociedade que já lhe coube extraoficialmente durante todo o curso da Idade Moderna. Nesse processo arrasta consigo o quarto Estado, para transformá-lo, graças às máquinas, em proletariado. Não custa conceder igualdade a esse proletariado nascente, porque este, acorrentado às máquinas, nunca participará da corrida. O consumidor, pelo contrário, é o proletariado aburguesado. Continua acorrentado à máquina, mas a máquina se tornou tão poderosa que conseguiu acorrentar os próprios cidadãos, que se tornam, progressivamente, menos distinguíveis do proletariado.

Se mantivermos em mente o significado romântico do termo "igualdade", verificaremos que ele se casa perfeitamente com o ideal romântico da liberdade, e que estão enganados aqueles que creem ver nesses dois ideais uma antinomia. A igualdade no nosso significado do termo, esta sim, é inimiga da liberdade, mas isso é de menor importância. De toda maneira, as máquinas já acabaram com toda liberdade. Mas verificaremos também, surpresos, que o ideal romântico da igualdade não se casa com a fraternidade. Entre irmãos ideais, entre irmãos no significado cristão do termo, não há igualdade, mas há amor, que é o sacrifício de um pelo outro. Não há questão, entre irmãos assim concebidos, de uma igualdade de oportunidades, porque não competem entre si, mas se sustentam mutuamente. Mas existe um outro significado do termo "irmão", e um outro significado de "fraternidade", e este outro significado é o freudismo que nos revela. Irmãos são inimigos mortais que competem pela posse da mãe e se juntam apenas para matar o rei, o detentor do poder e da posse. Pois é esta a fraternidade da Revolução Francesa, embora os retóricos e demagogos nos queiram fazer crer que lutam pela fraternidade no primeiro significado do termo. E este segundo significado da fraternidade se casa perfeitamente com a liberdade e a igualdade, e o slogan da revolução é consistente, embora menos belo que possa parecer à primeira vista.

Enquadraremos agora esse slogan no seu discurso. O assunto desse discurso é a sociedade. Tentei mostrar, no capítulo que tratava do barroco, que o conceito de sociedade era ambíguo e mal definido. Ora era concebida a sociedade como um fenômeno natural, e como tal, objeto da clara e distinta percepção e adequável à coisa pensante. Esse conceito da sociedade era o responsável pelo imperialismo. Ora era concebida como lugar geométrico de coisas presentes que se reuniram por contrato para encontrar um denominador comum, que passou a ser a razão do Estado, portanto a razão no significado estrito. Esse conceito da sociedade era responsável pelo absolutismo. Pois o discurso revolucionário aceita esses conceitos da sociedade como base da conversa, mas por ser discurso desenvolve o assunto e modifica revolucionariamente o conceito da sociedade no seu discurso. Esse fato de suma importância de partir a revolução do conceito barroco da sociedade, e de desembocar no conceito romântico da sociedade, prova que a revolução é um processo e que, como se diz, devora os seus filhotes. Temos, na revolução, o endeusamento da razão, isto é, da razão do Estado, e vemos, portanto, que a revolução tende para um absolutismo mais radical, no qual o rei é substituído por uma deusa. Mas temos também a gradual substituição da razão pela vontade, a saber, pela vontade popular articulada em assembleias, e este conceito da vontade supera de longe o absolutismo e aponta para Schopenhauer. Em outras palavras: o processo da revolução realiza o absolutismo, e, ao realizá-lo, o supera.

PÁG. 297

Tentemos apanhar o núcleo desse processo. O homem é doravante concebido como o lugar no qual a natureza, este mero vir-a-ser, se realiza. Estamos diante de um novo idealismo, inteiramente diferente do idealismo barroco. Mas o homem está em conversação com outros, seus semelhantes. Não é no homem, estritamente falando, que a natureza se realiza, mas é no Homem. E este Homem com H maiúsculo, este homem desexistencializado, é a essência da sociedade. É em prol dos direitos desse Homem que a revolução se bate, e não em prol dos direitos do homem. Quem é este Homem, que bicho estranho é ele? Pois ele é, no início da revolução, uma reencarnação da razão do Estado barroco. É nesse denominador comum a todos os homens, é nessa essência da humanidade que a natureza se realiza. É, portanto, na sociedade que a natureza se realiza, e a realização mais perfeita da natureza é o Estado. E a função do Estado é a de organizar a conversação entre os homens para que mais natureza possa ser realizada pelo método da tecnologia. Como se vê, esse conceito da sociedade, embora mais preciso e unívoco, é ainda fundamentalmente barroco, embora já aponte em direção a Hegel.

Mas com a evolução do discurso acontece uma mudança revolucionária no conceito do Homem e da sociedade. O Homem não é o sujeito que contempla e modifica a natureza, seu objeto, mas o Homem é a realização dessa natureza, no sentido de ser a ponta da sua lança. O Homem

2. MALDIÇÃO / 2.2. EVOLUÇÃO / 2.2.2. REVOLUÇÕES

não é um ser, é um querer ser, é uma vontade. O homem não é uma realidade, mas o homem tende, pela realização, em direção à realidade. É nesse sentido, portanto, como vontade, e não mais como razão, que o Homem é a essência da sociedade. A sociedade não é um sistema fixo, por exemplo, um sistema planetário barroco, mas é uma estrutura dinâmica que tende, propelida pela vontade do Homem, isto é, pela vontade coletiva dos homens. Nesse novo conceito do Homem e da sociedade reside o germe da democracia no significado moderno do termo. E essa democracia aponta, aparentemente, por paradoxo, mas na realidade por necessidade, o fascismo.

O discurso revolucionário, sendo demagógico, não é um discurso rigoroso e ordenado como é o discurso da ciência pura e aplicada. Os elementos racionalistas e voluntaristas, os elementos absolutistas e democráticos, misturam-se nele, e os que por ele são apanhados em flagrante delito não têm a visão distante que nos é proporcionada. De nada adiantaria, por exemplo, querer enquadrar nas categorias por mim sugeridas. A confusão intelectual e moral é um elemento próprio da revolução, e este se explica apenas *post festum*. Mas o tema central da revolução, a abolição do Estado-sistema e sua substituição pelo Estado-estrutura, é quase plenamente consciente para todos os participantes, a despeito das "assembleias constituintes" e da "constituição americana". O Estado não é mais algo constituído, mas algo que se constitui e reconstitui pela pressão da vontade coletiva, e a própria sucessão de constituições o prova vivencialmente. O Estado é um processo, como tudo no mundo, e a revolução lhe abriu as portas para permitir que o bafo quente da história o penetre para inspirá-lo.

Liberdade, igualdade e fraternidade são os nomes dessa vontade doravante desenfreada que tende sem saber para onde e que leva de roldão a civilidade do *ancien régime* que se contentava em círculos sem significado. Daqui em diante esses três nomes mágicos servirão para encobrir uma crescente onda de bestialidade a encontrar sua coroação no nazismo. Necessariamente, porque a vontade caracteriza as feras, e o Homem com H maiúsculo é a besta loira nietzschiana *in statu nascendi*. Mas não há como negar que feras são belas, muito mais belas que os teares, e que, portanto, a revolução é um discurso belo. Ruge qual leão, enquanto o tear apenas bate os dentes. Mas nós, os posteriores, sabemos que o rugir do leão, embora mais sangrento e mais brutal, é um fenômeno histórico passageiro (pelo menos o esperemos), enquanto o bater dos dentes é o ritmo com o qual as máquinas nos trituram, embora de forma indolor, já que estaremos anestesiados. Nós sabemos que a revolução industrial é um hiato na história da humanidade, enquanto a revolução política e social é apenas um episódio entre muitos. O romantismo não sabia disso e preferia a beleza da Revolução Francesa à chateza da revolução dos instrumentos. E para evitar o confronto com o fato incontestável da revolução industrial, começava a dar o romantismo voltas desesperadas. Pois esta era a situação na qual a humanidade agora se encontrava: escolher entre a brutalidade da vontade sem significado e a razão que começava a assumir aspectos de automação impiedosa. O romantismo escolhe, em muitas voltas, a vontade. Mas a escolha já era altamente fictícia neste mundo esvaziado da realidade. O processo estava se tornando inapelável e encaminhava a humanidade para a condenação do juízo derradeiro.

2.2.3. VOLTAS

A nova dimensão do tempo, o tempo linear da evolução, que doravante se apodera do pensamento ocidental, tem uma semelhança formal com o tempo linear do cristianismo, mas o seu clima é diferente. Tão diferente, com efeito, quanto é diferente o clima do tempo circular, do mito do tempo circular do barroco. Simplificando, podemos dizer que o barroco opera com um falso tempo místico, o que dá assim origem ao mecanismo. E o romantismo opera com um falso tempo judeu-cristão, dando assim origem ao evolucionismo. Mas esse paralelo que estou procurando forçar encobre, na realidade, uma profunda diferença. O tempo circular do barroco é falso, porque a humanidade ocidental continua vivenciando o tempo linear do cristianismo como aquele que interessa existencialmente. Os fenômenos repetitivos da coisa extensa se passam todos no campo do duvidoso. Fundamentalmente, o mecanismo todo não interessa, justamente porque se passa no além do tempo. Nesse sentido, o barroco é protestante. Mas o tempo linear do romantismo coincide, de certa maneira, com o tempo cristão que interessa. É falso apenas no sentido de objetivar o tempo cristão, já que não demanda a minha salvação ou danação, mas demanda a realização progressiva sem meta. Dada essa semelhança estrutural entre salvação e evolução, o romantismo não mantém a mesma distância do seu modelo do mundo que é mantida pelo barroco. O romantismo se empenha no seu modelo, e nesse sentido é o romantismo uma volta para o catolicismo. Os termos "empenho" e "alienação" são sintomas dessa volta, e o termo "ironia" é sintoma da falsidade dessa volta.

Uma das diferenças básicas entre catolicismo e protestantismo está no conceito da obra. Para o catolicismo é a obra um método da salvação, e o católico se empenha no mundo temporal, tendo por meta o transcendente. Para o protestantismo tem a obra um efeito meramente temporal, e o empenho no mundo temporal é desinteressante do ponto de vista da salvação, do transcendente. A Idade Moderna toda é uma época protestante, porque sabe que o empenho no temporal não interessa. E é uma época maldita, porque se interessa exclusivamente neste mundo temporal a despeito disso. Mas no barroco esse interesse exclusivo ainda conserva certo caráter lúdico, ainda não degenera em empenho. É ainda em grande parte teórico o interesse do barroco pelo mundo do temporal, como se uma dimensão da existência ainda estivesse ancorada no transcendente e estivesse se traindo a si mesma. No romantismo a existência se desvincula do transcendente e se lança totalmente no processo evolutivo. Passa a ser uma existência empenhada, e isso pode ser interpretado como uma volta para o catolicismo. Com efeito, muitos românticos interpretavam assim a sua situação: como volta para a Igreja. Mas é óbvio que se trata de um catolicismo perverso. E essa perversidade é sorvível pela ironia que acompanha a conversão desses medievais tardios.

O empenho na época medieval era um ato de sacrifício, no qual a existência abria mão do sacrificável para alcançar o salvável. No romantismo tornou-se evidente que nada se salva. O empenho passa a ser, a partir desse instante, uma fuga do vazio. A existência se lança para dentro do processo histórico, porque não há nada além desse processo. Mas sabe, intimamente, que esse próprio processo não interessa, já que é também fundamentalmente nada, e sabe disso, porque transcende na sua intimidade esse processo todo. Daí a ironia trágica do empenho do romantismo. É um empenho deliberado, tomado a partir de uma decisão existencial que se deu no além do processo e que passa a negar o seu próprio ponto de partida. Em outras palavras, a alienação do processo histórico é a condição do empenho nele, e essa alienação passa depois a ser negada. O que acontece, com efeito, é isto: a existência se encontra consigo mesma na solidão, e nessa solidão encara o nada. Não suportando esse confronto, foge em direção ao processo histórico para empenhar-se nele. Mas a lembrança do choque com o Deus morto acompanha todo o empenho na forma da ironia. O romantismo todo é uma fuga do choque com o Deus morto. O romantismo descobriu que Deus morreu ao descobrir a ociosidade dos círculos barrocos. Mas não suporta essa descoberta. Será apenas Nietzsche que terá a coragem de enfrentar esse fato terrível. Não podemos suportar a visão do Deus morto, volta-se o romantismo para épocas pré-barrocas, em busca deliberada de fés irrevogavelmente perdidas. É por isso que o romantismo se nos apresenta como uma série de voltas. É uma série de suicídios, com efeito, e o suicídio é a forma romântica da morte.

Feito o encontro consigo mesmo diante do Deus morto, só restam duas alternativas: suicídio ou empenho. A frase romântica, *"Give me liberty or give me death"* (Patrick Henry, 1775) articula esse fato. A vida sem Deus é insuportável. Só resta fugir para a história, para a "liberdade" (conforme já a analisamos), ou para a morte. A onda de suicídios que varre o Ocidente no romantismo é o lado avesso da Revolução Industrial e uma forma de suicídio coletivo. Ambos são consequências da impossibilidade de viver sem Deus, impossibilidade essa que o romantismo é o primeiro a experimentar vivencialmente. Mas há outras formas de suicídio, outras formas de voltar. São todas elas, em última análise, fugas em direção à história no novo significado desse termo. De modo que podemos caracterizar a situação como segue: o romantismo ou se mata, ou foge em direção ao futuro pela revolução industrial, ou foge, em diversas direções, rumo ao passado. É dessas voltas que trata o presente tópico.

Creio que a distância que nos separa da debandada que procuro descrever já permite que lhe intuamos os contornos. São estes: o romântico se mata, se não suporta a fealdade do futuro e a inautenticidade da volta para o passado. O romântico se empenha no futuro (a Revolução Industrial), se não suporta a inautenticidade da volta para o passado e a covardia do suicídio. E o romântico se empenha na volta para o passado (isto é, é romântico no sentido estrito), se não suporta a covardia do suicídio e a fealdade do futuro. E nessa fuga em direção ao passado tropeça o romantismo contra suas pedras no caminho da fuga, nas pedras que serão de importância decisiva para o futuro, quando esse caminho tiver dado uma reviravolta. Estas pedras se chamam História e Vida. Essas duas descobertas acidentais do romantismo, quando reconduzidas para dentro da certeza principal, que é a Revolução Industrial, caracterizarão a catástrofe na qual desemboca o drama da Idade Moderna. Hitler, a bomba H e o computador são tecnologia impregnada por História e Vida. São eles as derradeiras formas pelas quais o Deus zeloso visita a maldade dos pais nos filhos até a terceira e quarta geração daqueles que O aborrecem. É, pois, da História e da Vida que tratará este tópico das voltas.

Quando o círculo estalou e esticou-se em flecha, quando o verbo "ser" foi substituído pelo verbo "tornar-se", quando a nomenclatura se transformou em predicação, a enciclopédia em argumento e a conversação em discurso, abriu-se diante da humanidade atônita o abismo do passado. E esse passado, velado até agora pelo círculo, passou a ser sorvível em todas as coisas. As coisas vibravam todas com a tensão do passado que as tinha projetado para cá do seu círculo sem fundo. Todas as coisas testemunhavam, a altos brados, a sua origem histórica, e convidavam a humanidade para o mergulho. As montanhas cuspiam fósseis, as colinas vomitavam restos de culturas passadas, os tecidos das plantas apontavam para a planta primordial e as montanhas dos animais se retorciam para revelar a origem da vida. Nessa cena dantesca de fantasmas fugazes que rolam da garganta do passado e se precipitam para a garganta do futuro e arrastam consigo a morte, surgiu a última tentativa da humanidade moderna de construir um sistema, isto é, um suporte para a morte. Nessa cena surgiu Hegel.

A cena dantesca, diz Hegel, não é obviamente a realidade. É um processo de realização progressiva, e será real apenas quando o tiver realizado, isto é, estabilizado. O que se realiza? O espírito absoluto. Mas de certa forma dizer que a cena é processo, é dizer que ela é realidade. Realidade como realização é uma contradição de termos. Essa contradição é, com efeito, a mola que propele o processo. O mundo não é real, mas tende a ser real pela contradição que lhe é inerente. A realização progressiva pela contradição se chama "dialética histórica" e pode ser visualizada da seguinte maneira: no início do processo somente há espírito subjetivo, isto é, o pensamento cartesiano. Mas um pensamento é sempre de algo. Exige um objeto pensado. O pensamento estabelece, portanto, de si mesmo algo que lhe é oposto. Chamemos de "matéria" esse algo. Digamos que o pensamento é a tese que estabelece de si mesmo a sua própria antítese, a matéria, para ter objeto. Digamos que o pensamento, ao pensar a matéria, procura superá-la pelo conhecimento. O conhecimento é a superação dialética da matéria pelo pensamento. No conhecimento a matéria vira pensamento, torna-se pensamento. Mas não deixa de ser matéria por isso. Superar significa cancelar, e nesse sentido a matéria fica cancelada pelo conhecimento. Mas superar significa também elevar para outro nível de significado, no qual o assim superado é guardado. Nesse sentido, portanto, é a matéria elevada a novo nível, para nele ser guardado como tal pelo conhecimento. O conhecimento é a síntese entre pensamento e matéria, é pensamento em outro nível. É pensamento parcialmente objetivado. A tese (pensamento) e a antítese (matéria) resultam em nova síntese (pensamento parcialmente objetivado). Mas a síntese, sendo também pensamento, exige novo objeto. Vira e torna-se nova tese, e cria nova antítese de si mesma. E assim surgirá um novo conhecimento em nível ainda mais alto, que será nova síntese, isto é, pensamento ainda mais objetivado. O espírito avança assim, de síntese para síntese, de conhecimento para conhecimento. Nesse processo torna-se sempre menos subjetivo e mais objetivo. O último estágio desse processo dialético todo (desse processo discursivo) será o conhecimento absoluto. Todo o conhecível será conhecido. O espírito estará totalmente objetivado, e o mundo terá sido realizado. Com efeito, realização é sinônimo de conhecimento. Ao conhecer a natureza, a ciência a realiza. É ingênuo perguntar se a natureza é real, e Kant tem razão neste ponto. Ela se torna real à medida que se torna conhecida. Ao ter a humanidade ocidental evoluído a ciência como método discursivo de conhecimento, alcançou ela um estágio no processo da dialética histórica, no qual este se desenvolve com rapidez sempre crescente. É pela ciência principalmente que o espírito se objetivará para realizar o mundo. A ciência é o método mais poderoso do conhecimento. Ela humaniza a natureza e nesse sentido objetiva o espírito absoluto.

Num dado momento histórico a situação é a seguinte: o espírito se objetivou parcialmente numa forma chamada "espírito do tempo" (*Zeitgeist*).

Representa a última síntese alcançada até agora. Este *Zeitgeist* tem a forma objetiva da sociedade – antítese da sociedade é a natureza –, a sociedade faz ciência para conhecer a natureza, e assim se torna a sociedade uma tese nova de história em curso. A sociedade é, portanto, em cada dado instante, o espírito mais perfeitamente objetivado. A sua estrutura, isto é, o seu governo, é a encarnação do espírito absoluto no seu atual desenvolvimento. O governo é, em certo sentido, uma encenação de Deus, e a fórmula barroca *"cuius regio eius religio"* adquire o seu pleno significado. Quanto à ciência, esta função suprema do governo, ela muda de síntese para síntese, de governo para governo, porque ela se processa em níveis sempre mais elevados. A ciência pode ser compreendida apenas em função de uma dada sociedade. Mas a sua estrutura é constante, porque é sempre o mesmo espírito que por ela realiza o mundo. É essa estrutura constante que dá suporte à mente na cena fantasmagórica da história em curso. Essa estrutura é a lógica, são as regras imutáveis do pensamento. O hegelianismo é um panlogismo, e a lógica fica como que retirada do processo histórico, para constituir-se em seu fundo. Com efeito, tudo que é real é lógico, e tudo que é lógico é real, e essas duas proposições são intercambiáveis. A estrutura lógica do pensamento, que é a estrutura gramatical da língua (embora Hegel não o diga), é o cadáver de Deus.

Embora a sociedade como *Zeitgeist* veja o espírito objetivado num dado momento histórico, não é ela monolítica, mas vibra, ela também, com as tensões do processo histórico do qual surgiu para superá-lo. Há na sociedade tendências reacionárias que representam estágios superados, e tendências progressistas que apontam para a nova sociedade a surgir mais tarde. E há também tendências que se recusam a participar do espírito do tempo. São as tendências alienadas e condenadas à morte. Pairam ironicamente por baixo do espírito que é o processo do conhecimento. Nada conhecem, e por isso propriamente não vivem. O *engagement* na história é a vida. A alienação é a morte. É o suicídio romântico, conforme elaborei acima. O *engagement* na história é o substituto da salvação da alma. É ele, portanto, a primeira volta empreendida pelo romantismo.

Mas é óbvio que se o sistema hegeliano for visto do lado de fora, ele se apresenta como uma única enorme alienação no próprio significado hegeliano do termo. Há um clima de loucura em redor desse sistema, nessa procura de objetividade pela estrutura lógica do pensamento. Nós, os netos tardios desse tipo de cosmovisão, dispomos de instrumentos fornecidos pela lógica formal para desvendarmos esse fundamento louco. Sabemos que todo sistema explicativo é ontológico no seu centro e contraditório nas suas fronteiras. Em outras palavras: sabemos que todo romantismo não dispunha ainda desses nossos instrumentos, e a reação (inclusive no significado hegeliano do termo) tinha que vir de outro ponto de vista. Do ponto de vista da Vida.

PÁG. 310

Mencionarei, no presente contexto, apenas a reação schopenhaueriana. Ao aparente otimismo de Hegel opõe-se um pessimismo confessado. O mundo tende, isto é, o mundo quer, o mundo é vontade. O verbo "tornar-se" (*werden*) implica o verbo "querer" (*wollen*). Querer é carência, porque querer é não ter o querido. O mundo é carência, e é nesse sentido que o mundo é um processo. Mas carência é sofrimento. O mundo é sofrimento. Quanto mais quer o mundo, quanto mais se desenvolve, tanto mais sofre. Os sábios hindus já sabiam disso. Nessa sua tendência passional, nessa sua paixão chamada "evolução", o mundo se fragmenta. A vontade que o mundo é se rompe nessa sua tendência desesperada pelo *principium individuationis*. Os indivíduos nos quais a vontade se nos apresenta são manifestações aparentes e enganadoras dessa paixão desesperada do mundo. E nós mesmos, a quem esses indivíduos se apresentam, somos resultados dessa fragmentação aparente. O nosso "Eu" é uma ilusão criada pela vontade rompida, pela fragmentação da "Vida". Com efeito, o mundo se nos apresenta mascarado, os diversos indivíduos que se nos apresentam representam à vontade sob diversas máscaras, e nós mesmos somos "pessoas", isto é, atores em cena. Mas esse teatro dentro do qual fomos lançados, esse mundo como representação no qual estamos agindo, representa apenas um único drama: a Vida no seu sofrimento do querer o querido. Todos os atores representam a mesma vontade sob máscaras diferentes. Essa vontade pode ser considerada o equivalente do espírito hegeliano. Mas a vontade não tem estrutura lógica, como pensa Hegel. A vontade apenas quer, ela não tem fundamento (*Der Wille ist grundlos.*) Hegel caiu na emboscada. Toma a representação do mundo pela realidade. É por isso que Hegel está louco. No mundo como representação reina a causalidade. É ela, com efeito, a única categoria kantiana que se salva, se formos levar a sério o mundo como representação, como Hegel o está fazendo. Um indivíduo segue outro indivíduo pela cadeia causal, e é isso no fundo todo o sistema hegeliano. O pensamento, sendo discursivo, é causal, isto é (como nós diríamos atualmente), predicativo. Mas esse pensamento não é o fundamento do mundo. É apenas a estrutura do mundo como este se apresenta. Em outras palavras: o preconceito é uma maneira como sofremos. A causalidade é um termo inócuo para designar o destino. O destino que nos faz sofrer é a estrutura aparente do mundo. Mas no fundo o destino não passa de manifestação enganadora da vontade fragmentada. Hegel se alienou da vontade e está preso pelos véus de *maya*.

Diz Hegel que a história avança pelo conhecimento progressivo, no qual o espírito se objetiva. Mas o que diz, com efeito, é que a história é a alienação progressiva da vontade de si mesma. A dialética hegeliana procura mascarar esse fato. Simplifica e falsifica o processo da história, ao forçá-lo dentro de um modelo de síntese progressiva. Mas não é assim que a história se processa. A história se espalha e se ramifica, e não se sintetiza. Na história a vontade se fragmenta sempre mais, e a representação se complica sempre mais, em vez de simplificar-se. As tendências da história não são convergentes, mas divergentes. A história é vida, e cresce como árvore, e não é sistema fluvial que demanda o oceano. O conhecimento que Hegel advoga e no qual se empenha é, portanto, duplamente falso: é falso quanto à direção, porque aliena da vontade. E é falso quanto à estrutura, porque deturpa a vida com seu panlogismo. O método a ser seguido é justamente o inverso. Não devemos avançar em direção da objetividade, mas em direção da subjetividade. Assim entraremos em contato com a vontade, e estaremos libertos do sofrimento que a ilusão da causalidade provoca. A música nos proporciona esse acesso direto para a vontade. Na música a vontade é não fracionada, porque a música nada representa. Ou, como diríamos nós, a música é vontade "concreta". Na música podemos captar a concretude da vontade, porque nela o mundo não é representacional, mas uno. É na música que nos libertamos, isto é, nos realizamos. A realização é, portanto, um processo que corre em direção oposta à história, em direção do subjetivo primordial e absoluto. Em direção do *atman*. Uma consequência tardia dessa cosmovisão (que já não é mais sistema) é a arte concreta da atualidade. Com efeito, podemos dizer que, embora não o saibamos, somos atualmente mais schopenhauerianos que hegelianos.

Essas são as duas voltas, as duas faces do romantismo. O empenho na história e o empenho na vida. O empenho na ciência e o empenho na arte. O empenho no objetivo e o empenho no subjetivo. O termo "romantismo" evoca em nós, via de regra, a segunda face porque estamos acostumados a contemplar as manifestações artísticas do romantismo. Mas uma face não pode ser desligada da outra, porque apresentam, ambas, a mesma moeda. Consideremos essa moeda.

O empenho hegeliano na história, a fuga hegeliana do Deus morto em direção ao rococó, resulta no historicismo. Embora aparentemente comprometido com o futuro, encara, na realidade, o passado. A humanidade corre, ávida de algo sólido, em direção ao passado, embora acredite que é em direção ao futuro que se encaminha. Assim são ressuscitados os medievais, os primitivos, os selvagens, o povo ingênuo e os gregos anteriores à época de ouro. E o empenho schopenhaueriano na vida, a fuga schopenhaueriana do Deus morto em direção à vontade, resulta em vitalismo. Embora aparentemente comprometido com a afirmação e a embriaguez da vida, disseca, na realidade, a vivência imediata e a mata. A humanidade crê que caminha com a vida que descobriu, mas é em direção à morte que se encaminha. Assim é ressuscitada a natureza selvagem, os abismos perigosos, a beleza do tigre e o fascínio do crime e da perversidade. Há uma ironia trágica nesses empenhos todos, porque o romântico sabe da falsidade da sua decisão existencial e da situação dela decorrente. Depois de ter adorado a Virgem em catedral gótica (porque ela é mais bela que uma fábrica), ou depois de ter vagueado pelos cumes inóspitos dos Alpes (porque são mais violentos que um parque), volta para tomar café com leite no salão de uma filha burguesa. É irônica essa situação porque a burguesinha é sustentada pela fábrica e passeia no parque, embora desmaie constantemente diante do amor romântico que o empenhado lhe confessa. E é trágica essa situação, porque o monstro da Revolução Industrial, essa besta tão mais perigosa que o tigre e tão mais violenta que os Alpes, habita dentro da burguesinha, de modo que o São Jorge romântico, ao querer matar o dragão, mata a donzela. O romantismo é uma situação falsa tanto na sua cara historicista como na sua coroa sentimentalista. O incrível é que essa falsidade resulta em beleza.

A beleza inebriante com a qual nos envolve Beethoven e Schumann, o convite à loucura com o qual nos seduz Hölderlin e Novalis, a maldade bela que se derrama até nós por Byron e Pushkin, são um veneno doce e romântico que penetra por todos os nossos poros e não permite que superemos o romantismo. Se este livro fosse escrito com distância mais acentuada, e se eu pudesse me projetar para o século XXX, é provável que toda a época pós-barroca até os nossos dias se apresentaria como romântica, e o elo que uniria todos os fenômenos seria essa onda pecaminosa da beleza. É a beleza do convite para a morte. Ao romper o cerco da civilidade, das regras e das limitações, ao ter-se liberdade da camisa de força barroca, precipita-se freneticamente a humanidade ocidental à procura da morte, e chama a isso de "progresso". E essa precipitação frenética é banhada em beleza na sua primeira fase, a saber, na arte do romantismo. É, portanto, com esforço deliberado e violento que arranco este argumento do seu curso perigoso que o ameaça mergulhar no labirinto do pecado que é a arte do romantismo. Todas as raivas do meu pensamento estão ancoradas nesse pântano belo. Como ato de autopreservação desvio o curso do argumento e retomo o fio da meada. Revolto-me contra mim mesmo numa tentativa de libertação num sentido antirromântico, num sentido de libertação com meta. E a meta imediata é a consideração das reviravoltas que deu o pensamento ocidental ao verificar, de maneira insofismável, que a cena será dominada doravante pela tecnologia.

2.2.4. REVIRAVOLTAS

Napoleão está em Santa Helena, a santa aliança restaurou o equilíbrio, e a polícia e a censura regulam o trânsito das ideias. Quanta santidade. Mas a cena assim santificada não se parece, nem superficialmente, com a do *ancien régime*, porque deixou de ser um conjunto estável. O tempo deixou de correr nela daquela maneira imperceptível e surda que caracteriza todas as épocas passadas. O curso do tempo tornou-se palpável, e tornou-se palpável pelas máquinas e pelos instrumentos. As montanhas e os rios, as árvores e os animais, os homens e as mulheres, se vistos superficialmente, ainda parecem conservar os seus contornos familiares. Mas eles são apenas parte da cena, uma parte progressivamente mais marginal, com efeito. O que se prepara a dominar é uma nova espécie de montanha, a montanha do carvão, uma nova espécie de rio, o rio de refugos. Uma nova espécie de árvores se ergue, a chaminé, e uma nova espécie de animal se movimenta, a locomotiva. E surge, obviamente, uma nova espécie de humanidade, a gente. E essas novas espécies são altamente instáveis. Não é possível adaptar-se a elas, porque elas mudam mais depressa que a capacidade de adaptação humana permite. É preciso adaptar-se à própria mudança contínua, e isso será doravante o problema. Em outras palavras: é preciso doravante viver-se em um mundo que muda mais depressa que a capacidade de compreensão humana. Toda compreensão, quando alcançada, já é superada. Isso significa que o homem é um ser superado pela evolução que desencadeou ao romper o círculo da civilidade. Mas o pensamento, obviamente, não pode admitir que está derrotado. Numa série de reviravoltas procura subir a sela da evolução para cavalgá-la. Procurarei considerar apenas duas dessas reviravoltas.

A primeira reviravolta pode ser resumida como a tentativa de projetar os problemas, que se tornaram insuportáveis, do indivíduo para a coletividade. É a tentativa de reencontrar um chão de realidade no seio da comunidade, já que essa realidade desapareceu da "alma" e do "mundo". A filosofia hegeliana é, desse ponto de vista, apenas um estágio no caminho que procura evitar responsabilidades autênticas pelo empenho. O indivíduo confundido com a coletividade é, para Hegel, um ideal alcançado apenas plenamente no último estágio da evolução, no qual o espírito se tiver inteiramente objetivado. Mas a situação que cerca a humanidade agora é tal que não pode esperar pela plenitude do tempo. O homem não suporta mais a solidão, na qual existe sempre o perigo do confronto com o Deus morto. E não suporta enfrentar sozinho a modificação diabólica que está ocorrendo na sua circunstância pela revolução industrial em curso. Mergulha, portanto, desde já, para o colo materno da comunidade.

Como todo fenômeno romântico, também este está marcado por trágica ironia. O momento da decisão existencial de confundir-se com o povo no anonimato coincide com a dissolução incipiente de toda autêntica comunidade. Ao descobrirem os românticos a nação, para nela afogar as suas angústias ontológicas, essa nação começa a dissolver-se nas máquinas em gente. O nacionalismo, este opiato do romantismo que vai se constituir em religião sintética no curso do século XIX, é, desde o seu início, a tentativa desesperada de rechear um conceito artificial de conteúdo existencial deliberadamente buscado. E quanto mais se acentua o nacionalismo, tanto mais perde a nação em organicidade. Torna-se sempre mais óbvio, no decorrer dos séculos XIX e XX, que a nação tem função apenas como desculpa pela recusa de enfrentar a situação, e não como elemento autenticamente descoberto numa análise daquilo que determina o homem.

A Europa central, e mais especialmente a Alemanha, são o foco do nacionalismo, e a sua causa aparente é a sua ocupação por Bonaparte. As tropas francesas, portadoras dos estandartes da revolução, penetram aí um sistema complexo de Estados barrocos e fazem explodir os círculos nos quais orbitam burgueses em redor de soberanos. Nessa fissão atômica liberam forças nucleares que até hoje não se gastaram. Os burgueses românticos, assim atirados da sua ligação racional e sentimental ao soberano para dentro do espaço frio sem significado por influências externas, precipitam-se aos braços da nação alemã, tcheca, polonesa ou húngara, embora, a rigor, essa nação não exista. É, portanto, necessário construir-se deliberadamente essa nação, para poder depois mergulhar nela. E essa construção é absurda, porque no momento preciso da explosão o soberano vai sendo substituído pelo aparelho, e os círculos barrocos vão sendo substituídos pelos campos gravitacionais das máquinas e dos instrumentos. A reviravolta do romantismo em direção do nacionalismo é a tentativa de negar esse fato insofismável. O nacionalismo é, desde a sua origem, uma tendência reacionária num sentido hegeliano.

Há um elemento existencialmente válido no nacionalismo, e este é o amor pela língua materna. A cosmovisão romântica, pela qual o mundo é um processo que se realiza pela estrutura inerente ao homem, é, com efeito, a descoberta da estrutura da língua como fundamento da realidade. O núcleo existencialmente válido do nacionalismo é a descoberta da pluralidade de línguas. O mundo se realiza em estruturas diferentes, há uma pluralidade de mundos. E esses mundos diferentes, mas interligados, podem ser concebidos como cristais que se formam em campos chamados "nações", desde que queiramos identificar nação com língua. Nesse sentido, seria o nacionalismo de uma descoberta ontológica válida, porque descobriria a "nação" como fonte de toda realidade. Mas, com efeito, esse fundamento válido do nacionalismo é, logo de início, deturpado. Línguas não são sistemas fechados. São ligadas entre si por traduções e absorvem, constantemente, elementos de outras línguas. E existem camadas linguísticas, como, por exemplo, a matemática e a música, pelas quais todas as línguas ocidentais se confundem. O nacionalismo, ao despedaçar a conversação ocidental em nações isoladas, rompe o fundamento comum que dá significado à conversação toda. O efeito nefasto desse rompimento artificial são as guerras do século XX.

O núcleo linguístico do nacionalismo é, no entanto, apenas um aspecto subalterno. O que predomina na vivência da nação é a comunidade de destino dos seus participantes. E essa comunidade de destino é sorvível nos costumes. É preciso retornar para os costumes puros dos antepassados, às suas danças e suas canções, a seus trajes e suas festas, aos seus conceitos e seus valores. E isso é feito justamente no instante quando tudo isso se torna obviamente condenado pela preponderância da indústria na cena. Os românticos saem para o campo e procuram um chão sólido nas aldeias, no instante preciso no qual sai de lá a população rural para ser sugada pelas cidades novas e transformada pelas máquinas em proletariado incolor e cosmopolita. Pois essas cidades e máquinas são justamente articulações de um discurso supranacional, a saber, do discurso da ciência que é matemática na sua estrutura. No seu historicismo os românticos se opõem assim ao curso da evolução, porque a aldeia é mais "bela" que a cidade e, portanto, mais "verdadeira".

Quanto mais progride a Revolução Industrial, tanto mais óbvio se torna o artificialismo do nacionalismo. Como se explica, portanto, o seu triunfo? Pelo seu valor como fuga. A nação imutável como fonte de todos os valores oferece ao homem um apoio num mundo fluido que se precipita sem rumo. A nação é um substituto, pobre e triste, por certo, mas eficiente, de Deus. Doravante assumirá o empenho político todos os aspectos de um empenho religioso. Surgirão partidos políticos, que serão o equivalente das seitas da Reforma. E surgirá o fervor nacional que conferirá às guerras nacionais todo o aroma existencial que caracteriza as guerras religiosas. Mas, a despeito disso, é a falsidade e a inautenticidade desses empenhos todos facilmente diagnosticáveis. O empenho na nação não traz aquela sensação de realização que traz o empenho na religião, porque o nacionalista sabe, no fundo, que se sacrifica em prol de algo que não existe. Há um ar de conversa fiada em redor de todos esses empenhos. E a revolução industrial demonstrará no século XX o quanto é falso tudo isso. A reviravolta do romantismo em direção ao nacionalismo é uma das formas mais nefastas e perniciosas de fuga do centro perdido.

A segunda reviravolta a ser considerada pode ser resumida nos seguintes termos: os problemas que se precipitam sobre a humanidade não precisam ser enfrentados, porque não são dignos da atenção de mentes livres. A verdade é beleza. A minha circunstância não é bela. Portanto não é verdadeira, e não vale a pena preocupar-se com ela. Isolo-me dela, mas não em autêntico ensimesmamento, porque não suporto estar só comigo mesmo. Isolo-me dela num mundo melhor, num mundo no qual comungo com as minhas fontes históricas, com os mitos belos que me estabeleceram. Esta decisão para a fuga do processo em direção das fontes desse processo seria a posição de alienação hegeliana, não fosse ligada subterraneamente com a posição do nacionalismo. Mas essa ligação existe, o que prova ser o *engagement* hegeliano uma forma de alienação mascarada. Chamemos esta segunda reviravolta romântica de "esteticismo".

Assim surge, ao lado das chaminés, a torre de marfim na paisagem do Ocidente. Nela se refugiam os artistas e os filósofos que não suportam a fealdade da cena. E teremos, doravante, no Ocidente, duas culturas. Uma, caracterizada pelas ciências e pela tecnologia, que avança com otimismo furioso rumo ao abismo do derradeiro castigo. E a outra, caracterizada por aquilo que se costuma chamar de "humanidades", que reflete, com pessimismo crescente, esse avanço nefasto sem participar ativamente dele, mas arrastada por ele. A bifurcação da cultura assume proporções marcadas na atualidade, de modo que uma conversação entre os dois ramos torna-se quase impossível. Trata-se de uma mútua alienação, e não apenas de uma alienação das humanidades. Hegel, o pai da cultura progressiva, tem razão ao chamar a outra de alienada. Mas Schopenhauer, o pai da cultura reflexiva, tem razão igual ao chamar a outra de alienada. Estamos, com efeito, entre tenazes de duas loucuras.

A cultura humanística, tal como surge o romantismo, não é o foco de um autêntico ensimesmamento. Não é a tentativa de uma tomada de consciência para, a partir dela, lançar-se contra a cena. Está, pelo contrário, banhada, ela também, pelo historicismo. Não vasculha, como pretende Schopenhauer, as próprias entranhas da mente, mas vasculha pergaminhos. Não resulta em profetas a formular novos valores (com a exceção muito duvidosa de Nietzsche), mas resulta em professores de universidades. Não resulta em sabedoria, mas em erudição estéril. E necessariamente isso ocorre porque o humanismo no sentido que o termo agora adquire passa a ser uma cortina de fumaça destinada a encobrir a vacuidade no homem. As humanidades estudadas nas faculdades universitárias dos séculos XIX e XX são tentativas de fazer esquecer os problemas da humanidade.

No entanto, num sentido ligeiramente diferente do termo "homem", é tanto a cultura tecnológica como a cultura humanística uma espécie de antropologia. O homem se tornou duvidoso, e é, portanto, ele o tema exclusivo de todo saber, seja consciente, seja inconscientemente. Estamos, portanto, diante de uma reviravolta da dúvida cartesiana. Com o Renascimento o homem se aliena da sua circunstância e é retirado do campo do duvidável. O humanismo do Renascimento e do barroco não resulta em antropologia, porque o homem é o sujeito, e não o objeto do conhecimento. A partir do romantismo a dúvida existencial se vira contra a própria *Befindlichkeit* do homem, porque este agora não consegue encontrar-se a si mesmo. Todo conhecimento, mesmo aquele que tem por assunto aparente a circunstância humana, passa a ter por tema central o próprio homem, e é no fundo antropologia. Se a meta inconsciente da cultura renascentista e barroca é a aniquilação do mundo duvidoso pela cosmologia, é a meta da cultura desde o romantismo a aniquilação do homem duvidoso pela antropologia.

Também desse aspecto se nos apresenta o Ocidente a partir do romantismo como suicida.

Esta é, pois, a cena que se nos apresenta na primeira metade do século XIX. Outros aspectos da cena poderiam ter sido, obviamente, escolhidos, mas creio que os mencionados são suficientes. A casca protetora do mecanismo barroco estava rompida e aberto estava o caminho para a barbarização de uma humanidade desprovida de senso de realidade. O homem estava lançado dentro de uma torrente de processos em evolução, dentro da qual, a rigor, todas as interrogações por um significado eram vãs e inúteis. Os processos se precipitavam do nada para o nada, e na sua passagem efêmera pela existência humana, refletindo-se nela pela estrutura inerente ao homem. O homem é, portanto, o único sujeito e o único objeto do conhecimento. Mas esse próprio conhecimento é um processo, isto é, participa da efemeridade e da ilusoriedade de tudo. Não há mais ponto de apoio no qual o homem possa firmar-se para projetar-se. O homem está só e abandonado. Procura, portanto, a morte. Procura o aniquilamento pela incentivação da queda rumo ao abismo que é a evolução dos processos, e a isso chama de "progresso", principalmente progresso da tecnologia. Ou procura o aniquilamento pela dissolução da sua própria estrutura, e a isso chama de "humanismo". Enaltece e diviniza a razão, para poder conduzi-la ao absurdo. Ou enaltece e diviniza os sentimentos, para poder recair no animalismo. O homem tornou-se um aborrecimento para si mesmo, e todos os triunfos externos que agora alcançará, triunfos até agora nem sonhados, não conseguirão abafar doravante o nojo que sente por si mesmo.

Uma voz isolada, mas profética, articula esse estado de coisas. É a voz de Kierkegaard, mas ela é abafada. Ainda está longe a hora de contrição e de admissão da derrota. Longe de querer encarar a sua situação, está a humanidade resolvida a fugir de si mesma e do seu destino. Nessa debandada em massa serão cometidos crimes como talvez a face da Terra ainda não os tinha presenciado desde que gira dentro da sua órbita barroca. Mas esses crimes estão ainda além do horizonte. A primeira fase da fuga precipitada é marcada por aparentes vitórias resplandecentes. Dessas vitórias falará o capítulo seguinte.

2.3. VITÓRIAS

Devo confessar que estou construindo este livro em obediência a um esquema. Não é um esquema rígido, e a parte realizada até aqui rompeu as suas linhas em diversos pontos. Mas a estrutura geral do esquema continua a informar o argumento. O esquema é este: num plano é traçada uma linha divisória que o articula em dois campos, um superior e um inferior, e que permite ser utilizado como escala. Essa linha divisória representa a ruptura entre sujeito e objeto, entre homem e mundo. O campo superior representa o sujeito, e inferior o objeto, e a escala mede o curso do tempo a partir de aproximadamente 1350 até a atualidade. A escala é perspectivista, e as distâncias entre os anos tendem a dilatar-se, de modo que os primeiros cem anos ocupam espaço menor que o último ano. Os dois campos são preenchidos por linhas retas e curvas à medida que progride o argumento. Essas linhas representam as tendências do pensamento moderno para uma reformulação da realidade, cujo significado se perdeu com a perda de fé no transcendente. Este é, pois, o tema do esquema: a história da busca da realidade perdida. No ponto da linha divisória que corresponde aproximadamente ao ano de 1550 surge um ponto que domina progressivamente os dois campos e que representa a ciência teórica (no campo superior) e a ciência aplicada (no campo do objeto). A folha toda está articulada em quatro fases, que representam quatro climas existenciais: o renascentista, o barroco (inclusive o romântico), o vitoriano e o clima da atualidade. São as quatro "gerações" que aparecem no título deste livro. Trata-se, portanto, no esquema, de uma hipótese operante. A hipótese diz o seguinte: a história do pensamento moderno pode ser concebida como uma busca da realidade perdida que se processa em quatro fases. Este livro está sendo escrito como tentativa de aplicar essa hipótese e ver como funciona. O perigo do presente livro reside na sedução de adaptar os fenômenos ao esquema. A sua vantagem reside na manutenção de um ponto de vista distanciado que permite uma visão abarcadora da cena.

O esquema exerce sobretudo uma atração estética, porque permite que o trabalho seja composto como um quadro abstrato ou como uma fuga. Temas recorrem e são variados, e a construção toda obedece a uma orientação integradora. A sua meta é provocar no ouvinte ou espectador a sensação de satisfação, uma satisfação que pode ser chamada, no presente caso, de "plausibilidade". Em outras palavras: a meta deste trabalho é provocar no leitor a sensação: "Essa é uma dentre as explicações plausíveis da minha situação aqui agora".

Pois dentro desse esquema alcançou o presente argumento um ponto culminante. A transição do clima romântico para o clima vitoriano ocupa o centro do esquema. A linha divisória tem o mesmo comprimento entre 1350 e 1850 como entre 1850 e 1950. Se me for permitido o recurso para uma linguagem dramática, direi que o argumento alcançou a catástrofe, que é o núcleo do drama que apresenta. Com efeito, procurei sugerir essa qualidade dramática na nomenclatura pela qual caracterizei as quatro fases do processo. Chamei a primeira "geração" de "culpa", e a segunda de "maldição", e pretendo chamar a terceira de "castigo" e a quarta de "penitência", para enquadrar assim o pensamento moderno todo no conjunto do pensamento cristão do qual surgiu e para o qual tende. Pois a transição da maldição para o castigo é o momento catastrófico do processo todo. Nesse momento as virtualidades se transformam em efetividade. Os gregos diriam que nesse momento o inevitável acontece. O que as moiras teceram no curso dos quinhentos anos anteriores transforma-se agora na corda na qual se enforcará a humanidade ocidental nos cem anos subsequentes. O processo todo, que queria chegar ao poder no curso dos quinhentos anos, torna-se agora vitorioso. É, pois, dessa vitória da Idade Moderna, desse triunfo sem par, que tratará o capítulo presente.

Considerem a cena. A península europeia conquistou o globo. Essa pequena aglomeração de serras e vales, de baias e promontórios, de penínsulas e ilhas, que se chama a si mesma de "continente" por megalomania, e que é, com efeito, apenas um apêndice da massa asiática, tornou-se o centro do mundo. As suas bandeiras flutuam, indiscriminadamente, sobre as culturas antigas e sagradas das planícies milenares do Oriente, como sobre as selvas e os desertos do

PÁG. 330

primitivismo tribal e da magia. A sua estrutura de pensamento imprime-se tiranicamente sobre todas as mentalidades, apoiada pelos argumentos pragmaticamente decisivos dos canhões e do dinheiro. Dos quatro cantos do globo confluem sobre a Europa as matérias-primas e brutas de uma natureza a ser transformada pelo pensamento ocidental em produtos acabados. E dessa mesma Europa formada pelo pensamento ocidental em produtos acabados. E dessa mesma Europa irradiam esses produtos, sob proteção dos canhões, para reformular a cena, *"remould it nearer to the heart's desire"*.[1] E esse coração do mundo que é a Europa, que governa com o seu forte pulsar o universo todo, está invertido contra si mesmo, *cor inversum in se ipsum*. Dilacerado pela dúvida em si mesmo (dilaceração essa tornada evidente pela divisão da Europa em nações), pulsa esse coração em sístoles e diástoles sempre mais violentas, para mascarar a sua vacuidade. A maldição está se cumprindo. O que será de ti se conquistares o mundo e perderes a tua alma? A resposta a esta pergunta não tardará, mas ainda não foi dada. No entanto, a pergunta já está sendo formulada. Está sendo formulada por enquanto ainda romanticamente. Enquanto avançam, vitoriosas, as legiões do novo Império natureza adentro, está se formulando esta pergunta no coração da mente, no abismo do nada. Esta situação catastrófica que estamos considerando, Goethe a formulou magistralmente. Esta formulação é o lema da época que nos aprontamos a considerar agora. *"Nur immer zu! Wir wollen es ergründen, In deinem Nichts hoff' ich das All zu finden"*.[2]

---

[1] "Remodelar de acordo com o desejo do coração." *O Ruabaiyat* de Omar Khayyam, ca. Século XII.

[2] "Avante pois, até tocar o fundo; no Nada eu te espero pelo mundo". Goethe, *Fausto II*, 1832.

2.3.1. LUTA

As ciências da natureza modificaram a estrutura da sua língua. De conversação passaram a discurso, de nomenclatura à verbalização, de definição à proclamação, de enciclopédia a ensaio, do verbo "ser" ao verbo "devir", do ponto ao vetor, do mecanismo ao organismo. E essa modificação faz com que doravante passe a ser a biologia o padrão das ciências todas. Se no barroco todas as ciências tendiam para o fisicalismo, tenderão todas doravante para o biologismo. E já que as ciências são a moldura na qual o pensamento se forma, e o ponto de referência para o qual retorna sempre, tenderá doravante o pensamento todo para o biologismo. Devemos, portanto, tentar compreender o que é, para a época sob consideração, a "vida".

Uma das definições dadas no final do romantismo é a definição marxista. Embora não aceita pela maioria dos pensadores, é ela não obstante uma articulação especialmente feliz do conceito inconscientemente mantido por todos. De acordo com essa definição é a vida um movimento de albumina. Procuremos tomar a sério essa definição, para sorver o seu impacto. As albuminas são supermoléculas extremamente complexas que consistem em átomos de carbono, hidrogênio, nitrogênio, oxigênio e enxofre que tendem a cristalizar e a desviar o plano da polarização da luz para o lado esquerdo. Em outras palavras: albuminas são estruturas nas quais determinados

PÁG. 332

átomos se realizam. O átomo é, para o século XIX, a virtualidade da molécula que se torna efetiva dentro da estrutura molecular da qual participa. Um movimento, por sua vez, é, para o século XIX, uma tendência vetorial, e não mais um deslocamento de pontos. Reformulemos, pois, a nossa definição da vida. Vida é uma tendência vetorial de determinadas estruturas em busca da realização das suas potencialidades. O erro fatídico do século XIX de identificar essas estruturas com as albuminas não é importante para as nossas finalidades. Substituídas as albuminas pelos ácidos ribonucleicos, e substituído o termo "estrutura" pelo termo mais refinado "informação genética", pode a nossa definição ser mantida atualmente em determinados discursos. É ela, nesses discursos, uma explicação válida dos fenômenos observados.

No entanto, para nós, seres do século XX, essa definição da vida é algo chocante. Choca-nos existencialmente, e choca moralmente. De um ponto de vista existencial parece a definição errar totalmente de alvo, porque simplesmente não diz respeito àquilo que experimentamos ao vivermos. O termo "vida" que aparece nessa definição parece designar algo que se dá num plano inteiramente diferente da realidade. E de um ponto de vista moral encerra essa definição uma brutalidade ("tendência vetorial"), que parece não esgotar o clima da vida tal como o experimentamos. Mas não podemos negar que é para nós muito difícil, herdeiros do romantismo que somos, superar totalmente a definição exposta. Ela nos diz ainda respeito em muitos níveis de significado, embora sintamos a sua inadequação como modelo da "realidade". Com efeito, essa definição nos fornece um modelo da vida inteiramente impalpável, diáfana e abstrata. Mas essa é, como verificamos nós, seres do século XX, a sorte de todos os conceitos enquadrados em modelos. Modelos são fantasmas de realidade mortos, e o nosso ambiente consiste justamente nesses fantasmas da realidade que assassinamos. Isso, no entanto, é problema a ser discutido mais tarde neste livro.

Se disse que a biologia passa doravante a constituir a ciência padrão, é aproximadamente nesse sentido do termo que devemos entender "biologia". É a ciência que trata da tendência vetorial de determinadas estruturas. E se disse que as demais ciências tendem a adaptar-se a esse padrão, o que pretendi dizer era que passam a tratar de tendências vetoriais de outras estruturas. Se disse, finalmente, que o pensamento todo tende para o biologismo, tinha eu em mente essa tendência do pensamento de transformar todos os conceitos em tendência vetoriais, ao enquadrá-los em estruturas. Com efeito, a descoberta da "vida" nesse curioso significado do termo não passa de síntese hegeliana da descoberta da "história" e do "homem". A biologização do pensamento do século XVIII é consequência de seu historicismo e do seu antropologismo. A história é a descoberta do vetor a substituir o ponto barroco. A antropologia é a descoberta do homem como estrutura na qual e pela qual os vetores se realizam. E a biologia é a descoberta da vida como tendência vetorial dessa estrutura. No fundo é, portanto, o biologismo um historicismo antropológico, e será como tal que o encararei no presente tópico. Iniciarei a discussão pela biologia propriamente dita, isto é, por aquela ciência que tem por assunto as estruturas chamadas "protoplasma". A cena que essa ciência desenrola diante de nós é schopenhaueriana. Mas sendo a biologia uma ciência "objetiva", trata-se da tentativa de desexistencializar os problemas que Schopenhauer suscita. A sua articulação mais característica chama-se "darwinismo", e é para ela que dirigirei a atenção dos leitores, embora obviamente passarei a descrever o modelo darwiniano em termos não darwinianos. A vontade schopenhaueriana que se manifesta no meu íntimo como sofrimento é expulsa do meu íntimo para dentro do campo do vir-a-ser para ser objetivada. Posso doravante observá-la de distância, isto é, cientificamente. Assim expulsa, a vontade se apresenta como movimentos de protoplasma. Vontade expulsa e tornada objeto da pesquisa científica é sinônimo de vida. E vida é um processo histórico, no qual os movimentos do protoplasma modificam progressivamente a sua estrutura para resultar no homem. Vida é síntese de história e antropologia. Biologia como ciência é uma explicação histórica do homem. A sua pergunta fundamental é: "Como se realizou o homem?". E o propósito dessa pergunta é esta outra: "Qual é a meta do homem?". Escutemos as respostas da biologia.

O protoplasma é a origem do tempo para a biologia, como o espírito absoluto o é para Hegel. Perguntas que demandam a origem do protoplasma estão no além do discurso da biologia, e fazem parte de outros discursos, por exemplo, o da química orgânica ou o da cristalografia. Esse fato é importante para a contemplação da cena. O discurso da ciência da natureza rompeu-se, e são vários e contraditórios os modelos que doravante fornece. E entre os modelos abriram-se fendas. O protoplasma, tal como aparece na química ou cristalografia, não é "vida" no significado biológico do termo. Mas "vida" é este mesmo protoplasma quando traduzido para o contexto da biologia. Aparece o problema da tradução entre discursos. Em que sentido posso dizer que o termo "protoplasma" designa sempre o mesmo, já que significa algo diferente em contextos diferentes? O problema da tradução passa a acompanhar, surdamente, todo o pensamento doravante rompido em discursos divergentes, mas tornará este pensamento estéril apenas no século XX. A diferença entre o romantismo e a atualidade reside, talvez, na nossa conscientização da tradução como problema decisivo.

Pois para o discurso da biologia o movimento do protoplasma chamado "vida" se inicia quando o termo "protoplasma" é traduzido do discurso da química e da cristalografia para o da biologia. Em outras palavras: a "origem da vida" coincide com a origem da biologia. Para nós, esta coincidência está se tornando óbvia, já que começamos a aceitar o fato da estrutura do discurso ser o campo de realização do discursado. Mas para o romantismo esta coincidência ainda não se desvendava em sua plenitude. Sabendo embora que a biologia informava o processo do qual tratava, não aceitava ainda o romantismo que o processo do qual tratava a biologia era uma função da biologia. Ainda era vivenciada a biologia como discurso significante, a saber, como discurso com meta externa chamada "vida", embora essa meta já tivesse se apresentado inteiramente esvaziada de realidade. Dada essa extrapolação do significado do discurso biológico, a origem da vida passa a ser um evento histórico do qual trata a biologia. Para o romantismo é a biologia um argumento que trata do movimento do protoplasma desde a sua origem, embora já saiba que esse movimento é no fundo o seu próprio movimento.

O darwinismo é uma teoria que "explica" esse movimento pela introdução de dois termos no argumento: "adaptação" e "luta". Essa explicação pode ser resumida da seguinte forma: o protoplasma se fraciona, pelo princípio de individualização schopenhaueriano, em indivíduos chamados "seres vivos". Esses seres são representantes parcelados das tendências inerentes ao protoplasma. Mas pela sua estrutura continuam unidos uns aos outros, já que os seus movimentos podem ser reduzidos a duas formas fundamentais: por uma dessas formas um ser engloba outro, e pela outra um ser expele outro. Os seres vivos se alimentam e procriam outros seres vivos. Essas duas formas do movimento do protoplasma resumem, com efeito, a história da vida. Formam um padrão complexo que se explica pela adaptação e pela luta. Adaptação é aquela modificação na estrutura do protoplasma que o torna apto a lutar com outro. Luta é aquela relação entre estruturas protoplasmáticas na qual se adaptam umas às outras. O processo é dialético no significado hegeliano. Pela luta os seres se adaptam sempre mais perfeitamente, e pela adaptação lutam sempre mais perfeitamente. A estrutura do protoplasma se complica sempre mais nesse processo, os seres "evoluem". A evolução é possível porque o ser procriado por outro é uma cópia imperfeita do primeiro. O ser procriador transmite ao ser procriado a sua estrutura levemente modificada pelas adaptações que sofreu nas lutas. Essas modificações da estrutura são cumulativas, e dado um número determinado de gerações, surge uma estrutura tão diferente que pode ser considerada nova. Essa nova estrutura chama-se nova espécie de seres vivos. O que evolui, a rigor, são as espécies, e não os seres.

O método pelo qual se desenvolve esse processo é o da tentativa e do erro, e a sua meta é a seleção dos mais aptos. Todo protoplasma tende a vencer na luta, adaptando-se, mas é eventualmente vencido pelo mais bem-adaptado, e eliminado assim do processo. Os sobreviventes formam, em seu conjunto, o que há de mais bem-adaptado. São

PÁG. 338 os que tentaram e não erraram. Mas futuramente serão superados. O Homem (com H maiúsculo, obviamente, porque a biologia desexistencializa o homem) é a espécie mais bem-adaptada, porque está vencendo atualmente a luta contra todos os demais seres. A meta da evolução é o Homem. Com efeito, o darwinismo é uma explicação da origem e da meta do Homem. Obviamente não da origem e da meta do homem como existência aqui e agora, mas como espécie biológica, isto é, como termo empregado pelo discurso da biologia. No fundo a biologia desconversa a origem e a meta do homem, e esta é a sua finalidade no romantismo. É uma fuga.

O darwinismo não pode atualmente ser mantido na forma aqui exposta. A sua falta maior está na maneira como explica a transmissão de modificação de estrutura. A biologia atual abandonou o conceito de modificação cumulativa e prefere a "mutação", isto é, a modificação por salto. Pela introdução do termo "mutação" adquire o discurso da biologia uma estrutura nova característica da atualidade. Torna-se disrupto. Mas isso não importa para o meu argumento. O que importa é a óbvia absurdidade da explicação darwiniana, e esta continua válida até os nossos dias. O processo da vida chamado "movimento de protoplasma" é um processo absurdo, porque carece de meta. O ser vivo se adapta para a luta, e luta para adaptar-se. Na luta são vitoriosos aqueles que foram selecionados pela tentativa e erro, a fim de serem vencidos. O absurdo da explicação é banhado em clima de brutalidade. Os "menos bem-adaptados" num estágio dado da evolução são impiedosamente varridos do processo histórico, e é "bom" que assim seja. Sub-repticiamente glorifica a biologia darwiniana à vontade schopenhaueriana, e dá assim mais um passo em direção ao abismo. Abre, com efeito, esse abismo diante de nós, ao substituir a "eleição" protestante pela "seleção" objetivizante. E pela introdução do método da tentativa e erro (que substitui o método da tentação e do pecado), prepara o campo para a eliminação da liberdade e para a automação definitiva.

O movimento do protoplasma do qual trata a biologia é, com efeito, o movimento do próprio discurso da biologia. É um discurso tecnológico, que se inicia por perguntas do tipo "para quê?", e a vida é a resposta a esse tipo de perguntas. A vida no significado romântico do termo é o conjunto de sentenças que surgem num discurso finalista. E as perguntas finalistas são, por sua vez, a forma pela qual uma existência sem meta se projeta. A vida no significado romântico é um conjunto de sentenças formuladas por uma existência sem meta. É, portanto, óbvio que a vida assim concebida seja absurda. Disse que a partir do romantismo todas as ciências tendem a assumir a estrutura da biologia. O que eu disse é que todas elas tendem a se transformar em discursos finalistas. Essa minha afirmativa parece estar em contradição com os fatos. As ciências físicas parecem ser discursos causais, ou pelo menos pareciam ser isso até a geração passada. Devo, portanto, tentar defender essa minha afirmativa, para torná-la plausível.

Um discurso causal, isto é, um discurso que se inicia por perguntas do tipo "por quê?", pode mascarar, com efeito, duas estruturas diversas. O discurso do barroco era causal, porque estabelecia elos entre os termos que empregava, e esses elos formavam círculos fechados. Eram circulares as cadeias causais porque o elo entre os termos era formado pelo verbo "ser", portanto, por um verbo que designa o tempo da circularidade. A causa da água é a síntese do hidrogênio e oxigênio, e a causa do hidrogênio é a análise da água. Isso é um tipo de discurso causal, e é o único tipo legítimo, se formos manter o significado que o termo "causalidade" tinha no barroco.

Mas pode haver outro tipo. Quando formulo respostas à pergunta "por quê?" recorrendo ao verbo "tornar-se" para ligar os meus termos, as cadeias causais se esticam e formam linhas retas. Surge um novo tipo de causalidade, a saber, a causalidade irreversível. É verdade que na física essa causalidade irreversível se torna articulada tão somente pela elaboração da segunda lei de termodinâmica, a qual implica, com efeito, num abandono formal da causalidade barroca. Mas a partir do romantismo toda física já está prenhe dessa nova causalidade. A pergunta "por quê?" formulada doravante pela física é, subentendidamente, já uma pergunta que demanda respostas do tipo "porque assim tornou-se". Considerem por um instante de que tipo de causalidade se trata.

Se demando um "por quê?" linear, se procuro pela explicação histórica de um termo no meu discurso, estou simplesmente invertendo uma pergunta finalista. A minha explicação causal não passa, na realidade, de uma explicação finalista invertida. O que pergunto, com efeito, com este "por quê?" não é uma explicação do mundo extenso, mas uma explicação de mim mesmo como lugar no qual o mundo se realiza. Esse tipo de causalidade está impregnado de historicismo e de antropologia. As ciências físicas, ao recorrerem a este "por quê?", no início inconscientemente, mais tarde conscientemente, estão se biologizando, no sentido de estarem se historicizando e antropologizando. No fundo, o que interessa para as ciências físicas não é mais o mundo físico, mas é o homem desexistencializado, isto é, o homem como ser histórico que realiza o mundo. A derrocada da causalidade como hipótese operante no terreno da física quântica é apenas a última consequência dessa mudança no discurso da ciência toda. Mas estas minhas considerações têm um efeito curioso sobre o estudo formal da ciência empreendido atualmente. Embora um pouco fora do contexto, quero apresentar esse efeito aos leitores no presente momento do argumento.

As ciências como discursos explicativos estão sendo atualmente analisadas formalmente, e podem ser descobertas diversas formas de explicação que formulam. As explicações dedutivas e probabilísticas são as que caracterizam os discursos das ciências físicas, as explicações finalistas são as que caracterizam as ciências biológicas e psicológicas, e as formas genéticas são as que caracterizam as ciências da cultura. Os assim chamados "níveis ontológicos" são assim desvendados como diferentes estruturas de explicações que ocorrem em diferentes discursos. Se explico algo probabilisticamente, crio uma realidade física, se finalisticamente, uma realidade biológica, se geneticamente, uma realidade cultural. Pois essas formas de explicações são traduzíveis. Pela tradução de uma forma para outra derrubo, por assim dizer, as barreiras que separam realidades. Com efeito, demonstro que a realidade é uma função do meu discurso.

Pois os formalistas tendem a recomendar uma tradução de todas as explicações para a forma dedutiva. Fazem-no porque essa forma é mais facilmente simbolizável na lógica atualmente em uso. Todas as explicações passam a ser manipuláveis pela regra lógica chamada *modus ponens*. Dizem, com efeito, os formalistas que a diferença entre explicações não passa de diferença de estilo. Em vez de dizer que o peixe tem guelras para respirar, reestilizo a sentença e passo a dizer que peixes respiram porque têm guelras. Essa reformulação tem a vantagem de permitir a demonstração lógica de que toda explicação é, no fundo, tautológica, e nas consequências, contraditórias, ou que toda explicação, no fundo, diz nada. O formalismo demonstra assim formalmente o absurdo de todo discurso e, mais particularmente, o absurdo da ciência como discurso. As razões e as consequências disso serão discutidas no contexto apropriado.

Mas se tenho razão com a minha afirmativa de que as ciências físicas tendem a adaptar a sua estrutura ao tipo finalista de discurso, os esforços dos formalistas adquirem um sabor diferente. É óbvio que posso reestilizar as explicações científicas com facilidade igual para que todas assumam uma forma finalista. Em vez de dizer que as pedras caem por causa da gravidade, posso perfeitamente dizer que as pedras caem a fim de alcançar o chão para o qual tendem. Reformulada assim, a minha explicação transfere o termo "pedra" para a realidade da biologia. Torna-se menos bem manejável pelos instrumentos da lógica formal, mas exprime o clima romântico no qual toda ciência e, com efeito, todo pensamento ocidental se desenvolvem. O efeito desse tipo de reformulação será discutido, ele também, numa parte futura deste trabalho. E com esta observação encaro o discurso a partir do romantismo em direção da atualidade.

A tendência de todo pensamento, científico ou não, para a transformação do seu discurso na estrutura finalista, isto é, a tendência para a biologização de todo pensamento, mergulha doravante a cena num clima darwiniano. Termos como "luta", "competição", "adaptação", "lei do mais forte", "sobrevivência" e "tentativa e erro" caracterizarão essa cena. Se chamei esse clima de darwiniano, não foi porque creio ter sido o darwinismo o responsável por esse clima. Mas porque creio que o darwinismo é a articulação mais perfeita do clima. O responsável é o desespero que se articula finalisticamente. O responsável é o desespero que grita: "Para que tudo isso?". Os termos que mencionei são as respostas que o intelecto se dá a si mesmo. E o termo mais importante é o termo "luta".

A pergunta "para que tudo isso?" provoca a resposta "para a luta", ou "para a luta final", como cantará *A Internacional*, o hino do romantismo em agonia. E, com efeito, tudo se explica pela luta. Tudo se explica pelos duelos que a vontade fracionada trava contra si mesma, já que a vontade em si não tem explicação: é um querer sem meta, é *"grundlos"*. Pela luta explica-se a natureza toda, pela luta explicam-se a sociedade e sua cultura, e pela luta explicam-se a mente e suas manifestações internas e externas. O termo grego que significa "luta" é "agonia". Tudo se explica como agonia. Natureza, sociedade e mente estão em agonia. O seu movimento agônico, o seu lutar e relutar no leito da morte, é a evolução do Ocidente. É como o Ocidente se "adapta" à revolução industrial que o mata. E o campo mais óbvio e evidente dessa luta do feiticeiro contra o seu feitiço é o campo da economia. É para essa luta intestinal, para essa comoção na qual os instrumentos se põem a roer as entranhas do Ocidente de dentro para fora, que chamarei a atenção dos leitores no tópico seguinte.

2.3.2. GUERRA CIVIL

As máquinas, essas encarnações da estrutura da mente, nas quais a vontade fracionada se realiza ao objetivar-se e tornar-se representativa, jorram produtos acabados. Aquilo que as máquinas jorram são "produtos", porque são algo arrancado e trazido para cá (*producere*) do mero vir-a-ser, da mera virtualidade. E são "acabados", porque são um estágio final de um processo produtor, a partir do qual nada mais resta a não ser consumir o fato. Os produtos acabados são fatos a serem consumados. Posta diante da massa crescente desses *faits accomplis* que inundam a cena, reage a humanidade ocidental em sua agonia com duas "explicações" que são, com efeito, guerras civis a dilacerar o próprio tecido do Ocidente. A primeira dessas guerras civis é uma luta livre de todos contra todos, um *catch-as-catch-can* generalizado que tem por palco algo chamado eufemisticamente de "mercado", e chama-se "capitalismo". A segunda guerra civil é uma luta darwiniana entre duas espécies humanas, uma consumidora chamada "burguesia", e outra produtora chamada "proletariado", uma luta para o qual o proletariado é a espécie mais bem-adaptada e sobreviverá, e as espécies chamam-se "classes" e a guerra se chama "socialismo". No fundo ambas as guerras são reações às máquinas e representam tentativas e erros na adaptação da humanidade aos instrumentos. Ambas as guerras se desenvolvem num clima finalístico, embora saliente o capitalismo mais o aspecto da tentativa, e o socialismo mais o aspecto da seleção automática do mais apto. E ambas as guerras têm isto em comum: admitem inconscientemente a vitória final dos instrumentos e a derrota do homem. O capitalismo e o socialismo realizados são indistinguíveis, já que são a submissão do homem aos instrumentos. Diferem, portanto, as duas "explicações" apenas quanto aos métodos como alcançar a mesma meta que é a morte. São duas agonias diferentes. Consideremo-las do ponto de vista deste trabalho.

O capitalismo explica a tecnologia da seguinte forma: a estrutura da mente humana se lança sobre o vir-a-ser (doravante chamado "matéria-prima"), para realizá-lo, e esse processo de realização se chama "trabalho". A matéria-prima é o campo do trabalho da mente. O trabalho transforma o campo não apenas ontologicamente (faz da matéria-prima produtos), mas ainda eticamente (faz bens), e esteticamente (faz artefatos). A matéria-prima, ao ser trabalhada, dá origem a valores. O trabalho da mente é a fonte dos valores. Há, fundamentalmente, dois tipos de valores: os relativamente transitórios e os relativamente estáveis. Os transitórios são representados pelos bens de consumo, e os estáveis pelos bens de produção, e há uma relação processual entre ambos. Valores estáveis são valores transitórios represados. As represas de bens surgem quando o consumo é refreado. Todos os valores criados pelo trabalho (e isso significa todos os valores *tout court*) tendem a ser consumidos, isto é, aniquilados, e isso prova o absurdo ético do trabalho. Mas quando o consumo é deferido, esse absurdo desaparece. Consumo deferido chama-se "capital" ou "poupança". O capital é trabalho não consumido, portanto é a transformação de valores transitórios em estáveis. O capital é o bem supremo. A poupança é a suprema virtude. Com efeito, o capital é a salvação daquilo que épocas anteriores chamavam de "alma", porque é a salvação do trabalho. No capital alcança a mente a imortalidade. A poupança é o sacrifício do temporal em prol do eterno, portanto é o que antigamente chamavam de "vida religiosa". A economia é o campo da religiosidade, e o *homo oeconomicus* substitui o *homo religiosus*. O acúmulo de capital é a conquista progressiva dos céus, a perda de capital é a perda da substância eterna, e a falência é a queda para o inferno. A eternidade do capital é garantida pela herança. Na herança o capital sobrevive à morte biológica e funde a corrente de herdeiros sucessivos em algo firme chamado "firma". A firma é o campo da eternização do trabalho. O conjunto das firmas é o que épocas anteriores chamavam de "sociedade de santos".

As máquinas e os instrumentos são bens de produção, isto é, são a forma mais ou menos transitória na qual o capital das firmas se encarna.

2. MALDIÇÃO / 2.3. VITÓRIAS / 2.3.2. GUERRA CIVIL

O dinheiro depositado nos bancos e cofres é capital não encarnado. Bancos e cofres são os lugares geométricos da salvação, e é nos bancos e nos cofres que o *homem oeconomicus* deposita sua fé ardente. Mas há uma outra forma, um tanto curiosa, na qual o capital das firmas se encarna. É o chamado "proletariado". O proletariado são máquinas e instrumentos humanos. O proletariado é, portanto, um bem, com efeito, um bem indispensável, porque as máquinas e os instrumentos da tecnologia exigem, pelo menos provisoriamente, máquinas e instrumentos humanos para o seu funcionamento. Mas o fato de ser humano o proletariado representa um problema do qual falaremos em seguida.

A vida econômica (isto é, a vida religiosa) não é absurda: compensa. A poupança rende. O sacrifício inicial é recompensado na forma de juros. É assim que funciona a economia celeste dos bancos.
O capital acumulado pela poupança (isto é, o trabalho não gasto) se materializa em máquinas e instrumentos. Estes produzem, por sua vez, valores transitórios, isto é, bens de consumo. Dado esse acúmulo, ultrapassam, a partir de um dado estágio do processo administrativo, os bens de consumo, a capacidade consumidora do capitalista. Aquilo que o capitalista não pode consumir é acrescentado, automaticamente, ao reservatório do capital, e este cresce doravante automaticamente. A poupança não exige mais sacrifício, e o capitalista foi recompensado pela sua virtude. Estenda-se por "capitalista" não um indivíduo humano, mas

uma firma constituída por herdeiros. Nesse ponto surge o problema que o proletariado representa. O proletariado consiste em gente que carece da virtude da poupança. Consome todo o seu trabalho, e está, portanto, no inferno. Mas com o acúmulo do capital nas firmas, o proletariado (que é parte desse capital) vê parte do seu trabalho transferido para a poupança da firma. Não consome, portanto, doravante todo produto do seu trabalho, mas a poupança que surge não é a sua. É o que chamará o socialismo de "alienação do proletariado". O proletariado não tem, portanto, chance. É condenado pela predestinação do mercado, esse substituto do protestantismo. É assim que funciona a "seleção natural" darwiniana.

Esse fato pode ser lamentável para aquela dimensão da mente capitalista que professa ainda, inautenticamente, o cristianismo. Mas não tem importância para os processos da economia. Aliás, superada a necessidade de poupança pelo capitalista, pode até surgir uma abertura para uma certa generosidade chamada "beneficência" ou "obras sociais" que equilibra um pouco a perda de trabalho pelo proletariado. Isso tranquiliza a consciência pseudocristã, e não é pecado econômico, já que faz com que as máquinas humanas funcionem mais eficientemente. É um bom investimento, portanto também uma espécie de poupança.

Embora seja ilimitado o campo da virtualidade, o campo da matéria-prima no qual a mente do capitalista se realiza, e embora não haja, portanto, limite para o progresso, trata-se de um campo curiosamente enrugado. Certas regiões desse campo, certas colinas de matéria-prima, oferecem melhor oportunidade de serem trabalhadas num dado instante da evolução da tecnologia. Pela posse dessas colinas os capitalistas competem. Trata-se de um problema ontológico cuja profundidade não ocorre no capitalismo do século XIX. Afirma ele simultaneamente a ilimitação teórica das oportunidades, e a limitação prática das oportunidades. É óbvio que o campo da matéria-prima (que é apenas virtual) não pode ser "em si" limitado. A limitação que é posta em evidência pela concorrência entre firmas é, portanto, uma limitação do próprio intelecto. Mas será apenas o século XX que se dará conta desse fato. Será apenas o século XX para o qual se tornará evidente o absurdo do acúmulo de capitais como método de alcançar a imortalidade.

A concorrência das firmas pela posse de regiões preferidas no campo da matéria-prima é no século XIX uma luta darwiniana pela conquista da imortalidade. É uma luta desregrada, na qual cada um luta por si e contra todos. Pode haver, é verdade, alianças transitórias nessa luta fratricida, e algumas dessas alianças são relativamente estáveis. Por exemplo, a "nação", que adquire neste contexto um significado novo. As nações são capitalistas aliados entre si contra outras alianças semelhantes, que competem pelas matérias-primas extraeuropeias.

Mas essas alianças são frágeis. Uma vez conquistado o campo pelo grupo, surge a luta entre os membros do grupo. É a isso que o capitalismo chama de "liberdade", e é por isso que o capitalismo é um liberalismo. O que faz é apenas aplicar os ideais da Revolução Francesa. O efeito da concorrência é igualmente darwiniano. É o "melhor" quem vence. É o melhor, porque é o mais bem-adaptado. Conquista o campo da matéria-prima, porque sabe transformá-la mais eficientemente em produtos acabados e assim acabar com ela. E assim garante a concorrência que o trabalho transformador se aperfeiçoe constantemente. Com efeito, a concorrência é o método do progresso. Com efeito, ainda, é o método da tentativa e erro. O capitalista tenta. Quando erra, vai à falência, e é relegado ao limbo darwiniano. Quando acerta, entra em nova luta, que resulta em melhor adaptação ainda. Como é belo o progresso. Como é belo o capitalismo, e como tende a funcionar automaticamente, pela automação sábia do mercado.

O que acabo de descrever é o capitalismo do século XIX, e não o nosso. É aquele sistema que surge em toda a sua pujança no fim do romantismo e que vai estruturar a época vitoriana. É uma luta de todos contra todos, que resultará na vitória da tecnologia. Resultará, portanto, na derrota de todos. Isso é evidente, e é incrível a cegueira do século XIX de não tê-lo visto. É óbvio, dada a estrutura desse processo todo, que o número dos empenhados na luta tende a diminuir constantemente. É óbvio que, à medida que firmas são relegadas à falência, e herdeiros ao proletariado, restam poucas aglomerações de capital agigantado a disputarem entre si a posse da matéria-prima. E estes poucos tendem para um único, que seria o vitorioso. Mas quem é esse vitorioso? É a própria tecnologia que eliminou o capitalista. O capitalismo é socialismo mascarado mas que não sabe disso. A evolução efetiva não confirmou o prognóstico do capitalismo que acabo de formular, porque o capitalismo mudou de estrutura. Mas o meu prognóstico não é meu. É aquele feito pelos socialistas da época que estou descrevendo. Passo, portanto, a discutir o socialismo como explicação da tecnologia, e relego a crítica das duas explicações para o fim desse argumento.

As máquinas e os instrumentos que estão brotando qual cogumelos na circunstância na qual o Ocidente se encontra não são realizações de mentes individuais, mas são resultado de um processo histórico hegeliano. Tornado consciente esse processo, isto é, conhecida a estrutura da história pelos homens, tornam-se as futuras fases desse processo não apenas previsíveis, mas ainda planejáveis e manipuláveis. As máquinas e os instrumentos não representam, portanto, perigo, se e quando planejados e manipulados por mentes esclarecidas. Neste caso são eles, pelo contrário, sintomas da aproximação da sociedade perfeita. Mas se planejados e manipulados por mentes reacionárias e obscurantistas como o são as mentes dos capitalistas, representam efetivamente um perigo terrível, porque servem para manter um estágio superado do processo histórico e, portanto, para manter submisso o proletariado, esse portador do futuro. Resumindo: o conhecimento da estrutura do vir-a-ser é a condição e a garantia para a felicidade. E a felicidade é a realização do vir-a-ser pelo conhecimento.

Não fosse a importância histórica e atual dessa epistemologia ética (ou ética epistemológica) chamada "socialismo" tão enorme, creio que uma discussão seria inteiramente supérflua, dada a sua óbvia contradição e circularidade. (Óbvia, é verdade, apenas quando formulado de maneira tão simples como aquela que empreguei no tópico anterior.) Mas como a sua importância é enorme, o socialismo deve ser levado a sério não apenas como sintoma de loucura (por exemplo, de perda de senso de realidade), mas ainda internamente como argumento. A contradição e a circularidade do argumento são heranças do sistema hegeliano, de quem o socialismo é sucessor, mas tornam-se virulentas pelos elementos darwinianos que doravante aderem a esse sistema. Pois o socialismo é uma "síntese dialética", do hegelianismo e do darwinismo, isto é, cruzamento entre duas "espécies" diferentes, embora aparentadas. O resultado é, previsivelmente, um monstro. No panlogismo de Hegel há uma consistência interna, embora essa consistência tenha sido adquirida às custas de um significado existencial desse sistema.

PÁG. 354

No panvoluntarismo darwiniano sente-se uma unidade fundamental da teoria, embora seja essa teoria como modelo uma óbvia violação daquilo que sentimos ser "vida". Mas o socialismo (e quando digo "socialismo", penso, é claro, principalmente em marxismo) é filho ilegítimo do panlogismo e do panvitalismo, de modo que a perda do significado existencial e a distorção que a vivência sofre no modelo persistem, mas a consistência e a unidade do sistema se perdem. No entanto, dito tudo isso, é preciso constatar o seguinte: o socialismo é a última fé do Ocidente. Com a perda dessa fé híbrida e inautêntica precipita-se a mente ocidental no abismo. Isso é verdade tanto coletiva como individualmente. As sociedades desenvolvidas da atualidade, para as quais o socialismo perdeu todo significado (dada a modificação estrutural do capitalismo à qual aludi mais acima), são sociedades sem meta, a não ser a meta do rigor da morte. E as mentes desenvolvidas da atualidade, para as quais o socialismo perdeu todo o significado (dada a descoberta da sua contradição e circularidade), são mentes mergulhadas na sensação do absurdo. É, pois, contra esse pano de fundo que devemos considerar o socialismo. Devemos considerá-lo como a última fé que perdemos.

A matéria (isto é, o "pensado" de Hegel) vira, no socialismo, algo semelhante à vontade schopenhaueriana. Passa, portanto, a ser infraestrutura do processo hegeliano. O espírito (que, no sistema hegeliano, desempenha o papel dessa infraestrutura) vira algo semelhante da representação schopenhaueriana, e passa, portanto, a superestrutura. O espírito é a antítese da matéria, pela qual esta se conhece a si mesma. Dada essa inversão, parece que estamos assistindo a uma volta para o barroco. A estrutura fundamental está novamente no mundo "externo" (na matéria), e o homem se adéqua a essa estrutura externa pelo conhecimento. Parece, pois, que o antropologismo romântico foi abandonado, e, efetivamente, há esse elemento reacionário, positivista e racionalista barroco no socialismo. O socialismo é, efetivamente, nesse sentido uma fuga. Mas a transferência da estrutura fundamental para o mundo externo é apenas uma das inconsistências do socialismo. Porque este afirma, simultaneamente, e de acordo com Hegel, que no ato do conhecimento a matéria se realiza. A matéria não é, portanto, realidade "em si", e nisso se distingue da vontade schopenhaueriana e da vida darwiniana. Se digo que a matéria é infraestrutura, digo também que a superestrutura (que é o pensamento) é estrutura e infraestrutura. Formulada a epistemologia socialista nesses termos, torna-se óbvio que "conhecimento" passa a ser um termo circular ("estruturar estrutura por estrutura"), portanto, um termo oco. Isso solapa a própria base do socialismo, porque "conhecimento" é o termo sobre o qual todo esse sistema se apoia.

Conhecimento é a realização da matéria pelo espírito, o espírito é realização da matéria pelo conhecimento. Podemos, portanto, dizer que espírito é um movimento da matéria, e conhecimento é como o espírito movimenta a matéria da qual é movimento. Essa convulsão intestina e contraditória da matéria é o processo histórico dialético hegeliano. A matéria tende, nesse processo, a espiritualizar-se. A espiritualização máxima da matéria num dado momento histórico é a sociedade humana. A cultura, e mais especialmente as máquinas e os instrumentos, são a espiritualização da matéria objetivada. A mente individual (esse resultado do princípio de individuação schopenhaueriano) é uma subjetivação ilusória do espírito realizado pela matéria na forma de sociedade, a existência dessas ilusões ("ideologias") prova que a sociedade num dado momento histórico é uma realização imperfeita. Na sociedade perfeita, isto é, na sociedade pela qual a matéria se realizará definitivamente em espírito, cessará a ilusão da individualidade. É por isso que essa sociedade se chama "comunista". Nesse estágio final do processo histórico terá sido alcançado o nirvana schopenhaueriano, mas pelos métodos hegelianos. Não haverá mais representação ("ideologia"), haverá apenas vontade para a chegada ao poder na forma de cultura. Terá sido superada hegelianamente a natureza. A própria sociedade terá superado o seu condicionamento natural, isto é, terá sido superada a natureza do homem. Assim terão sido superados e aniquilados todos os desejos. A sociedade será uma anarquia de anjos. Isso será a felicidade. Para a luta final em prol dessa felicidade convida o socialismo, e desencadeia assim uma luta civil entre classes.

Essa luta se trava no campo da economia. A economia é o campo no qual (dado o estágio já alcançado pelo processo dialético) a natureza é transformada em cultura pelo conhecimento. Sendo conhecimento um movimento da matéria, é, portanto, "trabalho" no significado do termo usado no contexto que tratou do capitalismo. Socialismo e capitalismo concordam em sua ética: o trabalho produtor de bens é a fonte de todos os valores. Concordam, portanto, que o *homo oeconomicus* substitui o *homo religiosus*. Para ambos a salvação da alma reside na poupança. E essa poupança é, para ambos, represa de bens pelo refrear do consumo. Mas no socialismo essa represa adquire um caráter novo. Capitais se formam à custa da exploração do homem pelo homem. A poupança é feita, não pelo refrear do consumo pelo próprio capitalista, mas pela repressão violenta do consumo no proletariado. A explicação histórica desse estágio do processo dialético chamado "capitalismo" é a seguinte: a burguesia é a síntese de uma fase dialética que se realizou no fim do barroco. A sociedade burguesa é um movimento da matéria cuja forma mais característica é a ciência aplicada. Máquinas e instrumentos de tecnologia são a cultura da sociedade burguesa. Essas máquinas e instrumentos não são, no entanto, produtos do trabalho da própria burguesia. São produtos do trabalho do proletariado. O proletariado não é parte da sociedade burguesa, mas da natureza burguesa. O proletariado é parte da matéria-prima. Naquela fase do processo dialético que estamos descrevendo é, portanto, a burguesia a expressão máxima da matéria espiritualizada, e o proletariado é ainda matéria inconsciente. Nessa fase a burguesia representa o "progresso" e tem, portanto, "razão" em utilizar o proletariado como matéria-prima. Mas essa fase está sendo agora (1850) dialeticamente superada. O proletariado está se tornando consciente, isto é, passa a representar a expressão máxima da matéria espiritualizada. É ele doravante a ponta do progresso, e a burguesia passa a ser "reacionária", isto é, expressão de uma fase dialética ultrapassada. Deixou de ter "razão", e a "razão" está com o proletariado. A verdade é uma função da dialética, e nessa concepção da verdade e da razão o socialismo se revela inteiramente romântico e antibarroco. Mas a burguesia resiste ao processo dialético, porque não o compreende. É ela um espírito atrasado com relação ao proletariado, e não pode alcançar o conhecimento que se dá nesse novo nível do desenvolvimento. Todos os seus valores estão num estágio ultrapassado da história, são "ideologias". E mais especialmente o valor da liberdade individual (que é, como já vimos, resultado da ilusão da individualidade pelo princípio de individuação), que é o fundamento da concorrência, portanto do liberalismo. É, portanto, incapaz a burguesia de compreender a nova forma de trabalho, que é a cooperação entre sócios, e que dá origem ao termo "socialismo". Dada a resistência que a burguesia oferece ao processo evolutivo, deve ser revolucionariamente derrubada.

A revolução que derrubará a burguesia alterará a estrutura da economia. A poupança, que no capitalismo é um refrear do consumo do proletariado (chamado "mais-valia"), passará a ser no socialismo um sacrifício que a sociedade toda se impõe a si mesma voluntariamente. E essa sociedade toda será composta apenas de proletariado, será uma sociedade sem classes. Pode se objetar que isso não representará mudança de estrutura, já que continua sendo refreado o consumo do proletariado. Mas essa objeção é válida apenas a curto prazo. Alcançada a automação da renda, fruto do acúmulo de bens de produção, a poupança se automatizará e a sociedade toda desfrutará da renda. É quando a sociedade socialista passará a ser comunista. As máquinas e os instrumentos terão, nessa nova sociedade, uma função inteiramente diversa daquela que tem no capitalismo. No capitalismo representam eles a maneira como a burguesia acumula capitais para poder oprimir o proletariado e fundi-lo com as próprias máquinas num todo dominado. Representam, portanto, as algemas do proletariado alienado do seu próprio trabalho. Mas no comunismo representarão as máquinas e os instrumentos o domínio do proletariado sobre a matéria-prima. De algemas passarão a libertações, e libertarão o homem do trabalho, dessa vergonha da cultura. Isso será a verdadeira liberdade, e a liberdade burguesa é revelada assim preconceito. A humanidade será libertada da praga do trabalho, e passará a ser um corpo de funcionários que controlará o funcionamento das máquinas automatizadas. Tudo que é necessário para alcançar esse estágio paradisíaco é derrubar a burguesia numa derradeira luta que iniciará a última fase da história da humanidade. O socialismo é um humanismo no sentido de antropologismo.

Os resultados alcançados pelo socialismo do século XX desmentem o prognóstico feito por seus fundadores. O neocapitalismo mostrou-se mais apto (no sentido darwiniano) a transformar a humanidade em funcionalismo do que o socialismo. Desmentiu assim a hipótese socialista de que o proletariado é a espécie seleta da seleção natural, e provou, com efeito, que o proletariado sobrevive ao aburguesar-se. No século XX representa o socialismo uma fase "reacionária" e "ideológica" do pensamento (pelo menos nas sociedades desenvolvidas), para recorrermos à sua própria terminologia. Mas não tendo previsto o neocapitalismo, não puderam prever os socialistas do romantismo esse desenvolvimento. Mas o que interessa no presente contexto é o fato de ter sido acertado o prognóstico dos socialistas românticos num ponto decisivo: a tecnologia transforma a sociedade em funcionalismo. E esse fato decisivo é algo que o capitalismo romântico não previu. Resumindo, podemos dizer o seguinte: o socialismo romântico previa um "paraíso", que está sendo realizado atualmente pelo neocapitalismo.

PÁG. 361

Tanto capitalismo como socialismo são tentativas de se adaptar a humanidade ocidental à tecnologia. Ambos creem que as máquinas podem ser domadas pelas poupanças. Ambos creem que as máquinas representam o Bem supremo. E ambos confessam, sub-repticiamente, que essa crença é absurda. Porque ambos confessam, sub-repticiamente, que as guerras civis que desencadeiam resultarão na vitória da tecnologia. Confessam, com efeito, ambos, que (falando darwinianamente) as máquinas são uma espécie mais bem-adaptada que os homens, e que a espécie humana está fadada, pela seleção natural, a ser superada, na luta pela sobrevivência, pelos instrumentos. As guerras que o capitalismo e o socialismo desencadeiam, todas essas guerras mundiais e revoluções permanentes que caracterizam a época vitoriana e a atual, são agonias da humanidade ocidental em face dos instrumentos. Se vista assim, é a diferença entre capitalismo e socialismo existencialmente desprezível. Proclama ambos, a altos brados, que o homem é dono das máquinas, que não passam de realizações do seu trabalho, quando confessam, intimamente, que as máquinas estão se tornando donos dos homens, já que são a própria estrutura do pensamento fenomenalizada. Ambos são, portanto, fugas, no sentido de querer mascarar o abismo para o qual o Ocidente está se precipitando. Mas essas fugas têm todos os aspectos de avanço triunfal, já que acompanhadas de promessas altissonantes. Desses triunfos aparentes tratará o tópico seguinte.

2. MALDIÇÃO / 2.3. VITÓRIAS / 2.3.2. GUERRA CIVIL

2.3.3. TRIUNFO

O campo mais óbvio desses triunfos é o campo das ciências. Na realidade, esses triunfos consistem em um incrível aumento desse próprio campo. Os horizontes da humanidade recuam, e a sua situação se expande. Comparado com o barroco, tornou-se o mundo do romantismo enorme. Espaço e tempo adquiriram dimensões insuspeitas. De morada estreita e, portanto, habitável, transformou-se o mundo em campo aberto no qual a vista se perde, portanto, em deserto. Os algarismos que medirão doravante as dimensões desse mundo tornaram-se astronômicos, isto é, apropriados ao mundo dos astros, e não ao mundo dos homens. Tornou-se inteiramente desumano o mundo. Este o efeito paradoxo da antropologia.

Basicamente podemos dizer que essa expansão triunfal do mundo se deu em três direções diferentes. Na direção rumo ao passado. Na direção rumo ao grande. E na direção rumo ao pequeno. Ou, reformulando: o mundo se abriu, ao fugir a humanidade ocidental de si mesma rumo ao passado, ao grande e ao pequeno. Consideraremos primeiro a fuga ao passado, as ciências da cultura, portanto.

A estreiteza do horizonte histórico do barroco é de difícil captação para a mente da atualidade. Façamos o esforço. O mundo surgiu há 6 mil anos, há 180 gerações, portanto. Ou então é eterno, mas trata-se de uma eternidade cujo ponto referencial inconsciente são as 180 gerações que nos separam da "criação do mundo". Uma cadeia de pais e filhos que consiste em 180 gerações é, sem dúvida, superior à capacidade da memória humana, e a "origem do mundo" é imemorial nesse sentido. Mas trata-se de uma cadeia perfeitamente abarcável pela imaginação humana, pois as suas dimensões são perfeitamente humanas. Nesse sentido é a "origem do mundo" perfeitamente imaginável. A importância relativa de uma geração (por exemplo, da nossa) dentro da cadeia histórica é pequena, mas não é, de nenhuma forma, desprezível. Os acontecimentos que presenciamos e para os quais contribuímos pesam na balança da história (se é que o termo "história" é adequado para denominar a dimensão temporal da cosmovisão barroca). É verdade que essa "história" toda é vivenciada como sendo fútil, já que não tem, para o barroco, significado que a transcenda. Mas dentro dessa futilidade geral cabe a toda geração uma função imaginável. Isto é, minha vida se enquadra de certa maneira na moldura do tempo.

Com o romantismo a história perde as aspas. Torna-se "história" no significado que estamos acostumados a nos dar a esse termo. Passa a ser vivenciada como o vir-a-ser daquele processo que se realiza na mente humana. E essa mente passa a ser interpretada como resultado desse vir-a-ser que é a história do mundo. É óbvio que essa mudança da cosmovisão rasga os horizontes. A geração humana deixa de ser medida adequada para esse fluxo inteiramente inimaginável pelo qual o potencial pressiona em direção à realidade. Não apenas uma geração, mas a humanidade toda, são fenômenos inteiramente desprezíveis, do ponto de vista histórico, que passa a ser um ponto de vista *sub specie aeternitatis*. Com efeito, sendo o fluxo histórico totalmente ilimitado, não existe, a rigor, medida alguma que lhe diga respeito. Mas a contemplação humana pode retalhar dessa correnteza informe pedaços determinados para informá-los. Esses pedaços serão outras tantas "histórias" num sentido deliberado. Assim surgirão disciplinas como o é a "História da cultura", ou a "História da espécie humana", ou a "História da vida", ou a "História da Terra", ou a "História do sistema planetário", todas elas relacionadas entre si de maneira duvidosa pela constante dilatação de medidas. Ou, pelo processo inverso, pela contração de medidas, surgirão disciplinas como a "História da sensação", ou a "História do sonho" ou a "História do instante". Superficialmente, podemos ter a impressão de que todas essas histórias estão relacionadas entre si pela dilatação e contração da mesma régua, e essa régua é, superficialmente, o relógio barroco. Superficialmente o romantismo parece continuar medindo a história por horas. Por exemplo, a história da cultura é medida em centenas de anos, que são horas ampliadas, a história da espécie humana é medida em dezenas de milhares de anos, que são séculos ampliados, a História da vida é medida em milhões de anos, que são dezenas de milhares de anos ampliados, e assim por diante. Na outra direção vale o mesmo: trata-se de histórias medidas em segundos ou milésimos de segundos. Mas uma consideração mais profunda revela que essa aparente unidade de medidas é enganadora. O tempo medido por dezenas de milhares de anos é um tempo inteiramente diferente do meu tempo, e não me diz existencialmente respeito. O tempo medido em milésimos de segundo é um tempo totalmente inimaginável para mim e não me diz existencialmente respeito. A minha vida parece estar inserida nesse fluxo informe da história, mas cuja contemplação dos pedaços nos quais esse fluxo foi recortado revela que isso é um erro. Estou inteiramente perdido na paisagem aberta do tempo, é uma paisagem totalmente alheia a mim, e a minha vida e a minha morte se passam alhures. O grande triunfo do romantismo no campo do tempo é, pois, este: o tempo em sua enormidade não me diz respeito.

Estruturalmente o que aconteceu foi o seguinte: no barroco o tempo era o verbo "ser" empregado na conversação da ciência e da filosofia. Esse verbo tinha um significado uniforme. Se se falava em homem ou pedras, em pessoas determinadas ou em povos, o verbo "ser" tinha sempre o mesmo significado. A história do homem e da pedra, da pessoa e do povo, passava-se sempre no mesmo nível da realidade. Mas com o romantismo o tempo passou a ser o verbo "tornar-se", e este verbo era empregado com significados diferentes em diversos discursos. A conversação da ciência e da filosofia se fracionou em diversos discursos, os quais, embora mutuamente traduzíveis, não tinham o mesmo assunto. O tornar-se do homem passa a ser num plano ontológico diferente do da pedra, uma história não tem nada a ver com a outra. O historicismo pode ser definido, estruturalmente, como o rompimento da história em diversos discursos. Se a história do mundo, a história de um povo e a história de uma pessoa têm, no barroco, um significado comum, a saber, o verbo "ser", isso justamente prova que o barroco ignorava o significado do termo "história" no sentido exato. O historicismo rompe a unidade do tempo e revela assim a multiplicidade de línguas. A estrutura passa do mundo para a língua. A história que o barroco nos conta é a leitura da estrutura do mundo. As diversas histórias que o romantismo nos conta são discursos pelos quais o mundo é estruturado.

Essas diversas histórias aumentam enormemente o assunto da conversação do Ocidente, e isso é o seu triunfo. Do colo escuro do vir-a-ser surgem multidões de seres mais ou menos imaginários e pressionam para serem articulados. Das nebulosas espirais condensam-se astros em épocas inteiramente inimagináveis. Do protoplasma igualmente nebuloso condensam-se seres fantásticos, cujos restos mortais calcificados o historicismo cava das montanhas. Das colinas mediterrâneas ressurgem cidades povoadas muito antes da criação do mundo. No útero da mulher romanticamente amada descobre o historicismo uma cópia da história da vida (chamada "feto") na qual a medida do tempo é radicalmente condensada. Podemos dizer que o feto é uma tradução do discurso da história da vida, na qual milhões de anos são traduzidos por dias. Mas não é apenas isso. A própria história barroca, esses 6 mil anos acanhados que é o palco reduzido no qual o barroco se move, adquire uma riqueza de detalhes e de aberturas para bastidores insuspeitos. Ressurgem das brumas do passado os avós dos românticos, os indo-germanos, e lançam, com sua língua, uma ponte entre a Europa do século XIX e a Índia dos vedas. Reaparecem os pré-socráticos e fundamentam a Grécia do classicismo. Reaparecem as religiões pré-judaicas e sustentam "historicamente" a revelação divina. A época escura medieval é iluminada pela luz do historicismo e revela uma luz que ofusca o iluminismo. O "gótico", até agora termo pejorativo, passa a dominar uma cultura prenhe de significado. São desenterradas relações entre fenômenos históricos aparentemente independentes e surge assim uma camada profunda de inter-relação que subjaz aos acontecimentos. Enfim, a cena fechada do barroco abriu-se historicamente e desvendou mil maravilhas.

Essas maravilhas, é preciso confessá-lo, não nos dizem respeito. A nossa vida, se enfocada historicamente, são umas poucas dezenas de anos, e as nossas vivências são medidas em horas. Nada tem isso a ver com as dimensões majestosas que a história nos revela. Mas precisamente nisso reside o nosso triunfo. Mostrar que a nossa vida nada significa. É assim que posso fugir da minha existência tediosa e nojenta de contador numa fábrica de tecidos. Aparentemente estou mergulhado num labirinto de livros contábeis, de débitos e de créditos governados, a curta distância, pelos teares e pelo mercado. Mas nas minhas horas de lazer posso ser como sou, na realidade, produto de uma história que tem a ver com as galáxias, e com os indo-germanos, e com o gigantossauro, e com Quéops, e com Siegfried. E que o meu filho, do qual sei que será, depois de nascido, aluno de uma escola do Estado para ser treinado para caixeiro-viajante, é presentemente, no colo materno, uma miniatura daqueles serem fantásticos que governam a Terra no Triássico. O historicismo como ruptura do discurso quanto ao tempo é triunfal e triunfante, porque minimiza o único tempo que conta: o meu tempo.

Não nutrimos mais, atualmente, essa visão romântica e ilimitada do tempo. Para nós o tempo se confunde com entropia, e sorvemos, desesperados, a limitação e a decadência do seu fluxo. Mas a qualidade de fuga, de insignificância existencial e de total ficção que adere ao tempo romântico é para nós conservada, senão intensificada. O triunfo romântico no campo do tempo revela, para nós, a sua fase de derrota. A limitação que restabelecemos na cena histórica (o mundo finito) não restabeleceu as dimensões humanas que o mundo tinha antes do romantismo. Vivemos em um mundo limitado, é verdade, mas não em um mundo humano. E isso é ainda mais difícil.

No campo do espaço, nessa segunda forma de ver kantiana, aconteceu, no romantismo, um fenômeno semelhante. Costuma-se dizer que o Renascimento revolucionou copernicamente a nossa visão do espaço. Rompeu as esferas cristalinas de Ptolomeu, que tapavam, qual tigelas invertidas, o espaço da antiguidade. Mas o que aconteceu na realidade foi o seguinte: ao ter instalado o sol no centro do espaço, e ao ter enquadrado a Terra no conjunto dos planetas, criaram o Renascimento e o barroco um espaço fechado. Excluíram, com efeito, do espaço aquela região do fogo eterno transcendente, que o tinha abarcado na Idade Média qual capa significante. Transformaram o espaço em céu, e elevaram a Terra e o seu habitante, o Homem, para dentro desse céu, mas o fizeram à custa do sétimo céu. Em outras palavras: fizeram do Homem um ser celeste, mas transformaram, simultaneamente, o céu em mecanismo.

Pois no romantismo esse mecanismo celeste do qual o Homem é habitante se desfez, porque se diluiu no enormemente grande e enormemente pequeno, e o homem deixou de ser o habitante. Com efeito, a diluição do espaço é a maneira mais óbvia pela qual podemos constatar o desaparecimento da realidade. Descreverei, em primeiro lugar, essa diluição, para depois discutir as razões pelas quais os discursos diluidores (as ciências exatas) são aqueles que melhor articulam o vácuo que nos cerca.

O espaço barroco é constituído de pontos, isto é, de ganchos nos quais podem ser dependurados algarismos. Em outras palavras: o espaço barroco é o lugar geométrico de algarismos. Algarismos são nomes. O espaço barroco é um conjunto no qual podem ser dependurados nomes. O significado dos nomes são os pontos no espaço. O significado da conversação como um todo é o espaço como um todo. Esses nomes, quando elevados a substantivos e enquadrados em sentenças como sujeitos e objetos, significam a substância concreta do mundo. São ligados entre si por verbos, todos eles reduzíveis ao verbo "ser", e as sentenças que têm por sujeitos e objetos os nomes substantivos e por predicados o verbo "ser" significam a realidade do espaço. A conversação é um espelho da realidade, porque os seus substantivos correspondem a pontos no espaço, e seus verbos correspondem à estrutura do espaço. É por isso que o espaço é um aspecto da realidade muito mais importante que o tempo. O acento das sentenças está nos substantivos que significam o espaço. O verbo que aparece nos predicados e que significa o tempo serve apenas para ligar substantivos. Esta é a razão estrutural da falta do senso histórico no barroco.

Pois um espaço assim constituído, um espaço substancial organizado predicativamente, é algo altamente duvidoso. Pode-se duvidar dele perfeitamente. O pensamento barroco é, com efeito, a dúvida desse espaço que se articula predicativamente. E o espaço é assim dubitável, porque é concebível. Com efeito, a única atitude que o pensamento pode tomar num espaço assim é concebê-lo. Conceber significa justamente colocar nomes nos ganchos chamados "pontos". O pensamento não pode crer ou ter fé num espaço assim concebido, nem pode ultrapassá-lo, pode apenas duvidar dele. Essa impossibilidade de ter fé na realidade do espaço e essa impossibilidade de ultrapassá-lo (tão óbvias em Newton) dão a esse espaço aquele caráter atômico que é o característico do materialismo. O espaço consiste em pontos irredutíveis (de "átomos"), porque estas são as últimas entidades sobre as quais posso dependurar nomes, são as últimas entidades concebíveis. Dividir átomos é inconcebível, porque é inconcebível dividir conceitos. Com efeito, a própria formulação desse pensamento ("dividir átomos (o indivisível)" e "dividir conceitos") é uma formulação completamente alheia ao espírito barroco. Um mundo que permita a divisão do indivisível é um mundo inconcebível, e, portanto, não é mais espaço. Não se pode duvidar dele, já que não se pode concebê-lo. Pois é exatamente esta a transformação que o romantismo opera no mundo. Dilui o espaço ao tornar divisíveis os pontos, e torna impossível a dúvida no mundo, impossível por carente de significado. Os nomes não têm doravante ganchos aos quais possam agarrar-se.

2. MALDIÇÃO / 2.3. VITÓRIAS / 2.3.3. TRIUNFO

Tendo substituído, no seu discurso, o verbo "ser" pelo verbo "tornar-se", e tendo transferido o acento das sentenças dos substantivos para os verbos, transformou o romantismo o tempo no aspecto mais importante da "realidade", e diluiu o aspecto do espaço. Para nós, seres que começam a vislumbrar o funcionamento dessa diluição pela própria estrutura do discurso, é óbvio que essa diluição se manifesta no infinitamente pequeno. O espaço é decomposto, para nós, em sua tessitura mesma, os pontos barrocos são explodidos diante dos nossos olhos, e a ingenuidade da dúvida barroca é, para nós, demonstrada vivencialmente pela bomba H e raios. A bomba H demonstra que o espaço não passa de um modelo atômico criado pelo discurso e alterado pelo desenvolvimento do discurso, e os raios e traços nas câmaras Wilson demonstram que o elemento da outrora realidade é o vetor, isto é, o predicado. Mas essa nossa vivência é pós-romântica, embora consequência dos discursos românticos das ciências exatas. O romantismo vivenciava a dissolução do espaço numa forma menos violenta. Vivenciava-a como dissolução no infinitamente grande. O espaço se diluía à medida que se tornava ilimitado.

Geralmente se diz que a grande revolução na nossa visão do espaço se deu com a transição da época vitoriana para a época atual, isto é, com a substituição da física clássica pela física nuclear da atualidade. Em certo sentido isso é verdade, e tratarei do problema quando o presente livro tiver alcançado esse desenvolvimento. Mas, num sentido diferente, podemos dizer que a grande revolução se deu com a expansão dramática do espaço que se deu na transição do romantismo para a época vitoriana, e que é o momento do qual estamos tratando. É verdade que a física newtoniana continuava a ser aplicada como sistema explicativo desse espaço em explosão violenta, mas já se sentia em muitos aspectos o quanto era inapropriado esse sistema. Não somente no campo da óptica e da termodinâmica falhava a explicação clássica, mas já não mais articulava o clima das ciências exatas. Talvez possamos caracterizar a situação como segue: no fim do romantismo a física clássica já deixava de articular o pensamento, mas ainda não havia outra linguagem a articulá-lo.

Nisto, pois, residia, fundamentalmente, a vitória do pensamento no fim do romantismo: as explicações não mais diziam respeito ao explicado. A abertura enorme de campos de discussão, o aumento enorme de assuntos, as dimensões desumanas assumidas pelo tempo e pelo espaço, tudo aquilo que chamamos "desenvolvimento das ciências", é consequência da inadequação do discurso ao discursado. Em outras palavras: o desenvolvimento das ciências, que é o maior triunfo do século XIX, é uma desconversação de assuntos. O espaço e o tempo barroco deixaram de ser assuntos da conversação romântica, porque se diluíram pela modificação estrutural da linguagem. A rigor, não havia mais espaço e tempo. Novos assuntos deveriam, portanto, ser discutidos, assuntos como aqueles sugeridos, por exemplo, por Kierkegaard (cuja consideração relego, propositadamente, para um contexto diferente). Mas o romantismo consegue o feito memorável de desconversar esses novos assuntos, ao concentrar a discussão sobre os assuntos esgotados. O desenvolvimento da ciência é o triunfo do pensamento num campo esgotado. Espaço e tempo abrem-se no instante mesmo da sua superação pela estrutura da língua. O mundo se torna infinitamente grande e infinitamente divisível, e torna-se infinitamente antigo e infinitamente prorrogável, no momento mesmo da sua dissolução pelo pensamento. Caíram os últimos obstáculos ao avanço humano nesse mundo, no momento mesmo de terem esses avanços perdido significado. Torna-se explicável o passado e o futuro do mundo, e torna-se manipulável o curso do mundo, no momento mesmo quando deixaram de interessar essas explicações e manipulações todas. Este é o grande triunfo das ciências, este é o grande triunfo do romantismo tardio.

Disse, no início deste capítulo, que todas as ciências tenderão, doravante, para aquele antropologismo histórico que se exprime mais claramente na biologia. As explicações que as ciências fornecem com respeito ao mundo que deixou de interessar são explicações históricas tendo o "Homem" por meta. São explicações finalistas. E as manipulações que resultam dessas explicações visam a "humanização" desse mundo sem interesse. Esse caráter finalista e pragmático (que se tornará ainda mais evidente na época vitoriana, e que distingue tanto o pensamento do século XIX do século XVIII) deve ser compreendido no clima da desconversação ao qual aludi acima. A humanidade ocidental se cerca, doravante, de realizações formidáveis para desconversar o seu novo assunto (do qual não sabe qual é, e do qual não quer sabê-lo). O progresso se torna, doravante, uma dexistencialização triunfal do pensamento. Tantos são os assuntos que se precipitam sobre a humanidade, e tantas são as glórias nas quais esses assuntos são resolvidos, que o assunto recalcado não tem chance. Mas as soluções dos assuntos que servem de pretexto da vida são impressionantes.

Demos, de passagem, alguns exemplos. Desde os tempos imemoriais da origem do homem (para falarmos darwinianamente), é ele um ser inserido na economia biológica da natureza. É ele um dentre outros animais, que se nutre de outros animais e de plantas. É verdade que conseguiu, numa revolução radical da sua situação da qual perdemos a memória (mas a qual está sendo redescoberta pelas nossas pesquisas), domesticar animais e plantas. Modificou portanto, de certa forma, a posição dentro do tecido da biologia. Mas continuava inserido nele. Agora está ultrapassando o campo da biologia. Nutre-se, literalmente, das entranhas da Terra. A energia acumulada por seres parecidos em épocas incrivelmente longínquas, o carvão, é arrastada do colo da Terra para servir-lhe nos seus fornos. O próprio esqueleto da Terra, os metais, torna-se maleável e submisso no fogo dessa energia. Os mamíferos que cercam o homem qual irmãos submissos são substituídos por esses metais fundidos e empurrados para o horizonte da cena. Pelo avanço da ciência biologizante a cena se desbiologiza. Não há lugar para animais nas novas cidades que surgem. Se o homem ainda não conseguiu, nos meados do século XIX, ultrapassar de tudo o seu condicionamento biológico, tornou pelo menos imagináveis os métodos para alcançar essa meta. Nós, os herdeiros, podemos atestar o quanto são potentes esses métodos descobertos.

Outro exemplo: desde os tempos imemoriais é o homem um ser acorrentado ao momento no tempo e no espaço no qual se encontra. É verdade que pela sua qualidade de ser pensante pode ultrapassar, ironicamente, esse seu condicionamento. Mas como ser físico (para falarmos cientificamente) é um prisioneiro do aqui e do agora. Pois este aqui e agora sofre uma dilatação espantosa. Pelo telégrafo está o homem unido, simultaneamente, com o globo terrestre inteiro, de modo que vive simultaneamente em todos os lugares da Terra. Já que o transporte de informações não gasta mais tempo, precipita-se o espaço na mesa do homem na forma de jornal matutino. É verdade que a participação do homem nos eventos no espaço inteiro é apenas passiva. Mas nisso justamente reside a beleza desse desenvolvimento. O homem está se transformando em consumidor de simultaneidade global, na forma

PÁG. 377

de leitor e contemplador de jornais telegraficamente projetados. Tão acostumados estamos nós, seres tardios, a esse fato, que já não podemos mais vivenciar a situação, na qual o espaço era permeado por tempo. Creio que a mudança na situação operada pelo telégrafo altera profundamente a posição do homem.

Terceiro e último exemplo: desde os tempos imemoriais obedece o homem ao ritmo da natureza. O sol, as estações e a evolução biológica do seu corpo marcam esse ritmo. Agora surge um ritmo novo, a perturbar sincopadamente o antigo. É o ritmo dos pistões e das alavancas. E esse ritmo independe da natureza. Não é o canto do galo, mas da sereia que desperta o homem. Não é a primavera, mas a demanda do mercado, que incentiva a sua atividade. A elasticidade do corpo juvenil não é convite para a brincadeira, mas para a descida às minas. Os velhos não são sábios do clã, mas são os aposentados. O homem não vibra mais em simpatia com a natureza, mas funciona em função do aparelho. Superou o seu condicionamento "natural", libertou-se da natureza. Humanizou o mundo. Criou um ambiente "humano".

Os três exemplos bastam. Provam o avanço triunfal do espírito ocidental no campo do mundo sem interesse. Provam que esse avanço é uma fuga. Provam que de forma triunfal as ciências (as quais como teorias desconversam o assunto que interessa) abrem, quando aplicadas, uma avenida pela qual o homem pode fugir de si mesmo. Mas essa avenida já conduz para além do romantismo. Conduz em direção aos nossos avós vitorianos. É, portanto, necessário, neste trabalho, interromper por um instante o avanço furioso em direção ao abismo que os nossos três exemplos apontaram. Lancemos um rápido olhar retrospectivo sobre o caminho percorrido, antes de adentrarmos aquela época do nosso passado da qual ainda temos notícia de viva voz, e da qual portanto participamos de maneira imediata.

2.3.4. EXÉRCITO GLORIOSO

Dado o esquema deste livro, o qual confessei no início deste capítulo, foi alcançada, com a observação acima, a culminância do progresso. A passagem do romantismo para a época vitoriana seria, de acordo com o meu esquema, o ponto central da Idade Moderna. Seria, portanto, o ponto crucial na fuga da humanidade ocidental, que se inicia pelo abandono da catedral, e que acaba no abismo da atualidade. Ainda de acordo com esse meu esquema, o caminho da fuga seria ascendente até o ponto agora alcançado, para, daqui em diante, tornar-se descendente. A história da Idade Moderna como fuga da realidade em direção do nada poderia, portanto, ser resumida pelo seguinte verso: *"Oh, The grand old Duke of York, he had ten thousand men; he marched them up to the top of the hill, and he marched them down again."*[3] É, pois, uma história de um exército

[3] "Ó, O velho Grã-Duque de York, ele tinha 10 mil homens; ele os marchou até o topo da colina, e depois os marchou de volta." Canção infantil inglesa, sem autoria.

glorioso. Um exército que, plantada a bandeira no topo do morro, inicia agora a sua descida.

Mas este meu esquema não está de acordo com a "história", como a ensinam nas nossas escolas. Essa discrepância é devida ao aspecto subjetivo do qual o meu esquema encara o processo, e que contrasta com a *soit-disant* objetividade das nossas escolas. E é ainda devida à interpretação heterodoxa da tendência desse processo. Devo, portanto, articular melhor esses pontos discrepantes.

A história escolar aplica, aos acontecimentos, a medida de anos. Para ela são, portanto, os acontecimentos da era vitoriana relativamente recentes. O meu esquema aplica, nos acontecimentos, a medida do impacto vivencial sobre a mente que os contempla. Para o meu esquema os acontecimentos começarão a precipitar-se a partir da segunda metade do século XIX com aceleração geométrica, de forma que toda régua a ser aplicada a eles se torna falha. E quanto à interpretação, não vê, a história escolar, qualquer ruptura no progresso entre o romantismo e a época vitoriana. Indústrias continuarão a expandir-se. Descobertas e invenções continuarão a multiplicar-se. O império da Europa (e das suas duas províncias limítrofes, Estados Unidos e Rússia) continuará a crescer e a encobrir o globo terrestre. Enfim, a estrutura do progresso não se terá alterado. Mas para a interpretação do presente livro tudo terá, doravante, mudado. E essa mudança está na automação desse progresso todo.

As indústrias se expandirão doravante, porque o seu próprio impulso as força para tanto. Descobertas e invenções continuarão a multiplicar-se, porque o declive do discurso científico assim o demanda. O império da Europa sobre a Terra continuará a crescer, porque de outra maneira desapareceria. O que até agora era subida penosa, será doravante descida desenfreada. Os "progressistas", que até agora eram as mentes empenhadas em abrir caminho, passarão, daqui em diante, a serem as mentes que mais se deixam levar pela avalanche dos acontecimentos. E surgirão vozes novas. Vozes a proclamar a mudança da estrutura do progresso. Creio, pois, que devemos introduzir, neste ponto do nosso argumento, uma pausa para meditação e para o recolhimento.

O leitor deverá ter notado uma mudança paulatina e sub-reptícia do meu estilo no curso do argumento. Iniciei o argumento com metáforas um tanto obscuras, e banhei a minha linguagem no clima do mistério e do arrebatamento. Ao progredir, sentenças especulativas e tecnicamente prosaicas infiltravam-se em medida crescente. Devo confessar que essa mudança se deu a despeito de mim, e contra o meu plano. Com efeito, noto essa mudança apenas ao reler o escrito. Isso é, para mim, sintoma de que foi o próprio assunto que a exigiu. O meu estilo, de certo imperfeitamente, espelhou a mudança de clima existencial que caracterizava o Ocidente durante os acontecimentos relatados. O caminho da humanidade ocidental era, até agora, uma vereda que saía dos vales brumosos e misteriosos da fé medieval, que perfurou essas brumas e alcançou a claridade do sol arrebatador no Renascimento, que subia os flancos da serra na clareza matinal do barroco, e que alcançou agora, ao meio-dia, os picos rochosos e estéreis do romantismo tardio. O alpinista exausto, suado e empoeirado, deixa cair a mochila para um instante de recuperação de suas forças. E lança um olhar saudoso e romântico em direção ao vale abandonado. Mas qual a sua terrível surpresa. Vem sendo seguido. Vem sendo seguido pelo espectro da fé abandonada. E esse espectro sangrento procura agarrá-lo. Procura lançar sobre ele o castigo pela culpa não confessada e inconfessável. Não pode descansar o alpinista. Deve continuar no seu caminho. Mas o caminho agora aponta para o outro lado da serra. E lá embaixo, nas brumas impenetráveis e crepusculares do futuro, lhe espera a morte. Não se pode olhar para baixo. Uma vertigem terrível e uma náusea insuportável impedem a visão do futuro.

É, portanto, necessário fazer de conta que a subida continua. É preciso fazer de conta que os movimentos trêmulos das pernas são movimentos do galgar, quando, na realidade, a pressão nos joelhos prova que se trata de queda. Os pés inseguros do alpinista soltam as rochas, que começam a rolar abismo abaixo. E o arrastam consigo. E o espectro ao seu encalce. E tudo se precipita. Começou o castigo. Dele tratará a segunda metade deste livro.

2. MALDIÇÃO / 2.3. VITÓRIAS / 2.3.4. EXÉRCITO GLORIOSO

POSFÁCIO
FLUSSER E A INEVITÁVEL TEOLOGIA

MÁRIO DIRIENZO

Prefiro as máquinas que servem para não funcionar:
quando cheias de areia, de formiga e musgo – elas
podem um dia milagrar de flores.

(Os objetos sem função têm muito apego pelo abandono.)

Também as latrinas desprezadas que servem para ter
grilos dentro – elas podem um dia milagrar violetas.

(Eu sou beato em violetas.)

Todas as coisas apropriadas ao abandono me religam a Deus.
Senhor, eu tenho orgulho do imprestável!

(O abandono me protege.)

Manoel de Barros

DO EU AO APARELHO

O filósofo Vilém Flusser parte da fé, uma fé perdida pela modernidade, irremediavelmente perdida. A fé, tal qual foi definida na Idade Média, dava um fundamento incontestável à vida como um todo. O Medievo era, portanto, centrípeto em sua maneira de enxergar o mundo, ao passo que a Idade Moderna tem o seu cerne num movimento centrífugo, que é o progresso. Para os medievais, a plenitude estava naquilo que sempre já foi – o eterno. Para os modernos, a plenitude se esconde no sempre obscuro rosto do futuro. De acordo com

Flusser, a autonomia do sujeito, que começa a ser um ideal e um modo existencial no Renascimento, e se intensifica com a Reforma, com o Iluminismo e com a era vitoriana, separa o homem tanto da essência quanto da existência e produz aquilo que o pensador tcheco denominou culpa, dando ao termo uma conotação especial, para além do mero descumprimento de um código dado. Essa situação perdurou até o tempo em que estamos vivendo e que é chamado por alguns teóricos de pós-modernidade.

Nos alvores da modernidade, dois nomes despontam como arautos do sujeito autônomo: Martinho Lutero e René Descartes. O primeiro entronizou a consciência como o lugar da fé; o segundo colocou o sujeito pensante como o soberano que duvida do mundo em toda a sua extensão. Flusser entende que tal autonomia decreta, ainda que em surdina, a morte de Deus. Longe de Descartes e mais distante ainda de Lutero qualquer intento deicida. Ocorre que a intencionalidade não dá conta das demandas da vontade, esse deus cultuado até pelos ateus, ou melhor, cultuado principalmente por estes. Nessa perspectiva, o brado de Nietzsche: "Deus está morto!" é um eco ampliado dos pipilos das procelárias renascentistas. Aduzimos ao fato de Flusser ter dado uma conotação especial ao termo culpa. Aqui, para além de um ponto de vista meramente moral, culpa é responsabilidade por algo ter acontecido; é a causa ou a motivação de dado resultado genérico. Decorre da culpa um castigo: o castigo do homem autônomo é o autômato, o qual, sendo o produto de sua autonomia, ataca essa autonomia como criatura que se volta contra o criador. Adotando uma perspectiva heideggeriana, Flusser considera que, ao contrário de suas intenções, o pensamento de Nietzsche não é a inversão dos valores do Ocidente e, sim, a sua consumação. Para o profeta de *O Último Juízo: Gerações*, o super-homem nietzschiano não é um deus sobre-humano, tampouco um animal sublime, mas uma máquina, uma prosaica e prepotente máquina: a máquina do mundo, automação criada pelo homem autônomo que se volta contra a autonomia e se arvora em novo deus.

Dando um passo além de Nietzsche, Kafka identifica a máquina da qual todos passamos a ser funções. Profeticamente, o autor de *O Processo* aponta uma saída para a mundial maquinação. Toda máquina tem as suas falhas. É preciso procurá-las. Sugestivo é trazer à baila a interpretação de Giorgio Agamben da parábola kafkiana "Diante da Lei". Em muitos aspectos o pensamento do filósofo italiano coincide com o de Vilém Flusser, como, no que diz respeito à importância atribuída a Kafka e às brechas que Kafka vislumbrou na lei, as quais providenciariam um escape para o homem moderno. O conto "Diante da Lei", o qual também é mencionado por Flusser, narra o caso de um camponês que permanece diante da Porta da Lei, esperando o dia em que lhe seja permitida a entrada. Há um porteiro que impede o camponês de entrar antes de sua convocação. O camponês tenta de todos os modos entrar, chega até a tentar subornar o guarda. O tempo passa e o camponês envelhece postado perante a Porta da Lei. Vendo que está morrendo, o camponês, então, exclama: "Se todos aspiram à lei como por que, durante todos estes anos, ninguém mais, senão eu, pediu para entrar?". O guarda da porta, apercebendo-se de que o homem estava no fim, grita-lhe ao ouvido quase inerte: "Aqui ninguém mais, senão tu, podia entrar, porque só para ti era feita esta porta. Agora vou-me embora e fecho-a".

Em regra, "Diante da Lei" é interpretada de forma pessimista. O camponês morre sem ter acesso à lei. Porém, para Agamben, ter acesso à lei seria o castigo, pois o que o pensador italiano pretende é uma "desativação da lei". Assim, Agamben entende o conto kafkiano como uma desativação ou profanação da lei, cujo fundamento é o vazio ou o absurdo. Para Giogio Agamben, hoje, todas as culturas, sejam democráticas ou totalitárias, conservadoras ou progressistas, entraram numa crise de legitimidade na qual a lei, entendida por Agamben como "o inteiro texto da tradição", aparece como um puro "nada de revelação". Segundo Agamben, revelou-se por fim que o fundamento da lei é o Nada. Igualmente, Flusser enfatiza que o mundo revelado por Kafka se mostra absurdo. Esse absurdo provém da autonomia do Homem que gerou a automação que mina a própria autonomia que a engendrou. O autor de *O Último Juízo: Gerações* também sentencia uma desativação da lei ou do aparelho – dos dispositivos que tornam a vida humana sempre disponível, manipulável. Assim como a lei agambeniana, o aparelho flusseriano não pode ser localizado em tal ou tal máquina; é entidade ubíqua, inextensa: é a forma em que o Ser ou Deus se deu no mundo moderno. Esse Deus é um Deus totalizante, totalitário, alheio tanto à finitude de nossa existência concreta quanto ao Infinito que a atravessa.

A partir do momento em que se passou a perceber que a morte de Deus implicava a morte do homem, os pensadores de nossa pós-modernidade, ou de nossa pós-história, como diria Flusser, começaram a falar de teologia, mesmo não sendo teólogos ou crentes. Nietzsche inaugurou essa forma de pensar, na medida em que, ao contrário de Feuerbach, não acreditava que o segredo de Deus é o homem, mas, sim, que o próprio homem é algo a ser superado. Heidegger, Badiou, Agamben, Žižek, Derrida, Jean-Luc Nancy, entre outros, fazem profundas incursões teológicas para falar de uma existência humana dividida entre uma animalidade e uma divindade perdidas. Flusser estaria inserido nesse contexto filosófico, na medida em que, atribuindo a máxima importância à idade da fé, a Idade Média, crê que, mais importante do que ser ou não ser cristão, é *ter sido* cristão.

Disse Santa Tereza D'Ávila que sofrer passa, ter sofrido jamais passa. Do mesmo modo, para Flusser, ter sido cristão é um fato indelével da alma ocidental, ainda que a crença cristã não mais tenha vigência. Assim, é preciso seguir o percurso da construção e da desconstrução da Catedral, o qual implica culpa, castigo, maldição, penitência.

A DESCONSTRUÇÃO DA CATEDRAL

A peça dramática *A Rocha* do poeta T.S. Eliot foi encenada em 1934, na Diocese de Londres. Inconformado com o crescente processo de secularização da sociedade britânica, Eliot clama por uma transformação em nossa cultura, na qual haveria "muita informação e pouca sabedoria", "muita leitura e pouca Palavra de Deus", "muita construção, mas não da Casa de Deus". Pelas ruas inglesas, o poeta ouve comentários de rejeição à Igreja: "Que os padres se aposentem. Os homens não precisam da Igreja [...] na cidade, não precisamos de sinos". Há apenas espaço para as indústrias e o lazer. O próprio núcleo familiar perde sua base de sustentação e sua unidade, pois "familiarizados com a estrada e sem paradeiro, nem a própria família anda junto". As pessoas vivem agora dispersas "entre ruas que se engalham, e ninguém conhece ou se importa com seu vizinho, a não ser que ele o perturbe". Para Eliot, esse cenário representa a morte da sociedade.

Essa obra de Eliot fala da crise da Igreja, que "tem de ser construída sempre, pois está sempre se corrompendo por dentro e sendo atacada por fora". Há uma grande obra de restauração a ser feita, e trabalhadores são chamados com urgência, e todos são desafiados a participar, pois "há muito que derrubar, há muito que construir, há muito que restaurar". A obra está repleta de referências ao livro bíblico de Neemias e ao relato da reconstrução do Templo de Jerusalém: "Lembrem-se das palavras de Neemias, o Profeta!". E é preciso construir com a ajuda do Eterno, pois "construímos em vão se o Senhor não construir conosco. Pode-se guardar a Cidade que o Senhor não protege?". Claro, há resistências, há oposição, mas a reforma é uma tarefa urgente e contínua. A *rocha* é figura central do poema, é o Filho do Homem, aquele que virá como Forasteiro, "Cristo Jesus Ele Próprio a principal pedra angular". E ao encaminhar-se para o fim, com a obra de reconstrução sendo completada "depois de muita luta e de muitos obstáculos", o poema é cada vez mais invadido pela luz. "Ó Luz Invisível, nós te glorificamos!". Embora Eliot opte pela solidez catedralesca, ele reconhece que a natureza dissolvente do mundo em que vivemos, no qual a metafísica aparece como um fóssil a ser preservado ou como uma velharia a ser destruída.

Procurando uma postura equidistante em relação à metafísica, no início de sua trajetória filosófica, Heidegger propunha a "destruição da metafísica". Na verdade, o projeto do pensador alemão nada tinha de destrutivo; buscava libertar os conceitos que, ao longo da tradição, haviam perdido a flexibilidade que impulsiona a reflexão. Heidegger chamou de *Destruktion* esse procedimento. A *Destruktion* heideggeriana consiste numa desmontagem das estruturas de sentido tidas como evidentes, mas já ossificadas. Esse procedimento visava dar ao conceito uma abertura a fim de restaurar o vigor e o frescor com os quais ele fora originariamente pensado. Percebendo que seria impossível evitar a conotação negativa que a tradução literal do termo alemão *"Destruktion"* teria — em francês *"destruction"* (*destruição*) –, Derrida cunhou o termo "desconstrução" (*deconstruction*), que julgou mais apropriado para captar a ideia de uma desmontagem que permite a retomada da experiência do livre pensamento, obliterada pela familiaridade no manejo dos conceitos.

É mais na esteira de Heidegger e Derrida que flui o pensamento de Flusser. Ou seja, dentro dos escombros de uma catedral destruída ou na empreitada de construir uma catedral impossível. Portanto, o autor de *Língua e Realidade* está longe de ser um iconoclasta, embora os seus ícones não tenham a solidez da pedra ou a visibilidade da pintura. Em seu livro *Filosofia e Teologia*, o teólogo alemão Wolfhart Pannenberg fala de um paulatino abandono da noção de Deus como o fundamento da existência efetivada pela *ideia de autofundamentação da existência*, que implicaria um antropocentrismo fundamental no pensamento humano. Antes de passar pelo cosmos ou por Deus, as coisas passam pelo Homem. Na pós-modernidade, porém, esse Homem deixa de ser um sujeito soberano, transformando-se no *cogito* ferido, no sujeito vulnerável. Deus e o homem irmanam-se na mesma morte ontológica.

Transcendendo teocentrismo e antropocentrismo, Flusser quer ultrapassar a Idade Moderna e para isso empreende a sua "des-construção" da Catedral medieval. Em outros termos, o pensador tcheco mergulha no pensamento medieval a fim de encontrar a pedra filosofal que nos dê um norte para além do diabólico nada que ameaça a vida contemporânea. Ao incursionar pelo medievo, Flusser envereda pela Escolástica, pela Alquimia e pela Cavalaria, procurando demonstrar a origem da Idade Moderna, bem como a contrapartida desta, o mundo medieval. O que diferia a filosofia da Idade Média tanto da concepção da Antiguidade quanto da Modernidade era o fato de a filosofia da Idade da fé ser uma ciência aplicada – aplicada à salvação das almas, ou seja, o filosofar não era mera curiosidade ou puro exercício da razão, mas sabedoria, arte de ensinar a viver, e viver era uma *ars moriendi*, um saber morrer, pois o objetivo do pensamento medieval era o mundo além dos sentidos, a salvação da alma. Essa era a sua "realidade". Embora o ceticismo contemporâneo questione a realidade da fé e toda e qualquer realidade, para os pensadores medievais a fé e sua Metafísica eram a realidade.

Dando um sentido pejorativo à "discussão do sexo dos anjos" feita pela Escolástica, a modernidade não enxergou que na Idade Média não havia uma separação entre razão e vivência ou experiência. Para os medievais a vivência ou a experiência era fornecida pela fé e a filosofia era a sua serva. É na modernidade que razão e experiência entram em conflito. São os modernos que ora idolatram a razão, ora a desprezam em prol de algum irracionalismo tido como vital e sublime. Embora contraposta à moderna Idade da Dúvida, de maneira involuntária foi a medieval Idade da fé que a gerou. Sem a escolástica "querela dos universais", a Cavalaria e a Alquimia, o mundo moderno não teria surgido. A disputa entre nominalistas e realistas é de capital importância na filosofia e sua ressonância se prolonga até os dias de hoje. Há um consenso de que, com a modernidade, o nominalismo venceu a disputa. Em seu afã de apontar a inconsistência dos conceitos, a desconstrução seria o clímax do nominalismo.

Mas, voltemos à Idade Média, para entender no que consistia a querela dos universais, para que possamos compreender o que é nominalismo e o seu opositor, o realismo. Todo o empenho do pensamento medieval era assimilar a Bíblia, advinda no mundo judaico, ao pensamento grego. A querela dos universais surge nesse contexto. Platão e Aristóteles, saindo dos relatos míticos, criaram conceitos ou ideias que afirmavam que as coisas consistem em tais ou tais atributos, independentemente do capricho dos deuses. Era o começo da ciência e da teoria do conhecimento objetivo das coisas. Ora, a Bíblia permanecia no âmbito dos relatos e se continha preceitos, não chegara à plenitude dos conceitos. Mas os conceitos, se realmente são a verdade das coisas, só podem fazer parte da mente de Deus. Os chamados realistas advogavam que as formas das coisas existiam antes que as coisas existissem neste mundo. A forma de um cavalo que corre pela pradaria já existiria numa cavalidade essencial antes da existência deste ou daquele cavalo. Ter acesso a esse conceito de cavalo, por exemplo, era ter acesso à mente de Deus: a razão humana se encontra, então, com a razão divina. Os nominalistas negavam esse acesso à mente divina, entendendo que só podemos conhecer os entes particulares e que o suposto acesso à mente divina era fruto da soberba do Homem, portanto, era pecaminoso. Para os nominalistas aquilo que os realistas atribuíam à mente de Deus eram apenas palavras, nomes, "hálitos da voz", *flatus vocis*, sem substância ontológica, sem realidade. Daí, o termo nominalismo: os nomes dados às coisas — as palavras que contêm o conceito das coisas — são só nomes que não dizem respeito à essência das coisas em sua individualidade, pois "o indivíduo é inefável".

Como já foi dito, o objetivo de realistas e nominalistas não era outro que o de levar a alma à salvação, à vida verdadeira, que se encontra além do mundo dos sentidos. Na Idade da fé, não se tinham dúvidas acerca do que era essencial: Deus, a imortalidade da alma. Mas, assevera Flusser, "a escola é um empenho autêntico, mas um empenho fracassado. É responsável, em parte, pela ruína da catedral e pelos seus escombros. Nesse sentido, é a escola responsável, em parte, pela Idade Moderna". Da escolástica Flusser passa à alquimia, outro lado da Idade Média. Os alquimistas procuravam transformar o vil metal em metal nobre, ouro, o que sugere um materialismo. Mas o materialismo medieval não é o materialismo do século XVIII. A matéria dos alquimistas é espírito condensado, espírito é matéria rarefeita. Na querela entre nominalistas e realistas, os alquimistas poderiam ser considerados os realistas mais radicais, porque procuram precipitar os *universais* experimentalmente. Procuram demonstrar com suas experiências que os universais precedem as coisas particulares.

"A tentativa de demonstrar experimentalmente os *universais*, de destilá-los e de precipitá-los a partir das coisas, e penetrar destarte o reino da constância e da imortalidade", esta é a definição de Alquimia dada por Flusser. Para a alquimia, o *universal* é o "metal". Os alquimistas, porém, não procuram encontrar esse metal universal no jogo de silogismos dos escolásticos, mas nos metais *particulares* com uma técnica apropriada. Os metais particulares participam da *metalidade*. Neles a *metalidade* é reprimida e sufocada. A sua realidade está na *metalidade*. Portanto, a sua particularidade é ilusória. Pode, porém, ser purificada. Chumbo e mercúrio podem ser transmutados em ouro e prata, os quais mesmo sendo metais particulares, aproximam-se da *metalidade*, da realidade, pois são quase constantes, quase incorruptíveis; são metais preciosos.

Nas suas respectivas particularidades, chumbo e mercúrio não passam de ouro e prata disfarçados. É preciso arrancar-lhes a máscara da particularidade e livrá-los da ilusão da mutabilidade e liberar o "universal". Assim como a escolástica, a alquimia é uma disciplina salvadora. Salvadora, porém, também manipuladora do destino, que, em termos cristãos, é o plano divino. Essa manipulação é magia. E a magia pode ser magia branca ou magia negra. A magia é negra quando a manipulação das coisas e do destino não levam à universal metalidade e insiste no particular. Ocorre que, mesmo pretendendo o imutável, o campo da alquimia são as coisas mutáveis, de modo que, para alcançar a metalidade realíssima, o alquimista tem de pactuar com o diabo, que é o rei do mundo aparente, da particularidade, da vileza dos metais. Inicialmente possuído pelo alquimista, o diabo, ao fim, possui o alquimista. "Possuída pelo diabo, a alquimia se precipita pelo abismo da liberdade adentro, esse abismo chamado 'Idade Moderna', e arrasta a Idade Média na sua queda. Deixa de suportar a catedral e precipita a sua ruína."

Flusser considera a magia negra um fenômeno católico: é a sombra da fogueira inquisitorial. O diabo significava o particular, a liberdade, o coito ininterrupto com a vontade de ser senhor da própria alma e capitão do seu destino. Como a Escolástica, esse fenômeno católico é em parte responsável pela modernidade. Flusser crê que a ciência moderna é uma mutação da magia negra, embora a magia não tenha o distanciamento teorético da ciência moderna, e sim um envolvimento passional com a sua prática. O cavaleiro medieval é outro pilar da Catedral enfocado por Flusser. O cavaleiro é visto como um prenúncio de secularização e um precursor do conquistador de outros continentes, como Colombo. Para Flusser o cavaleiro medieval como cruzado que pretendia libertar Jerusalém dos infiéis, acabou descobrindo as maravilhas do mundo que competiam com os milagres de Deus. Soma-se às maravilhas do mundo a desilusão com Jerusalém, que acabou sendo vista como uma cidade terrestre e deixada para o domínio turco. O que ficou das cruzadas, além de uma desilusão, foram as intensas ilusões do mundo dos sentidos, que não estavam nos livros sagrados nem nas essências estabelecidas pela escolástica.

Aplicando a querela dos universais à análise do cavaleiro medieval, Flusser entende que "o cavaleiro era um nominalista, no sentido de querer forçar a salvação nos particulares. O seu herdeiro renascentista, o capitão, é empirista, já que procura superar o mundo pelos sentidos. Podemos, portanto, dizer que o empirismo é o herdeiro do nominalismo. Mas é preciso admitir que empirismo é nominalismo invertido. O nominalismo era a procura da salvação da alma pela superação do particular, o empirismo é a procura do gozo nos sentidos. A meta do nominalismo é o céu, e o método de alcançá-lo é a fé humilde."

Em suma, nominalismo, magia e cavalaria são a culpa e a maldição que engendraram a modernidade. Essa culpa e essa maldição exigem penitência. A filosofia de Flusser é expressão dessa penitência. Evidentemente, a penitência proposta por Flusser não é expressão de um escrúpulo mórbido que atropela o elã vital em nome de um draconiano tu-deves. A penitência flusseriana tem um sentido de *metanoia*, palavra grega que designa uma mudança existencial, uma transformação no modo de viver. Essa *metanoia* não está ligada a uma restauração catedralesca, mas a parte da aceitação de um inevitável nominalismo exacerbado e desnaturado; de uma magia que se faz negra pela tecnologia e de um abismo entre as palavras – *flatus vocis* – e as coisas, que se escondem no bojo inarticulado do ser. Não temos acesso às coisas enquanto coisas, porquanto as coisas são o seu sentido, senão por meio da linguagem, mas a linguagem é uma articulação que não dá conta da coisa como tal, uma vez que ela escapa das malhas da linguagem. Sua imagem ou sua invisibilidade zombam de nossas mil palavras.

Todavia, mesmo o nominalismo tem um resto de Real, um resíduo, uma partícula de Deus, à qual se agarra, a qual incorpora, enredando-a em sua teia linguística. Esse real está numa mesa, que é real, para além de sua mesidade essencial, esse real está em Deus, o indizível que subjaz a todo dizer. Fazendo coro com vários pensadores contemporâneos, Flusser sentencia: *estamos condenados à linguagem*. Ainda que essa linguagem não nos satisfaça. A poesia é a pulsão histérica que desafia os nomes próprios, embora tenha preso na garganta o Nome Próprio, impossível de pronunciar. O Nome de Deus não deve ser pronunciado em vão. Histérica, a poesia *converte* em metáforas o divino Nome impronunciável, não se decidindo pela adoção de nenhuma palavra como a representação plena dessa plenitude que habita e abandona o nosso vão.

Em uma outra obra, *A Dúvida*, comparando o Nome Próprio, o Nome de Deus, com um cristal de quartzo capturado por uma ameba, diz Vilém Flusser que, ao emitir um pseudópode, "a ameba captura algo extra amébico e o ocupa, trazendo-o para a realidade amébica e formando um vacúolo ao redor daquilo. Esse objeto passa a fazer parte da ameba sem que, no entanto, esteja incorporado ao seu metabolismo. Conforme o vacúolo se fecha, aquilo que foi absorvido é gradativamente transformado também em ameba, em protoplasma e, consequentemente, em realidade amébica". Ocorre que a ameba de fato não digere o cristal de quartzo. O cristal continuará sendo um corpo estranho na ameba. O protozoário não o expele porque o corpo estranho estimula-lhe processos metabólicos. Para o mundo da ameba esse cristal de quartzo é uma pedra filosofal ou o Nome de Deus. Do mesmo modo, entre os humanos o Nome Próprio é esse cristal de quartzo, algo jamais digerido, porém, para ele está dirigida toda a nossa intenção. Ao assimilar a nossa busca perene do que sempre se acha dentro de nós, Flusser empreende uma alquimia mínima, microscópica, dirigindo-se ao deus infinitamente pequeno, que, contudo, garante a referência e a reverência que mantêm o Real, esse sempre assassinado, que, eternamente, vive.

Parafraseando Nietzsche e sua morte de Deus, Jean Baudrillard cunhou a significativa expressão "assassinato do real". O aparelho anatematizado por Flusser é esse assassino do real. O que assassina o real é a linguagem; o que pode salvar o real, o Deus que vive nas entranhas das amebas humanas, também é a linguagem, uma linguagem diáfana, na qual transparece a opacidade inarticulada de Deus. Por meio dessa linguagem, o ser humano abandonado pelo mistério abandona-se ao mistério e prefere adorar a dominar. O quartzo absorvido pela ameba é aquela metalidade, aquela mineralidade, aquela firmeza necessária ao real e à filosofal Catedral que o real implica. A Catedral pode ser firme como os mais duros minérios, mas sua argamassa é feita de ausências, das coisas vãs deste mundo, da nossa mísera linguagem, balbuciar de bebê que ergue as suas babéis, emulando a Catedral, que, todavia, prossegue sendo construída, destruída, desconstruída. O Último Juízo? Gerações! Ponto-Final? Reticências...

PONTO-FINAL: RETICÊNCIAS

A Catedral não é mais possível, ou melhor, tornou-se invisível, vento no qual voam as palavras, que, todavia, permanecem na escrita, na obra de arte. Para Flusser, a saída da crise inaugurada pela Idade Moderna está num remodelamento da linguagem, a qual, como a linguagem medieval, ainda procuraria um Nome Próprio, o nome de Deus ou da coisa em si mesma, mas esse Deus não é independente da palavra, ele "in-existe" na palavra, depende do jogo poético, que não é feito por um sujeito soberano, mas por alguém jogado no mundo e jogado pela própria linguagem. Um Nome Próprio advém quando algo se mostra sem mais; quando alguém exclama: "É isso!". E não é preciso mais classificar esse isso. Esse isso pode ser uma mesa ou Deus. Aqui, a linguagem para e adora. Mas essa adoração não é paralisia. A parada é um repouso que pede prosseguimento. O nome próprio se desdobra e, em sua propriedade e concretude, sofre um processo de abstração inerente à linguagem. A coisa que o Nome Próprio designa é alvo das classificações dos nomes de classe e revela o âmago inarticulado do qual o Nome Próprio é expressão.

Numa linha de pensamento próxima à de Flusser, o poeta mexicano Octavio Paz diz: "O poeta não é o que nomeia as coisas, mas o que dissolve seus nomes, o que descobre que as coisas não têm nome e que os nomes com os quais as chamamos não são seus. A crítica do paraíso se chama linguagem: abolição dos nomes próprios; a crítica da linguagem se chama poesia: os nomes desgastam-se até a transparência, a evaporação. No primeiro caso, o mundo torna-se linguagem; no segundo, a linguagem converte-se em mundo. Graças ao poeta, o mundo perde seus nomes. Então, por um instante, podemos vê-lo tal qual ele é — em azul adorável. E essa visão nos abate, nos enlouquece; se as coisas são, mas não têm nome: sobre a terra não há medida alguma". O Nome Próprio é uma articulação do Inarticulado ou Inarticulável. Em rigor, o Nome próprio é impróprio; é uma tentativa sôfrega de um mero sopro de dizer o inefável. Em sendo poética, essa articulação que é o Nome Próprio é frouxa, não é um nó górdio, mantém a flexibilidade imprescindível à reflexão e à adoração, na medida em que, para Flusser, a reflexão tem raízes religiosas e é em si religiosa.

Novamente cotejando o pensamento de Flusser com o de Heidegger, o deus que se insinua em Flusser parece ser o "último deus" heideggeriano. Um deus infinitamente pequeno, que estaria mais nos sussurros da memória e nos segredos de gaveta do que nos silêncios eternos dos espaços infinitos ou em epifânicos relâmpagos trovejantes. Esse deus talvez não seja a causa do mundo ou a causa de si mesmo, sendo, sobretudo, o acaso, a eventualidade do Ser. Todavia, a epifania – tendo em vista que o Ser, e o divino nele implícito, é evento – não está ausente da religiosidade flusseriana. Flusser fala de uma "adoração do concreto". Mas esse concreto não é um dado objetivo, mas uma manifestação que remete à "transcendência". Essa transcendência, porém, não remete a nenhum ente em particular, devolvendo o adorador ao concreto transcendentalizado pela adoração. O último deus de *O Último Juízo* é uma eminência parda, "eminência" sempre na "iminência" de acontecer, mas, em vez de assumir o poder e encarnar no Aparelho, dá lugar ao abandono e à liberdade humana.

Esse deus que é um esboço, um aceno, é aquele evocado por Lacan: "O Outro, o Outro como lugar da verdade, é o único lugar, ainda que irredutível, que podemos dar ao termo Ser Divino, de Deus para o chamar por seu nome. Deus é propriamente o lugar onde, se me permitem o jogo, se produz deus – deuser – dizer. Por um triz, o dizer faz Deus. E enquanto se disser qualquer coisa, a hipótese Deus estará lá". Alteridade e hipótese de um deus que não se comprova e vive na virtualidade do por-um-triz, eis a religiosidade que se dá nas páginas de *O Último Juízo*. Heidegger, Flusser e Lacan irmanam-se nessa irmandade de fiéis de uma fé no impossível, num *credo quia absurdum*, que, aliás, é uma das formulações da dogmática cristã.

Para Flusser "arte, ciência e filosofia, são atualmente articulações da nova religiosidade. Com efeito, o critério tradicional, se aplicado a uma determinada obra, apenas ofusca o seu significado. Um quadro de Klee é significante como pesquisa científica, filosófica e religiosa. Uma equação de Heisenberg é significante como pesquisa artística, filosófica e religiosa. Um tratado de Camus é significante como pesquisa artística, científica e religiosa. Abandonarei, pois, o critério tradicional, e enfocarei a cena cultural de outro prisma. Com efeito, creio que este é um sintoma da atualidade: obras classificáveis tradicionalmente não fazem parte da cultura da atualidade. São produtos de repartições especializadas do aparelho". De sujeito-predicado-e-objeto foi formulado o "discurso" que regeu a Idade Moderna, herdeira do nominalismo medieval, para o qual os conceitos, os gêneros, as espécies não têm realidade, sendo apenas palavras que envolvem os seres particulares sem deles participar efetivamente. O que o pensador tcheco ora em estudo postula é que haja uma "participação" dos nomes de classe nos nomes próprios, ou seja, nada em si é sujeito, nada em si é predicado, nada em si é objeto. Somos — tudo aquilo que é — um diálogo, o sujeito dialoga com o predicado que dialoga com o objeto. Em sendo assim, as classificações em que consiste o "discurso" são aniquiladas pelo "diálogo".

O sujeito cartesiano, essa dubitativa consciência, que põe em xeque o mundo e evita o choque com o inarticulado, dava ao indivíduo e ao homem do humanismo uma soberania inaudita. Todo soberano erige monumentos faraônicos contra a Morte. A contrapelo dessa postura, Flusser, ao fim de seu livro, desnuda a soberania do sujeito com uma meditação pungente sobre a morte. Essa morte não enverga véus místicos, tampouco aparece como um mero fato biológico. Ela surge como um fenômeno consciência adentro, consciência afora. Essa morte faz par com o deus infinitamente pequeno, e que é uma alteridade que se esconde nas frestas da Máquina do Mundo, apontando para um bojo inarticulado prenhe de articulações. Como o poeta Píndaro, Flusser não aspira à alma imortal, mas quer esgotar o campo do possível. E, nesse possível, que, em sua infinita possibilidade, é o impossível, estaria a alma imortal. Mas avesso ao paraíso, assimilado à aposentadoria, uma aposentadoria moral e existencial, Flusser opta pelo inferno e não vê nenhum horizonte senão o da *penitência*.

Como já assinalamos, o fluxo da história do Ocidente, para Flusser, inicia-se com uma culpa original, originada no Renascimento e seu impulso em direção à autonomia do ser humano. Essa culpa suscita o castigo, que é a autonomia transformada em automação. A infernal penitência que o sisífico homem flusseriano deve assumir com gozo é o desmonte dessa automação com as próprias engrenagens fornecidas por ela, pois, se o projeto do pensador tcheco é poético-religioso, é também filosófico-científico, isto é, não despreza a razão e suas realizações. O Último Juízo ou o Juízo Final, para Flusser, já veio e está vindo na morte de cada indivíduo, na morte em vida de viver dentro do aparelho. Concluído em 1966, este livro de Flusser inicialmente se chamava *Até a Terceira e a Quarta Geração*, título baseado em um versículo do Velho Testamento. O título, contudo, era provisório, e Flusser não chegou a defini-lo em vida, e a obra permaneceu até agora inédita na forma de livro. Em 1956, João Guimarães Rosa lançou seu célebre romance *Grande Sertão: Veredas*. Quando morou no Brasil, Flusser teve contato com a obra de Guimarães Rosa. Assim, a escolha editorial de Rodrigo Maltez Novaes e Rodrigo Petronio faz sentido. Não seria descabido interpretar o título do livro do pensador tcheco como uma paráfrase do título do romance do escritor brasileiro. O sertão de que fala Guimarães Rosa é o mundo e as veredas são seus caminhos e descaminhos. Foi em um lugar denominado Veredas-Mortas que o protagonista de Riobaldo fez seu pacto com um diabo que não dá mostras de sua presença. Mas foi esse pacto o vácuo que possibilitou a Riobaldo vencer os bandidos como um paladino do bem. A história do sertanejo Riobaldo é a história do Ocidente.

Comparando o nada relativo ao nirvana budista com o nada que galga espaços cada vez mais amplos no Ocidente, Flusser afirmou que "o Ocidente é uma civilização cristã, e cristãos são seus valores. O 'nada' para o qual a Idade Moderna se abriu progressivamente não é o nirvana, mas o diabo". Para o teólogo protestante Karl Barth o diabo ou o mal, sendo aquilo que Deus não quer, mas existe, são personificações do nada, do caos que acompanha a criação desde o início. Para chegar a algo e ser salvo é preciso atravessar essa noite do nada e negociar com as suas sombras. Ao fim e ao cabo, Riobaldo – e com ele o Ocidente – conclui que o diabo não existe e que o que existe é o homem humano. Humanismo? Mas a última palavra do livro é travessia, seguida do símbolo do infinito, o que indica que o homem humano é humilde húmus, infinitamente moldável e que se ultrapassa infinitamente, ainda que a finitude da morte pontue as suas veredas. Assim, o flusseriano Último Juízo nunca se ultima; é um ponto-final que se prolonga em reticências, em gerações que geram o futuro apesar do zero que ameaça os triunfos humanos.

Em seu êxodo de judeu refugiado da Segunda Guerra Mundial, Vilém Flusser chegou ao Brasil e seu gênio ajudou-nos a descobrir em nossa terra inusitados encantos. No Brasil, além de Guimarães Rosa, Flusser conheceu muitos intelectuais brasileiros, entre eles, o casal constituído do filósofo Vicente Ferreira da Silva e da poeta Dora Ferreira Silva. Dialogou e polemizou muito com Vicente. Vilém e Vicente possuíam pontos em comum, como a crítica ao humanismo triunfalista e às utopias burocráticas e mecanicistas. Discordâncias profundas também caracterizam a convivência dos dois filósofos. Cultor da herança pagã, Vicente jamais faria da Catedral medieval o ponto de partida de seu pensamento. Em ambos, porém, a alteridade do divino em relação ao humano fazia com que a teologia – o falar dos deuses – fosse um imperativo da reflexão filosófica.

A alteridade do divino coincide com a alteridade da morte. Portanto, falar da morte de Deus ou da morte do homem leva ao silêncio da morte. Abordando o tema do fim, no final de seu *O Último Juízo*, diz Flusser: "Nada posso dizer a respeito da morte, nem que ela seja o fim derradeiro. É assim, creio, em movimentos tão tênues e embrionários, que começamos a articular um novo senso de realidade. Não querendo falar o que não pode ser falado. Mas sabendo que o que não pode ser falado é o fundamento de tudo aquilo que pode ser falado. Em outras palavras: que apenas aquilo que não pode ser falado é significante. E que a morte não pode ser falada. E que é ela, portanto, o único significado. Não é este um primeiro movimento em prol da superação do absurdo?".

Sendo o fundamento do que pode ser falado e do significado, a morte é também o que não pode ser falado e o que está além de qualquer significado. No bojo da morte, está o inarticulado e o berço de toda articulação. E é com o choque no inarticulado que surge o Nome Próprio; que surge o nó que ata as flutuações de um significado disperso, apenas virtual. O choque é o absurdo e a reação a ele é o Nome Próprio, que pode ser silenciado pela superveniência da morte, uma ruptura com o diálogo da convivência em que constitui a vida humana. "Desde que somos um diálogo e podemos escutar uns aos outros", o verso do poeta alemão Hölderlin era o mote de todos aqueles que se reuniram na revista filosófica editada por Vicente Ferreira da Silva, sintomaticamente denominada *Diálogo*. Diálogo é amena conversação, mas, também, encarniçada polêmica, como a que foi travada por Flusser e Vicente. Flusser era representante do *logos* ocidental, advogando um "pensar-com-frases" antagônico ao "pensar-simbólico", fora da frase, enraizado nos poderes do mito, defendido por Vicente. Cético em relação à capacidade de a frase captar a realidade, Flusser achava que esta era a única maneira de conferir significado ao símbolo e evitar o "mutismo metafísico" no qual, segundo Flusser, incidiria o pensar-simbólico vicentino.

"Um homem lava o carro", eis a frase dada como exemplo por Flusser para defender o predomínio do *logos* ou da linguagem verbal. Para Flusser, palavra e conceito são sinônimos; lógica e gramática são sinônimos, não havendo, portanto, uma diferença essencial entre uma "língua pura" ou "não expressa" e uma "língua aplicada". No exemplo dado, "o homem" é o sujeito; "o carro" é o objeto; "lava" é o predicado, é o elo entre sujeito e predicado. Nesse diapasão, o intelecto ou a palavra ou a linguagem é a via de acesso às coisas, e jogar-se contra os limites da linguagem seria naufragar no inarticulado; colidir com um real insólito equivalente à morte. Vicente e Flusser, não obstante as diferentes concepções da linguagem, nunca deixaram de ter em mente a fragilidade das teias com as quais se urde o pensamento, bem como a proximidade, tanto benéfica quanto maléfica, do inarticulado, do caos criador-destruidor.

A polêmica do tcheco com o brasileiro girou em torno da linguagem emblematizada em um carro. E foi num carro que Vicente e Flusser encontraram o real insólito da morte. Ambos morreram em acidente automobilístico. O primeiro em 1963 e o segundo em 1991. Se a morte é uma ruptura, um desencontro, o triunfo do inarticulado sobre os gemidos do Nome Próprio, também é, em seu ser de mistério e eclipse, uma sizígia, uma conjunção de astros. Do lado de Abraão ou do Logos ou do lado de Dioniso ou do Mito, Vicente e Flusser sempre souberam que os ditos de quaisquer teores sempre dizem menos e mais que o silencioso dizer, que tem na morte o seu inapreensível avatar. Desprendidos de seus corpos e sob os auspícios do divino, o diálogo iniciado pelos filósofos continua. Vicente e Flusser, generosamente, "sobrevivem": sobrevivem para nós em suas obras; sobrevivem numa morte que não é, não pode ser uma massa inerte, amorfa e perdida, sendo, sim, uma inefável e viva fraternidade. E, nesse inefável, onde deuses e homens morrem e ressuscitam, há uma inevitável teologia.

Junho de 2017

Mário Dirienzo nasceu em São Paulo, em 1955. Formado em Direito pela USP, há décadas dedica-se à ficção, à poesia e ao ensaio, tendo recebido diversos prêmios nestas categorias. Foi um dos membros-fundadores e participou por anos do grupo de estudos Cavalo Azul, coordenado por Dora Ferreira da Silva e Rodrigo Petronio. É autor do livro *Emulação e Maravilhamento* (Escrituras, 2001). Prepara um livro de quase mil páginas de ensaios inéditos na fronteira entre a filosofia, a literatura e teologia.

ILÉM FLUSSER

21. de dezembro de 1965.

Caro Celso, uma carta rápida com desculpas de não lhe ter escrito mais,
o que não significa não ter pensado muito em Você. Quero agradecer o
teu contacto com Ferrater Mora. Recebi carta dele expressando grande
interesse pelo meu trabalho, e respondi pedindo oportunidade de publicar nos EEUU.
Estou imerso nas "Gerações", que, como Você se lembrará, é um ensaio sobre o desenvolvimento do sentido da realidade no curso da Idade Moderna.
As quatro gerações são Renascimento (1350-1600), Barroco e romantismo,
(1600-1850), éra vitoriana (1850-1940) e atualidade. Estou
em 1889 (loucura de Nietzsche e construção da torre Eiffel) e não consigo pensar em outra coisa. Você me falta nesse trabalho.
A despeito disto, tenho escrito muito. E tenho feito conversa fiada com
as pessôas que Você pode imaginar, e também com algumas caras novas. O
meu programa para 66 ainda está por fazer:a)Europa (Itamarati) ou b)
num "Instituto de Estudos Humanisticos" a ser fundado. Mas o importante
são as Gerações a serem acabadas.
Não te faço perguntas, porque sei a respeito das tuas atividades. Não
obstante, escreva.

Abraço de todos, também para Beti

14/3/66

Caro Celso,

The Human Condition foi para mim uma espécie de revelação no seguinte sentido: partindo de coordenadas do pensante quase inteiramente diferentes das minhas, e de axiomas parcialmente opostas, chega Arendt a conclusões muito próximas das minhas. E desenvolve o argumento num nível intelectual e estilístico elevado. A leitura foi para mim aventura. É óbvio que discordo de muita coisa. E de coisa básica, por exemplo da maneira como ela encara a "polis" como campo da "theoria" em presição para a atividade. Discordo ainda de alguns aspectos da "skolé". Mas isto apenas prova que encontrei um parceiro. Obrigado.

Tua irmã contou da tua vida. Não obstante, escreva. Aqui, enquanto estagna o mundo externo, precipitam-se os acontecimentos internos: escrevo feito maluco. Ultrapassei, mas não superei, todas as gerações e estou mergulhado na "atualidade" (nebbich). É curioso pensar que a tua ausência talvez se reflita naquilo que escrevo. Não é absurda a condição humana, que depende de tantas futilidades, como o é a geografia.

Por razões econômicas, (e não eróticas), vou prostituir-me, viz: vou dar cursos a senhoras ricas que já se encheram de chá e simpatia. Sic transit gloria mundi. Mas, já que estou no latim: non olet.

Vale, cresca et floresca, e que o Senhor te faça numeroso como a areia do mar, (falando, obviamente, de forma alegórica, e não literalmente).

Abraços.

VILÉM FLUSSER

7/5 1966

C L
509 Lake str., apt. b 2,
Ithaca, NY 14850

Caro Celso,

muito grato por teu telegrama rápido. Anexo a carta sugerida. Está certa? Tua irmã agora tomou o costume de substituir te aquí em casa. Assim sei de Você e tua vida. As Gerações já foram entregues. Sairão, se Deus quiser, em março 68! Paciencia. Continuo escrevendo feito maluco. Por enquanto não preparei a viagem, apenas escrevi cartas pedindo convites. Estou dando muita aula e fui convidado para a Escola de Arte Dramática (turma do Décio e Anatol). O livro do Paz é excelente e deve ser uma pess ôa interessantissima. Gostei muito da parte que descreve a aniquilição por diluição no ambiente. Acho que ele pegou um aspecto muito importante da solidão humana. Também fiquei impressionado pela análise do imperialismo azteca e espanhol, e aprendí muita coisa. Creio que ele exagera chauvinisticamente a importância da contribuição mexicana, e que romantiza a revolução mexicana. Sabemos dessas tendências para o exagero daquí mesmo, não é verdade? Seja como fôr, creio que se trata de uma obra que se enquadra com igual valor na lista das pesquizas fenomenológicas e existenciais mais importantes de atualidade. Obrigado por ter me posto em contacto com esse pensamento.

Abraço para Beti e Você

VILÉM FLUSSER
Salvador Mendonça 76, Correio Shopping Center Iguatemí,
São Paulo.

São Paulo, 8 de dezembro de 1967

Ilmo. sr.
prof. Leônidas Hegenberg,
Depart. de Humanidades,
ITA,
S. José dos Campos.

Caro amigo,

        agradeço sinceramente a remessa da Revista ITA nº 3. Gostei muito e quero dar-lhe meus parabens pelo éxito do seu esforço de continuá-la. Fiquei também muito contente de ver o meu artigo publicado.

        Estou com muita saudade de uma bôa conversa cosnigo. Agora, nas férias, poderia vir para almoçar ou jantar conosco. Tenho muita coisa a contar-lhe, especialmente sôbre meu trabalho atual: "Reflexões sôbre a Traduzibilidade". Meu livro "Até a Terceira e Quarta Geração", (história subjetiva da ontologia moderna) será editado pela Grijalvo no âmbito da Editera universitária.

        Telefone para combinarmos algo. 817809. E dê lembranças à sua senhora, também da minha.

        Muito cordialmente

BIBLIOTECA VILÉM FLUSSER

Inspirada na pesquisa de doutorado de Rodrigo Maltez Novaes e em seu trabalho no Arquivo de Berlim, a Biblioteca Vilém Flusser seguirá uma organização cronológica baseada na produção do filósofo tcheco-brasileiro, algo que nunca antes foi feito. Será dividida também em quatro vertentes: monografias, cursos, ensaios-artigos e correspondência. Rodrigo Petronio será responsável pela fortuna crítica e pelos textos de apresentação e de situação de cada livro, tanto no interior da obra de Flusser como no contexto da filosofia do século XX. Esse tipo de organização arquivista poderá servir como modelo para novas recombinações e reedições ao redor do mundo.

A Biblioteca Vilém Flusser se pretende aberta e plural. Deseja contar com a participação de grandes pesquisadores da obra de Flusser e também de artistas, escritores e novos leitores que mantenham um diálogo intenso com o filósofo. Apesar de a maior parte da sua obra ter sido produzida em português, a parte alemã dos seus escritos é a internacionalmente mais conhecida, e ainda pouco traduzida para o português. Por isso, outro objetivo da Biblioteca é trazer ao leitor brasileiro a produção de Flusser em outros idiomas e ainda inédita em língua portuguesa.

Outro ponto alto do projeto será a edição de sua vasta correspondência com intelectuais de todo o mundo, e, em especial, com Milton Vargas, Celso Lafer, David Flusser, Sergio Rouanet, Dora Ferreira da Silva, Vicente Ferreira da Silva e Abraham Moles. Longe de ser um mero apêndice a seus livros e ensaios, a correspondência revela uma das essências do legado de Flusser: a inspiração radicalmente dialógica, perspectivista e polifônica de seu pensamento.

Rodrigo Maltez Novaes é artista plástico, tradutor e editor. Trabalhou na reorganização geral do Arquivo Vilém Flusser de Berlim, onde foi pesquisador residente (2009-2014), além de ser um dos responsáveis por sua digitalização integral, projeto feito em parceria com a PUC-SP e FAPESP. Desenvolve doutorado sobre Flusser na European Graduate School (Suíça), e lecionou na Universidade de Arte de Berlim. Em 2012, co-fundou o Metaflux Lab, pelo qual lecionou sobre a obra de Vilém Flusser como professor convidado na Universidade de Edimburgo, Universidade Humboldt, Centro de Design Interativo de Copenhagen, Instituto Sandberg, Universidade de Design de Lucerna, Universidade de Newcastle e Universidade de Lüneburg. Traduziu diversas obras de Flusser do português para o inglês, para editoras como a University of Minnesota Press, Atropos Press, Metaflux e Univocal. Foi editor do *Caderno Sesc_Videobrasil 12* 2017 (Edições Sesc), e de algumas obras de Flusser escritas originalmente em inglês. Atualmente é Editor Chefe da Metaflux Publishing. Vive e trabalha em São Paulo.

Rodrigo Petronio nasceu em 1975, em São Paulo. É escritor e filósofo. Autor, organizador e editor de diversas obras. Doutor em Literatura Comparada (UERJ). Desenvolveu doutorado-sanduíche como bolsista Capes na Stanford University, sob orientação de Hans Ulrich Gumbrecht. Formado em Letras Clássicas (USP), tem dois Mestrados: em Ciência da Religião (PUC-SP), sobre o filósofo contemporâneo Peter Sloterdijk, e em Literatura Comparada (UERJ), sobre literatura, arte e filosofia na Renascença. Professor Titular da Faculdade de Comunicação (Facom) da Fundação Armando Álvares Penteado (FAAP), onde é professor-coordenador de dois cursos de pós-graduação: Escrita Criativa e Roteiro para Cinema e Televisão. Atua no mercado editorial há vinte e dois anos (1995-2017). Organizador dos três volumes das Obras Completas do filósofo brasileiro Vicente Ferreira da Silva (É Realizações Editora, 2010-2012).

VOCÊ PODE INTERESSAR-SE TAMBÉM POR:

O cerne deste volume são os trabalhos da chamada fase existencial e fenomenológica do pensamento de Vicente Ferreira da Silva, bem como a investigação propriamente filosófica e especulativa. Encontram-se aqui reunidos os livros Ensaios Filosóficos (1948), Exegese da Ação (1949 e 1954), Ideias para um Novo Conceito de Homem (1951), Teologia e Anti-humanismo (1953) e Instrumentos, Coisas e Cultura (1958), além da própria obra Dialética das Consciências (1950).

facebook.com/erealizacoesedito   twitter.com/erealizacoes   instagram.com/erealizacoes

youtube.com/editorae   issuu.com/editora_e   erealizacoes.com.br

atendimento@erealizacoes.com.br